Pryd oedd Llanberis?

Ynglŷn â'r awdur

Mae Dafydd wedi byw ym Mhontrhythallt, Llanrug ar hyd ei oes.

Treuliodd bron i 30 mlynedd fel athro Daearyddiaeth yn ysgolion Segontium a Syr Hugh Owen, Caernarfon. Yna, bu'n gweithio'n rhan-amser yn Llyfrgell Caernarfon ac Archifdy Gwynedd, Caernarfon.

Mae'n awdur dwy gyfrol flaenorol – *Chwedlau a Choelion Godre'r Wyddfa* a *Capal Bont: Canrif o Hanes Capel Pontrhythallt*. Hefyd yn erthyglwr toreithiog, mae wedi cyfrannu erthyglau hanes lleol yn fisol i *Eco'r Wyddfa* ers dros 40 mlynedd, yn ogystal ag erthyglau hanesyddol i *Gwreiddiau Gwynedd*, *Llafar Gwlad*, *Fferm a Thyddyn*, *Y Casglwr*, *Hanes Byw* a *Trafodion Cymdeithas Hanes Sir Gaernarfon*.

Pryd oedd Llanberis?

DAFYDD WHITESIDE THOMAS

y olfa

Argraffiad cyntaf: 2026

Cynllun y clawr: Gwyndaf Rowlands
Llun y clawr: Jac Harris / Shutterstock

Rhif Llyfr Rhyngwladol: 978 1 80099 830 8
Cyhoeddwyd, rhwymwyd ac argraffwyd yng Nghymru gan
Y Lolfa Cyf., Talybont, Ceredigion SY24 5HE
gwefan www.ylolfa.com
e-bost ylolfa@ylolfa.com
ffôn 01970 832 304

Diolchiadau

DIOLCH ARBENNIG I Gyngor Cymuned Llanberis am gefnogi'r gyfrol hon yn ariannol. Heb eu cymhorthdal hael, ni fyddai wedi gweld golau dydd.

I Archifdy Gwynedd, Caernarfon a'r staff am bob cymorth.

I Dei Tomos am ei gyflwyniad.

I Gwyndaf Rowlands (Grid76) am gynllunio'r clawr.

I holl ddarllenwyr *Eco'r Wyddfa* dros y 45 mlynedd diwethaf am gysylltu – gydag ymholiadau, gwybodaeth a lluniau a fu o fudd.

I wasg Y Lolfa am gytuno i gyhoeddi, ac am bob cymorth.

Cynnwys

Rhagair

MAE'R GÂN, CÂN Hogia'r Wyddfa, yn sôn am 'hen bentra bach Llanbêr' ac am 'gastell tal ar fin y lli' – a dyna chi'n syth yn meddwl, duwadd annwyl, mae'n rhaid fod yr hen le yma yn hen! Wel efallai fod castell Dolbadarn yn hen, yn dyddio'n ôl i'r drydedd ganrif ar ddeg ac wedi ei adeiladu mwy na thebyg gan Lywelyn ap Iorwerth (Llywelyn Fawr) mewn safle unig, godidog i reoli'r bwlch a mynyddoedd Eryri. Yma flynyddoedd wedyn, mae'n weddol sicr, defnyddiwyd y castell gan ei ŵyr Llywelyn ap Gruffydd i garcharu ei frawd Owain a fu yno am 23 mlynedd.

Dros y blynyddoedd bu llawer o deithwyr yn dod yma, roedd y rhai hynny bron yn ddi-feth yn cyfeirio at y castell, a'r Dr Johnson yn 1774 ar ôl cerdded y llwybr serth o'r llyn yn nodi *'I was breathless and harassed'* ac iddo weld 149 o eifr ar y llechwedd. Bryd hynny doedd yna ddim ffordd fawr hwylus dros y bwlch ac roedd hi'n haws i'r ymwelwyr deithio ar hyd y ddau lyn. Ond pam dod i'r ardal?

Yma yr oedd mynydd uchaf Cymru, ac roedd o'n digwydd bod yn uwch na'r un mynydd yn Lloegr. Y 'British Alps' oedd yr hen ddisgrifiad o Eryri gan y teithwyr cynharaf ac fe ddaethon nhw i ryfeddu gyda chryn ofn, ac yna mewn oes llai ofergoelus, i fwynhau'r golygfeydd ysblennydd ac i ddringo'r Wyddfa gyda thywyswyr lleol a chasglu cerrig, blodau mynydd prin a rhedyn.

Dywed un disgrifiad gan Thomas Pennant, gŵr o Sir y Fflint: *'In this valley are two groups of wretched houses.*

The farthest near the end of the upper lake, with its church, dedicated to St. Peris...' Dyna Nant Uchaf (Nantperis heddiw), ond dim sôn am Lanberis, felly pryd y daw'r pentref a'r enw hwnnw i fodolaeth? Dyna gamp Dafydd Whiteside Thomas sy'n dadlennu'r cyfan yn y gyfrol yma.

Cyn yr agorwyd ffordd o Gaernarfon i Ben y Gwryd a rheilffordd wedyn i Lanberis, a chyn i neb freuddwydio am un arall i gopa'r Wyddfa, roedd pen uchaf Dyffryn Peris yn lle diarffordd ac anghysbell i'r mwyafrif, a dim ond yn raddol – yn sgil cloddio am fwynau a gweithio'r garreg las, yn arbennig – y datblygodd pentref presennol Llanberis. Plwyf oedd Llanberis yn wreiddiol; Nant Uchaf oedd y pentref lle'r oedd yr eglwys a'r fynwent, a Choed y Ddôl neu Ddolbadarn oedd yr enw ar yr hyn a ddatblygodd yn Llanberis fel yr adwaenwn ni o heddiw.

Datblygu yn sgil y chwareli ar y naill ochr i'r dyffryn a'r llall – wel ie, yn rhannol – ond mae canol Llanberis heddiw a'r tai mawr yn bodoli oherwydd yr ymwelwyr. '*Villas*' oedd y gair crand am y rhain, ac oni bai i ddeddf gwlad ganiatáu i reilffordd gael ei hadeiladu o Gaernarfon fe fyddai llawer mwy ohonyn nhw. Dim ond rhan o'r stori ydi hynny. Yn y cefndir, wrth i'r chwareli ddatblygu ymhellach, daeth mewnlifiad o bobl – ac roedd y rheini angen cartrefi, er mai araf iawn ar adegau oedd y datblygu. Doedd y ffaith fod yma dirfeddianwyr mawr o ddim cymorth; llygad y geiniog oedd hi, a graddol iawn oedd y datblygu – adeiladu tai, dod â dŵr glân a charthffosiaeth. Yn ôl y disgrifiadau yn y llyfr hwn, sy'n seiliedig ar ymchwil trylwyr, mae'n rhaid fod yr hen bentre ar un adeg fel y 'Gorllewin Gwyllt'; yn wir, roedd ymddygiad rhai o'r trigolion yn bur annerbyniol, yn enwedig ar y 'trên feddw' – y trên olaf o Gaernarfon ar nos Sadwrn. Roedd ymddygiad anwaraidd y teithwyr yn ddihareb, a hynny cofiwch er fod crefydd ar gynnydd, capeli'n cael eu codi a chymdeithasau dirwest yn ffynnu. Yn ei dro cafodd addysg sylw, a rhai o drigolion y pentre'n flaenllaw yn lleol a sirol yn eu hymdrechion i sicrhau gwell byd i'r plant.

Ar wahân i'r cythraul nos Sadwrn roedd 'na anghydfod yn aml rhwng yr Eglwyswyr a'r Anghydffurfwyr ar sail nifer o ddatblygiadau er lles y gymdeithas, a rhai ar un ochr yn arbennig o sarhaus o'r Gymraeg. Ar adegau roedd mynd ar ddiwylliant a chanu a drama, ac yna fe fyddai 'na drai cyn i'r cymdeithasau gael ail wynt. A sôn am wynt, daeth 'cicio gwynt' – chwarae pêl-droed – yn gynnar i'r fro.

Ond pryd y digwyddodd hyn i gyd? Wel dyna gamp Dafydd Whiteside Thomas, prif hanesydd yr ardal ers degawdau ac a fu'n hael â'i ymchwil fel colofnydd hanes *Eco'r Wyddfa*. Yn y gyfrol yma mae'r ateb i Pryd oedd Llanberis? a thybed pryd yr oedd hi, neu y daeth hi '...yn Nefoedd, bois, o dan y sêr yn hen bentra bach Llanbêr?' Mae hanes datblygiadau y pentre a'r ardal, a'r 'gwŷr enwog gynt' i gyd yma, mwynhewch y darllen gan ddiolch i Dafydd am gymwynas aruthrol.

Dei Tomos

Cyflwyniad

NID HANESYDD MOHONOF. Ond llediaf yn euog i fod yn chwilotwr brwd. A ffrwyth blynyddoedd o chwilota yw cynnwys y gyfrol hon. Ac i'r rhai hynny ohonoch sy'n fy adnabod, fe'ch clywaf yn holi pam fod hogyn o Lanrug wedi penderfynu olrhain hanes Llanberis.

Yn syml, oherwydd fod datblygiad y pentref yn wahanol i bob pentref 'chwarelyddol' arall. Ac oni bai am injan stêm Chwareli Glynrhonwy, pentref gwyliau fyddai'n gorchuddio'r tir rhwng Afon Goch ac Afon y Glyn yn hytrach na'r pentref sy'n bodoli heddiw.

Dafydd Whiteside Thomas

Pennod 1

Agor y ffordd

ER FOD TEITHWYR fel Pennant a Bingley wedi cyrraedd yr ardaloedd hyn erbyn diwedd y ddeunawfed ganrif, roedd Llanberis yn lle anhygyrch iawn. Doedd dim ffordd gwerth sôn amdani o Gaernarfon i Fwlch Llanberis, ac yr oedd yn llawer haws teithio ar ddŵr nag ar droed. Roedd gweithfeydd copr ar lethrau'r Derlwyn uwch Llyn Peris, a'r mân chwareli llechi fel Gallt y Llan ac ardal Glynrhonwy yn anfon eu mwyn copr a'u llechi i lawr i Gaernarfon ar gychod dros ddyfroedd llynnau Peris, Padarn a Bogelyn nes eu trosglwyddo yng nghei Cwm-y-Glo i droliau a chwblhau'r daith.

Yr oedd lôn o Gaernarfon i Ddolbadarn, ond nid yr un bresennol o Lanrug drwy Gwm-y-Glo. Roedd yr hen lôn yn codi'n raddol o Bontrug cyn troi ger copa gallt Pen y Greuor ac anelu am y Bryngwyn a dringo'r allt hynod o serth am y Clegir. Rywle tua Bryn Clyd roedd y ffordd yn anelu am rannau uchaf fferm Glynrhonwy cyn disgyn i gyfeiriad y Tŷ Du a chroesi Afon y Glyn. (Llwybrau cyhoeddus yw olion yr hen ffordd hon erbyn heddiw a Chwarel Cook a'r Ddôl a Chwarel Glynrhonwy wedi sgubo rhannau i ebargofiant). Ychydig ar ôl mynd heibio'r Tŷ Du, roedd yn troi i'r dde ac yn disgyn am y bont dros yr Afon Goch gerllaw'r Capel Coch presennol cyn troi i'r chwith at y New Inn, sef y Dolbadarn. Oddi yno croesai'r ddôl am y castell a thrwy

Fwlch Safn y Ci i ben uchaf Llyn Peris. Mae'r ffordd ar draws y Clegir yn parhau'n gul, ond yn ganmil gwell na'i chyflwr pan ddisgrifir hi fel *'dangerous zig-zag'* gan y Parch. Peter Bailey Williams, Rheithor Llanrug a Llanberis. Ac mewn llythyr mor ddiweddar â 1832 ganddo yn dadlau ynglŷn â ffeithiau anghywir mewn pamffled ar 'Causes of Dissent from the Established Church in the Principality', mae'n adrodd: '... *I have frequently been exposed to great dangers in the performance of my duty owing to the bad state of the road, the mountains I had to cross, and the rivers I had to wade through.*'[1] Does ryfedd fod cwch o Gwm-y-Glo yn llawer hwylusach.

Ond roedd gwelliannau i drafnidiaeth yn cael sylw'r awdurdodau. Roedd y cysylltiad â'r Iwerddon yn hynod o bwysig, a'r 'ffordd bost' yn galw am welliannau dybryd ar draws y Penmaenmawr a throsodd i Fôn. Sefydlodd teulu'r Penrhyn ffordd am y tro cyntaf drwy Nant Ffrancon i Gapel Curig, ac erbyn 1801 roedd y Capel Curig Inn (safle Plas y Brenin presennol) wedi ei hadeiladu. Yn y blynyddoedd yn dilyn, adeiladwyd ffordd newydd, hwylusach drwy Nant Ffrancon, ei hymestyn draw am Bentrefoelas a'r cysylltiad i Amwythig – y Lôn Bost o Lundain i Gaergybi.

Yr Ymddiriedolaethau Tyrpeg fu'n gyfrifol am sefydlu'r ffyrdd newydd hyn, ond er fod Ymddiriedolaeth Dyrpeg Sir Gaernarfon wedi ei sefydlu ers tua 1766/67, doedd dim sôn am adeiladu ffordd newydd o Gaernarfon i Fwlch Llanberis. Bu'n rhaid disgwyl hyd Ddeddf Seneddol 1810 i'r Ymddiriedolaeth honno gael hawl i *'amending, widening, directing and repairing the roads as follows...'* a cheir rhestr o ffyrdd yn y sir oedd i'w gwella. Yn y rhestr cynhwysir y ffordd o Gaernarfon *'through Llanberis to Pen y Gwryd'*.

Ugain mlynedd yn ddiweddarach roedd y ffordd newydd hon wedi ei chwblhau. Ond teg gofyn a fu'r Ymddiriedolaeth wrth y gwaith am yr ugain mlynedd. Nid oes cofnodion ar gael am eu gweithgareddau yn gynharach na 1840, felly anodd iawn gwybod pryd yn union y dechreuwyd ar y gwaith o wella cysylltiadau rhwng Caernarfon a phentrefi rhan uchaf Dyffryn Peris. A phrin hefyd yw dod ar draws unrhyw adroddiad ym mhapurau newydd y cyfnod am waith yn cael ei wneud ar y ffordd.

Nid yw'n ymddangos fod yr Ymddiriedolaeth wedi gweithredu yn yr ardal hon yn dilyn Deddf 1810, oherwydd ceir cofnod o ffordd y Clegir yn cael ei gwella yn 1812. Daw hyn yn llawysgrif y Parch. Peter Bailey Williams ar ddalen yng nghefn Cofrestr Eglwys Llanrug gan nodi fod Thomas Wright Esquire wedi rhoi benthyg £40 i blwyf Llanrug tuag at wella'r ffordd, a bod Assheton Smith o'r Faenol wedi rhoi dau gyfraniad ychwanegol o £10 a £5, ond fod y gwaith wedi costio'n ddrud i blwyf Llanrug.[2] Mae'n debygol fod llechi o rannau uchaf Glynrhonwy yn cael eu cario allan ar hyd ffordd y Clegir, yn enwedig o'r rhan a ddatblygodd i fod yn Chwarel Cook a'r Ddôl. Ond mae canrif a mwy o gloddio mewn amryw o fân chwareli megis Cefn-du, Cook a'r Ddôl, Glynrhonwy a Chae'r Meinciau wedi ei gwneud yn amhosib bron i geisio darganfod llinell yr hen ffordd wreiddiol. Yn yr un lawysgrif nodir fod *'a new line of road'* wedi ei chynllunio o'r Tŷ Du i'r New Inn, sef ym mhlwyf Llanberis. Flwyddyn yn ddiweddarach yn 1813 nodir fod pont newydd wedi ei hadeiladu dros Afon Hwch, tua 60 llath yn uwch i fyny'r afon na hen Bont y Gerniach (*'alias Gyrni Hwch'*), a hynny i gynllun rhyw Mr Defford y Syrfewr Sir. Nodir hefyd fod pont newydd wedi ei hadeiladu ger y Corn Du yn rhan uchaf Llyn Peris. Anogaeth a dyfalbarhad y Rheithor fel Ustus Heddwch mae'n siŵr fu'n gyfrifol am y gwelliannau hyn.

Yr Arglwydd Newborough a Stad Glynllifon oedd

perchennog rhan helaeth o'r tir o lannau Llyn Padarn bron hyd gopa mynydd Cefn Du, gan gynnwys ffermydd y Llwyncoed, Glynrhonwy a rhannau o ardal y Clegir. Ac Afon y Glyn oedd y ffin, nid yn unig rhwng plwyfi Llanrug a Llanberis, ond hefyd rhwng eiddo Glynllifon ac eiddo Elusen Tlodion Rhuthun.

Hyd yn oed mor gynnar â hyn, roedd Assheton Smith wedi cychwyn ar y broses o ddatblygu llethrau'r Elidir fel un chwarel fawr, gyda system o bonciau. Ar y cychwyn, cychod ar Lyn Padarn oedd y dull o gario llechi allan, ond buan iawn y dechreuwyd ar ddull newydd o gludo'r cynnyrch i borthladd Y Felinheli. Yn 1824 adeiladwyd tramffordd o'r Allt Ddu yn Ninorwig i Glwt y Bont ac ymlaen am Nant y Garth. Yn ardal Dinorwig, dilynai'r dramffordd y ffin rhwng eiddo'r Faenol a fferm Y Fachwen, a oedd ym meddiant Glynllifon. Mae hanes datblygiad Chwarel Dinorwig o hyn ymlaen wedi ei gofnodi'n bur fanwl gan amryw haneswyr.

Ond beth am ardal Glynrhonwy? Mor gynnar â 1804 ceir adroddiadau ym mhapurau Glynllifon yn cyfeirio at fân chwareli ar dir fferm Glynrhonwy, ac fe'u henwir fel Glan y Llyn, Cloddfa Ganol a Twll y Chwil.[3] Gŵr o'r enw John Thomas oedd tenant y fferm bryd hynny, ac mae'n ymddangos mai ef oedd yn rhoi caniatâd i gloddio ar dir y fferm. Yn yr un flwyddyn ceir disgrifiad o lwyth o lechi ar lan y llyn yn disgwyl am gychod i ddod i'w cario oddi yno. Ac wrth gwrs, roedd Llyn Padarn yn lletach bryd hynny, gyda'i ddyfroedd yn cyrraedd at waelod Gallt Chwarel Glyn a thŷ presennol Glanllyn. Ac yr oedd Ynys Wen yn ynys. Ond dros y blynyddoedd nesaf does dim sôn am adeiladu ffordd, ac y mae llechi y mân chwareli ar dir Glynrhonwy yn parhau i gael eu cario mewn cychod i lawr am Gwm-y-Glo.

Yna, ar y 15fed o Ebrill 1823 daeth aer Glynllifon – Thomas John Wynne – i oed, ac etifeddu'r stad. Dyma ddechrau cyfnod newydd o ddatblygu yn hanes Stad Glynllifon. Yn y flwyddyn honno cyfrannodd Stad Glynllifon £100 i blwyf Llanrug i wella'r ffordd o Gaernarfon i gyfeiriad *'the vale of Llanberis'*. Dyma'r cam cyntaf yn y gwaith o adeiladu ffordd newydd i ddisodli ffordd y Clegir.

Daw gwybodaeth am ddatblygiadau arfaethedig eraill mewn llythyr ym mis Tachwedd 1824 ble ceir cyfeiriad at *'a proposed road and railway from Glynrhonwy... and the railway down to Caernarfon quay'.*[4] Does wybod pa lwybr a fwriedid i'r ffordd a'r rheilffordd hon ar gyfer cario llechi o Lynrhonwy i Gaernarfon. Diddorol nodi fod y bwriad hwn yn cael ei grybwyll yn yr un flwyddyn â chychwyn ar dramffordd Chwarel Dinorwig.

Mewn llythyr arall yn Nhachwedd 1824 mae sôn am *'the proposed bridge at Penllyn'*[5], a cheir ynddo ddau amcangyfrif ariannol: £250 am adeiladu pont a £750 am adeiladu ffordd o Lynrhonwy i lawr at y bont. Dyma'r cyfeiriad cyntaf at adeiladu ffordd o unrhyw fath yn weddol agos at lannau Llyn Padarn o Benllyn i fferm (a mân chwareli llechi) Glynrhonwy. Aeth y gwaith – o adeiladu Pont Penllyn a'r ffordd – rhagddo yn ystod 1825, ond nid heb drafferthion. Ar ddechrau Awst 1825 ceir ymholiad *'concerning the new bridge at Llanberis Lake'*. Beth bynnag oedd y pryderon, daw'r ateb o fewn pythefnos: *'The Llanberis Pool bridge is of sufficient dimensions to take the water. The meadows are often flooded anyway. The shallow part of the river could be lowered, and they have it in their power to do so.'*[6] Y *'they'* yn y cyswllt hwn, mae'n debyg, oedd y llafurwyr a'r seiri meini oedd wrthi'n adeiladu. Nid oes gwybodaeth ar gael i wybod a fu'n rhaid gostwng gwely'r afon yng ngheg y llyn. Daw'r cyfeiriad olaf at y bont ym mis Chwefror 1826:

Dyddiad 1826 ar Bont Penllyn

'The masons have finished the bridge.' A dyna'r dyddiad sy'n prysur ddiflannu oddi ar garreg ym môn canllaw'r bont.

Roedd adeiladu Pont Penllyn yn ffactor pwysig mewn newid dulliau teithio o fewn y dyffryn. Rhaid cofio mai eiddo Glynllifon oedd y tir ar ochr arall Llyn Padarn hefyd, sef hen fferm Y Fachwen, yn ymestyn o Ddinorwig yr holl ffordd at Benllyn. Felly, gellir dadlau mai cysylltu tiroedd Glynllifon ar naill ochr Llyn Padarn oedd y bwriad wrth adeiladu Pont Penllyn. Ond tybed? Roedd y bont bellach yn atal cychod rhag cario llechi i Lyn Bogelyn a chei Cwm-y-Glo. Doedd hyn ddim yn broblem i fân chwareli Glynrhonwy, oherwydd roedd ffordd newydd yn cael ei hadeiladu o Gaernarfon drwy Lanrug, Cwm-y-Glo a Phenllyn nes bron cyrraedd y ffin â phlwyf Llanberis. Ar ochr arall y dyffryn, roedd Chwarel Dinorwig yn cael ei gweithio i lawr y llethrau o Ddinorwig at Afon y Bala, ac yr oedd yn drafferthus a chostus i gario llechi i fyny i Ddinorwig er mwyn eu cario allan ar dramffordd Clwt y Bont. Roedd gwir angen cael tramffordd o waelod y chwarel – ond Glynllifon oedd biau'r tir, sef fferm Y Fachwen – ond nid yr holl ffordd i Benllyn. Yn 1824, ddwy flynedd cyn i'r bont gael ei chwblhau roedd Assheton Smith a Glynllifon wedi cyfnewid llain o dir er mwyn adeiladu ffordd o'r Fachwen at leoliad y bont newydd.[7]

O fewn llai na phymtheng mlynedd wedi adeiladu Pont Penllyn roedd Assheton Smith wedi prynu fferm Y Fachwen. Ond mewn rhagarweiniad i'r pryniant gwnaethpwyd cytundeb yn 1838 rhwng perchnogion Stadau Glynllifon a'r Faenol – *'that T. A. Smith shall maintain and repair Penllyn Bridge which was built across the River Rhyddallt at the end of Llanberis lake... and that no tolls shall be charged on the said bridge.'*[8] Ddwy flynedd yn ddiweddarach cwblhawyd y pryniant am y pris anhygoel o £13,500.[9]

Erbyn 1828 roedd y ffordd o Gwm-y-Glo i Benllyn ac ymlaen i Lynrhonwy wedi ei chwblhau, ac fe'i hagorwyd i'r cyhoedd ym mis Medi. Ymddangosodd hysbyseb i'r perwyl hwnnw yn y *North Wales Chronicle* ar y 4ydd o Fedi dan y pennawd 'Llanberis Road'. Â ymlaen i ddisgrifio'r ffordd:

> *A considerable portion of the new line of road from Caernarvon along the river Seiont to Llanberis, through Llanrug, Carreg y Frân, Cwm-y-Glo, Pen y Llyn and Glynrhonwy is now nearly completed, and will, we are informed be open to the public on Tuesday next. This line, as far as it extends will afford one of the most beautiful drives in the Principality, and show what wonders may be accomplished by united effort, even in this mountainous region.*[10]

Mae'n werth dal sylw ar rai cymalau o'r adroddiad uchod. Gan nad oedd pentref presennol Llanberis yn bodoli bryd hynny, mae'n bur debyg mai cyfeirio at y ffaith fod y ffordd newydd yn cyrraedd terfyn plwyf Llanberis yn ardal Glynrhonwy ac Ynys Wen a wna'r adroddiad. Y mae'r *'as far as it extends'* hefyd yn awgrymu nad yw'n parhau ar draws Dolbadarn i gyfeiriad y castell. Ac wrth gwrs, yr oedd problem. Roedd Llyn Padarn yn cyrraedd at waelod Gallt Chwarel Glyn a Glanllyn, felly nid oedd yn bosib ymestyn y ffordd yn y rhan hon. Mae'n awgrymu fod y ffordd newydd yn troi ar ben Gallt Chwarel Glyn i mewn i dir y fferm a rhai o'r mân chwareli a oedd yn y deng mlynedd ar hugain diwethaf wedi cynyddu mewn maint a chynnyrch. A'r cynnydd hwn fu'n gyfrifol am waredu gwastraff i mewn i'r llyn.

Does wybod pryd yn union y llanwyd â gwastraff y rhan o'r llyn a gyrhaeddai at fwthyn Glanllyn fel nad oedd ei enw'n gweddu iddo, ond mae dwy garreg gerfiedig yn nodi fod y ffordd newydd wedi ei chwblhau i lawr Gallt Chwarel Glyn. Mae un garreg wedi ei gosod ar y tro ar dop yr allt, a'r llall yn wal derfyn Glanllyn.

Mae'r ail gymal yn yr adroddiad yn sôn am *'united effort'*, ond nid yw'n nodi pwy yn union oedd wedi uno gyda'i gilydd i gwblhau'r ffordd. Gallent fod yn blwyfolion Llanrug (gan mai o fewn terfynau hen blwyf Llanrug yr oedd y cyfan o'r ffordd) a Glynllifon. Ond tybed a oedd Ymddiriedolaeth Dyrpeg Sir Gaernarfon hefyd yn rhan o'r gwaith erbyn hyn?

Tybed ai'r gwelliannau hyn i'r ffordd o Benllyn hyd at derfyn plwyf Llanberis a wnaeth i berchennog tafarn Dolbadarn sylweddoli fod newidiadau ar droed, ac iddo wneud gwelliannau sylweddol i'r dafarn fel paratoad ar gyfer y newidiadau rheini? Erbyn 1824 roedd y dafarn wedi ei hadnewyddu, a gŵr o'r enw John Williams yn cychwyn fel tafarnwr yno. Mae hysbysebion yn ymddangos

Cerrig ar dop a gwaelod Gallt y Glyn

yn y wasg *'to the Nobility, Gentry and Public in general, that he has entered upon the Inn, which has recently been very considerably improved'.*[11] Ond o fewn cwta wyth mlynedd byddai'n wynebu cystadleuaeth oddi wrth westy newydd sbon a fyddai'n cael ei adeiladu ger Castell Dolbadarn.

Ym mis Mai 1829 ymddangosodd hysbyseb yn y *North Wales Chronicle* yn cynnig gwasanaeth tirfesurydd o'r enw J. W. Haslam. Roedd Haslam yn enedigol o Lanrug, yn fab i John Haslam a oedd yn byw ym Melin Bodrual erbyn dechrau'r ganrif, yn cadw melin bapur yno, ond yn cael ei gyflogi hefyd fel Capten Milisia'r Sir. Symudodd yn ddiweddarach i fyw yn nhref Caernarfon.

Haslam, mae'n amlwg a gafodd y gwaith o gynllunio llinell y ffordd ym mhlwyf Llanberis a throsodd i Ben y Gwryd i

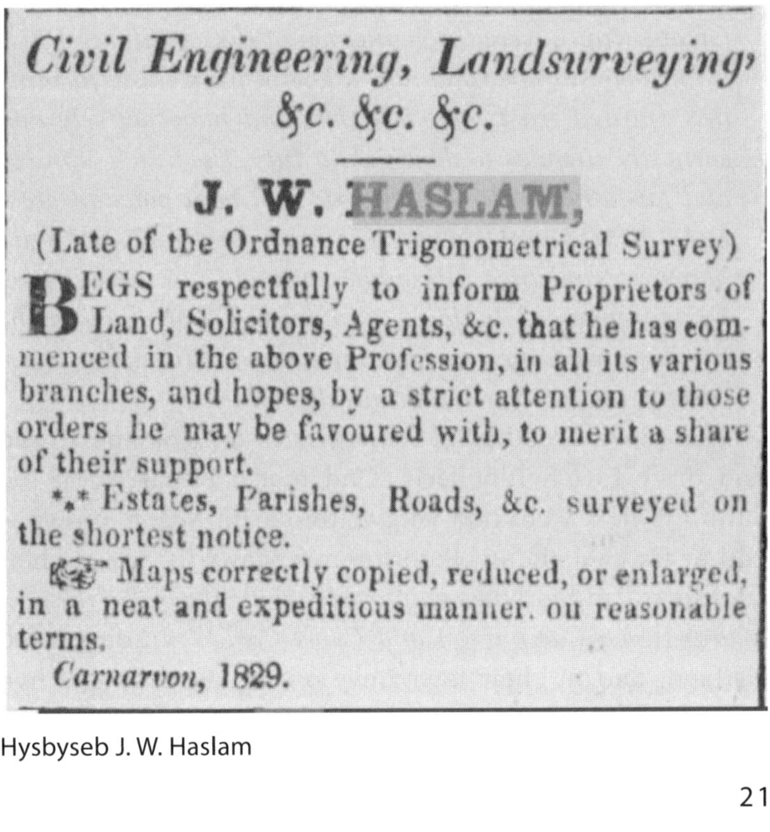

Civil Engineering, Landsurveying, &c. &c. &c.

J. W. HASLAM,

(Late of the Ordnance Trigonometrical Survey)

BEGS respectfully to inform Proprietors of Land, Solicitors, Agents, &c. that he has commenced in the above Profession, in all its various branches, and hopes, by a strict attention to those orders he may be favoured with, to merit a share of their support.

*** Estates, Parishes, Roads, &c. surveyed on the shortest notice.

☞ Maps correctly copied, reduced, or enlarged, in a neat and expeditious manner. on reasonable terms.

Carnarvon, 1829.

Hysbyseb J. W. Haslam

ymuno â'r ffordd dyrpeg o Feddgelert i Gapel Curig. Daw'r wybodaeth mewn llythyr a ymddangosodd yn y *North Wales Chronicle* ym mis Tachwedd y flwyddyn ddilynol gan rywun yn galw ei hun yn 'A Traveller, Corwen'. Y mae'n werth dyfynnu'r llythyr yn ei gyfanrwydd:

> *Having lately travelled through the romantic village, and almost inaccessible pass of Llanberis to Capel Curig, I was particularly pleased with a beautiful line of road now forming from the village to the junction of the Capel Curig road. The engineer, Mr J. W. Haslam of Caernarvon has gained to himself the highest credit for a display of his talents in planning a road of easy ascent through a country that has hitherto appeared as impracticable to any local Turnpike Trust. But this is practical proof that we may have as good roads in Wales as in any part of Great Britain, were the gentlemen of the country to rouse from their slumber and take a lesson from those forming this spirited trust who I understand have actively and earnestly attended to their public duty. The much admired and far-famed Vale of Llanberis will be a place of great resort next summer when this road is opened, and I am happy to find that the public-spirited T. A. Smith Esq. has commenced building a very large inn close to the castle between the two lakes, which will still increase the comfort of the tourist and traveller.*[12]

Prin yw'r adroddiadau am y gwaith o gwblhau'r ffordd hon drwy Fwlch Llanberis. Ond mae'n eithaf tebyg fod llafurwyr lleol wedi bod yn gweithio arni. Mae'n amlwg ei bod ar fin cael ei chwblhau tua mis Mawrth 1831, a cheir adroddiad am '*workmen employed making the bed of the new road between Caernarvon and Capel Curig*'[13] yn darganfod cistfaen, ond ni cheir fawr mwy o wybodaeth am yr hyn ddigwyddodd iddi.

Wythnos yn gynharach, yn yr un newyddiadur cyhoeddwyd *'the opening of the new road by Llanberis to Caernarvon will soon become a most important... mercantile communication as well as an object of high gratification for tourists from Shropshire and neighbouring counties.'*[14] A dyna bwysleisio dwy fantais fawr adeiladu'r ffordd newydd: gwella cyfleusterau marchnata o fewn Dyffryn Peris gyda chysylltiadau i Gaernarfon mewn un cyfeiriad a hwyluso mynediad twristiaid o siroedd canolbarth Lloegr ar hyd y Lôn Bost (A5) i Gapel Curig ac ymlaen am Fwlch Llanberis o'r cyfeiriad arall.

Ond ni fu agor y ffordd newydd heb ei thrafferthion. Mae'n amlwg fod rhywun neu rywrai wedi lledu'r stori fod y ffordd i gael ei hagor yn swyddogol ar y dydd cyntaf o Awst 1831, a hynny gyda gorymdaith fawreddog. Yn anffodus, does dim mwy o wybodaeth am ble roedd yr orymdaith i'w chynnal, ond mae'n amlwg nad oedd bwriad i wneud hynny, oherwydd ceir datganiad yn y wasg yn gwadu hynny:

> *Regarding an advertisement stating that the new road through Llanberis and the Pass to Dyffryn Mymbyr will be opened with a procession on 1st August; I am directed by the Trustees (Members of the Llanberis Road Committee)... to inform the Public THAT SUCH AN ADVERTISEMENT APPEARS WITHOUT THEIR AUTHORITY, and further, that the said road will be opened WHEN COMPLETED AND CERTIFIED to the satisfaction of the Committee, of which due notice will be published accordingly.*
>
> *Thomas Churchill, Surveyor.*[15]

Byr iawn fu'r oedi fodd bynnag, ac yr oedd J. Goddard, Clerc yr Ymddiriedolaeth yn datgan fod y ffordd newydd i'w hagor i'r cyhoedd ar ddydd Iau, Awst 18fed *'by order of the Trustees'*.[16] Diddorol yw nodi yn y datganiad hwn fod llwybr y ffordd yn cael ei ddisgrifio o Gaernarfon heibio'r Dolbadarn Inn ac ymlaen i'r *'Snowdon Pass'*. Does dim sôn am Lanberis, ond yn hytrach y *'Llanberis Road'*. Mae hyn yn awgrymu mai cyfeiriad sydd yma at y ffordd ar draws plwyf Llanberis, gan fod y ffordd o Gaernarfon i'r ffin rhwng plwyfi Llanrug a Llanberis eisoes wedi ei chwblhau a'i hagor i'r cyhoedd ers 1828.

Mae'n bosib mai rheswm dros yr oedi cyn agor y ffordd newydd yn swyddogol oedd diffyg tollbyrth neu ddiffyg gofalwyr am y tollbyrth. Does dim sicrwydd mai'r Ymddiriedolaeth Dyrpeg oedd yn gyfrifol am ffordd 1828 gan mai Glynllifon a phlwyfolion Llanrug fu'n ei hariannu, ond mae'n amlwg mai'r Ymddiriedolaeth fu'n gyfrifol am ffordd 1831, ac o bosib i'r Ymddiriedolwyr dderbyn cyfrifoldeb am yr holl ffordd o Gaernarfon i Ben y Gwryd tua'r un pryd.

Ym mis Ionawr 1831 roedd Ymddiriedolaeth Dyrpeg Sir Gaernarfon yn hysbysebu eu bod yn gosod tollbyrth y sir o Fawrth 1af. Rhestrir ganddynt holl dollbyrth y sir, ond does dim sôn am unrhyw un ar y ffordd o Gaernarfon i Ben y Gwryd.[17] Flwyddyn yn ddiweddarach maent yn cynnwys tollbyrth Bodrual a Phenllyn ar y rhestr, ac yn nodi fod eu gwerth dros y flwyddyn yn £357. Ond does dim sôn am dollborth Gwastadnant.[18]

Daw'r cyfeiriad cyntaf at Wastadnant ym mis Mehefin 1832 mewn hysbyseb yn cynnig y tollborth *'to the highest bidder'*, a bod y denantiaeth i gychwyn ar Orffennaf 1af o'r flwyddyn honno. Ond mae'n amlwg fod y tollborth yn bodoli ers Awst 1831, oherwydd gwerth yr arian a gasglwyd yno o 18 Awst 1831 hyd 30 Ebrill 1832 yw £27-5-3.[19] Roedd y tollborth yn weithredol felly o ddyddiad agoriad swyddogol y ffordd yn Awst 1831. Ond o fewn wyth mlynedd, roedd yr arian a dderbyniwyd yn nhollborth Gwastadnant bron wedi dyblu.

Hanner can mlynedd wedi hyn daeth oes yr Ymddiriedolaeth Dyrpeg i ben ar Dachwedd 1af 1882. *'Ar y dydd cyntaf o'r mis hwn yr oedd ymddiriedolaeth y priffyrdd yn terfynu drwy yr oll o Arfon, a llawer o ddynion yn prysur dynnu y tollbyrth i lawr. Trwy y sir y mae rhyddid i deithio yn awr heb dalu toll.'*[20]

Ond yn ystod yr hanner can mlynedd hwn, gwelwyd cynnydd yn yr arian a dderbyniwyd gan y tollbyrth.[21]

Tollborth	**1840**	**1860**	**1870**	**1880**
Penllyn	£160	£165	£100	£135
Gwastadnant	£50	£56	£80	£84

Mae'r lleihad yng nghyfansymiau Penllyn i'w briodoli i agor y rheilffordd o Gaernarfon i bentref newydd Llanberis yn 1869.

Roedd ffordd newydd 1828 o Gaernarfon i Lynrhonwy, a'i chwblhau i Ben y Gwryd yn 1831 wedi bod yn fodd o newid cyfrwng teithio o fewn y dyffryn. Dirywiodd y defnydd o gychod ar Lyn Padarn. Roedd gwella'r ffordd wedi bod yn fodd o wella masnach, ond hefyd yn fodd o hybu a chynyddu'r diwydiant twristiaid. Dyma'r ddwy elfen a fyddai'n greiddiol i ddatblygiad pentref Llanberis yn ystod y blynyddoedd i ddod.

Pennod 2

Denu Ymwelwyr

TYBED A OEDD aelodau Ymddiriedolaeth Dyrpeg Sir Gaernarfon yn ymwybodol yn 1830 fod ymweliad brenhinol wedi ei drefnu at yr haf 1832, ac a fu i'r wybodaeth brysuro'r gwaith i gwblhau'r ffordd – i Ddolbadarn, o leiaf – erbyn hynny? Roedd y *'public-spirited gentleman Thomas Assheton Smith'* eisoes wedi dechrau ar y gwaith o adeiladu gwesty newydd gerllaw Castell Dolbadarn, a byddai'r gwaith hwnnw wedi ei gwblhau erbyn mis Mawrth 1832.

Roedd y ffordd wedi ei hagor ers canol Awst 1831, ond braidd yn hwyr ar gyfer y tymor ymwelwyr. Ond o fis Mawrth 1832 ymddangosodd hysbyseb reolaidd yn y *North Wales Chronicle* yn ceisio denu cwsmer i fod â gofal am y gwesty newydd: *'That capital, modern built house intended for an Hotel, situated in the Romantic Vale of Llanberis... adjoining the New Post Road...'*[1] Byddai'r ymadrodd *'romantic vale of Llanberis'* yn cael ei ddefnyddio'n rheolaidd am y blynyddoedd nesaf i ddenu ymwelwyr i'r ardal.

Erbyn mis Awst o'r un flwyddyn roedd y gwesty newydd wedi ei enwi: Royal Victoria Hotel, ac yr oedd ar agor. *'The Public are informed that this Hotel has been opened for their accommodation'*[2], ac yr oedd disgwyl eiddgar am yr ymweliad brenhinol gan y Dywysoges Fictoria. Ond siom oedd yn eu haros.

Nid oedd y dywysoges yn teimlo'n dda ar ddiwrnod y daith i'r gwesty a enwyd er anrhydedd iddi, a dim ond Duges Kent a'i gosgordd a deithiodd ar goets o Gaernarfon i Benllyn ddiwedd Awst. Ym Mhenllyn yr oedd 'pier' arbennig wedi ei adeiladu fel y gallai'r ymwelwyr brenhinol droedio ar gwch o eiddo Assheton Smith a hwylio ar hyd Llyn Padarn, gyda rhai cannoedd o bobl yn eu dilyn ar hyd y ffordd newydd a *'salutes to the Royal party from 2,000 rock canons'*. Glaniodd y cwch ger adfeilion Castell Dolbadarn a chafodd y parti eu hebrwng *'to the New Inn now called the Royal Victoria'*.[3]

Pa well lansiad i'w westy newydd y gallai'r *'public-spirited gentleman'* o'r Faenol fod wedi ei ddymuno? Ac yr oedd y cyhoeddusrwydd a roddwyd i'r ymweliad wedi bod yn fodd o ddenu sylw sylweddol i'r ardal fel lleoliad gwyliau.

Ond nid y Royal Victoria Hotel oedd yr unig westy a geisiai ddenu busnes drwy hyrwyddo'r ardal. Ers dechrau 1832 roedd y Sportsman Inn yng Nghaernarfon wedi ei hail-adeiladu ac yn cael ei rhoi ar osod. Yn ôl hysbyseb a ymddangosodd yn y wasg, un o'i rhinweddau oedd arbed arian i'r teithiwr yn ogystal â chael y cyfle i deithio drwy ddyffryn hardd Bwlch Llanberis: *'A person travelling between Dublin and Shrewsbury will save some 24 miles in distance and upwards of £3 in expense by taking the route through Caernarvon and the romantic Pass of Llanberis to Capel Curig.'*[4]

Roedd y busnes denu ymwelwyr wedi dechrau o ddifrif, ac yr oedd y ffaith fod y ffordd newydd yn galluogi teithwyr i fynd o Gaernarfon drwy Fwlch Llanberis a throsodd am Gapel Curig, Betws y Coed a Chonwy yn ffactor pwysig iawn. Dechreuodd gwahanol unigolion a chwmnïau bychan gynnig teithiau mewn coets fawr. Mae'n debyg mai'r gyntaf oedd 'The Mountaineer' a oedd yn cynnig teithiau o'r Uxbridge Arms yng Nghaernarfon dros Fwlch Llanberis i gyfarfod y goets fawr a deithiai o'r Amwythig i Gapel Curig. Gwasanaeth ar ddau ddiwrnod yr wythnos – Mawrth a Gwener – oedd hwn i ddechrau, gyda'r goets yn cychwyn o Gaernarfon am wyth y bore, ac yn dychwelyd yr un diwrnod. Byddai'r gwasanaeth yn cychwyn ganol Mehefin ac yn parhau dros dymor yr haf.[5] Does wybod pa mor llwyddiannus fu'r gwasanaeth hwn.

Flwyddyn yn ddiweddarach ac y mae gwasanaeth mwy uchelgeisiol yn cael ei gynnig. O ddiwedd Mai byddai 'The Tourist' yn rhedeg o Gaernarfon drwy Lanberis, Capel Curig a Betws y Coed i Gonwy, gan gychwyn am naw bob bore, ar wahân i'r Sul, ac yn dychwelyd yr un diwrnod.[6]

Mae enwau'r ddau wasanaeth cynnar hyn yn awgrymu mai apelio at ymwelwyr oedd y bwriad yn hytrach nac at y trigolion lleol, ac y mae'r ffaith mai yn ystod misoedd yr haf yn unig roedd y gwasanaeth ar gael yn cadarnhau hynny.

Ond roedd y Royal Victoria yn darparu ar gyfer trigolion

Coets ym Mwlch Llanberis

lleol hefyd, er nad oedd fawr neb yn byw o fewn cyrraedd agos iddi. Erbyn diwedd 1833 roedd Edward Green wedi symud o Ddinbych i gadw'r gwesty, ac un o'i oruchwylion cyntaf oedd trefnu *'housewarming dinner'* ar gyfer y Llanberis Hunt. John Rowlands, sgweiar lleol o Blastirion, Llanrug, gyda thir ar y Clegir ac ar lethrau'r Cefn Du, oedd y trefnydd, ac ar ddechrau Rhagfyr, cyfarfu'r helwyr ar y ddôl ger Llyn Padarn. Yn ôl adroddiad, daliwyd pedair ysgyfarnog yn ystod y dydd, ond mae'n amlwg mai'r ciniawa yn dilyn yr helfa oedd uchafbwynt y diwrnod![7] Byddai Edward Green yn gofalu am y Royal Victoria am tua wyth mlynedd, gan weld cynnydd sylweddol yn y nifer o ymwelwyr a gâi eu denu i'r ardal.

Cynyddu hefyd a wnâi'r galw am wella cysylltiadau masnachol, nid yn unig ar draws gogledd Cymru i Lerpwl, ond hefyd rhwng de a gogledd Cymru. Ceir adroddiad yn un o newyddiaduron de Cymru yn sôn am gynllun i geisio gwella'r cysylltiad rhwng y de a'r gogledd gyda gwasanaeth llongau stêm, gan nodi'r posibilrwydd o gael teithiau rheolaidd o Aberystwyth i Bwllheli ac o Borthdinllaen i Lerpwl. Mae un cymal yn disgrifio sut y gallai twristiaid gael pob cyfle *'to view the grand and romantic scenes'*, gan enwi'r Wyddfa a llynnoedd Llanberis.[8]

Ddwy flynedd yn ddiweddarach ac yr oedd cwmni St George, Lerpwl yn cynnig gwasanaeth dwy long stêm – 'Vale of Clwyd' a'r 'Air' – rhwng Lerpwl, Porthaethwy a Chaernarfon. Gallai'r teithwyr aros yn y Sportsman Hotel, Caernarfon ble roedd yn bosibl llogi ceffyl a choets i ymweld â Llanberis *'and see the attractive lakes and Pass'*.[9] Roedd gwasanaeth o'r fath yn rhedeg drwy fisoedd yr haf.

Erbyn 1841 roedd John Johnstone a'i wraig, Elizabeth yn gofalu am y Royal Victoria. Symudodd yma ar ôl dal tenantiaeth y George Hotel neu'r Bangor Ferry Inn ar lannau'r Fenai. Mae Elizabeth eisoes yn y gwesty erbyn Cyfrifiad 1841, ond roedd ei gŵr yn parhau i ofalu am y Bangor Ferry Inn nes byddai tenant newydd wedi ei benodi. Mae'n fis Mai y flwyddyn honno nes daw cadarnhad fod John Johnstone mewn gofal o'r gwesty, ac yn hysbysebu *'a vast and varied range of sublimity and beauty... the ascent of Snowdon is so easy that ponies can safely attain to the summit; guides being always in readiness for the accommodation of tourists.'*[10]

Roedd y traddodiad o dywyswyr yn bodoli cyn y dyddiad hwn, wrth gwrs. Roedd teithwyr cynnar, yn arbennig y naturiaethwyr oedd yn ymddiddori ym mhlanhigion yr ucheldiroedd, wedi bod yn derbyn cymorth tywysyddion ers cyfnod Edward Llwyd. Roedd agor y Lôn Bost o'r Amwythig i Gaergybi drwy Gapel Curig wedi dod â mynyddoedd Eryri fymryn yn nes a haws cyrraedd atynt, a bu cynnydd yn y galw am dywysyddion dibynadwy erbyn diwedd y ddeunawfed ganrif a dechrau'r bedwaredd ganrif ar bymtheg.

Mae'n debyg mai mwynwyr copr oedd rhai o'r tywysyddion cynnar hyn. Roedd Gwaith Copr Clogwyn Coch ger Llyn Du'r Arddu ar lethrau'r Wyddfa, eisoes yn cael ei weithio erbyn dechrau'r bedwaredd ganrif ar bymtheg. Mae'n ymddangos fod y mwynwyr yn llafurio yn y gwaith copr ar lannau Llyn Peris yn y Nant Uchaf yn ystod y gaeaf, ac yn symud i Glogwyn Coch yn ystod misoedd yr haf. Roedd y mwynwyr felly yn adnabod y llethrau a'r llwybrau rhwng y ddau waith. Mae'n bosib fod rhai ohonynt wedi cynnig eu hunain i dywys ymwelwyr ac eraill yn gwerthu lluniaeth syml i'r rhai a ymlwybrai tua'r copa.

Gyda sefydlu Gwesty'r Royal Victoria ger Castell Dolbadarn, daeth canoli ar fan cychwyn ymwelwyr oedd am gerdded i gopa'r Wyddfa, a chanoli lleoliad y tywysyddion hefyd i bob pwrpas. Yng Nghyfrifiad 1841 mae 14 o drigolion y Nant Isaf yn rhoi eu galwedigaeth fel mwynwr copr, a'r mwyafrif ohonynt yn byw ym Mhentre Castell. O'r rhai oedd yn byw ym Mhentre Castell a'r cyffiniau, roedd o leiaf tri ohonynt hefyd yn dywysydd (er nad yw hynny'n cael ei gofnodi ar y Cyfrifiad). Roedd Moses Williams wedi adeiladu rhyw fath o gaban ar gopa'r Wyddfa erbyn diwedd y 1830au, ac yn cynnig lluniaeth yno. Roedd Ellis Roberts (Lias Bach) yn un o'r tywysyddion oedd yn cadw merlod er mwyn cario ymwelwyr tua'r copa, a dywedir mai ef oedd y cyntaf i fynd â cheffyl a throl i gopa'r Wyddfa. Ac yr oedd Hugh Lewis yn ŵr a gyfrifid yn hyddysg yn lleoliadau planhigion prin ar lethrau a chlogwyni'r mynydd.

Ond er fod Johnstone yn honni fod dringo'r Wyddfa yn

Pentre Castell – cartref y tywysyddion cynnar

hawdd, heb gymorth ac arweiniad y tywysyddion doedd hi ddim mor hawdd yn y dyddiau cynnar hynny i gyrraedd y copa a dychwelyd yn ddiogel i gyffiniau Gwesty'r Royal Victoria. Ym mis Awst 1842 cawn hanes merch fach ddeg oed gyda'i rhieni, yn cychwyn i fyny'r Wyddfa. Mae'n amlwg i'r dringo fynd yn drech ar y fechan, a gorchmynnodd ei rhieni iddi ddychwelyd i'r gwesty ar hyd y llwybr, gan barhau i'r copa hebddi. Pan gyrhaeddodd y fam a'r tad yn ôl yn hwyrach yn y dydd, doedd dim sôn am yr eneth fach. Gorchmynnodd Assheton Smith (a ddigwyddai fod yn y gwesty ar y pryd) i'w chwarelwyr fynd allan ar y mynydd i chwilio amdani, ond yn ofer. Treuliodd y fechan 24 awr allan ar y mynydd gan grwydro drosodd i gyfeiriad Beddgelert ble cafodd ei hymgeleddu gan fwynwyr a'i dychwelyd at ei rhieni.[11]

Dyma un o'r cyfeiriadau cynharaf at anffawd ar y mynydd i deithwyr o Westy'r Royal Victoria, ond deuent yn amlach dros y degawdau nesaf fel y tyrrai mwy a mwy o ymwelwyr i'r ardal – ac amryw ohonynt yn angheuol.

Ond mae tymor gwyliau 1842 yn diweddu gyda disgrifiad blodeuog yn annog trigolion dinasoedd Lloegr i ymweld â'r ardal: *'The smoke-dried denizens of Liverpool, Manchester, Birmingham and other large towns should throw off the coil of care and business for a few days, and inhale the invigorating air that surrounds this monarch of the British Alps.'*[12]

Hyd yma, deuai'r mwyafrif (os nad y cyfan) o ymwelwyr i'r ardal un ai o gyfeiriad Capel Curig neu o Gaernarfon. Ond roedd galw bellach am sefydlu ffordd i Lanberis yn uniongyrchol o Fangor. Y teimlad yn amlwg oedd fod dinas Bangor yn colli cyfle i ddenu ymwelwyr, ac mai teithio drwy'r ddinas am Gaernarfon neu ei hosgoi yn gyfan gwbl roedd y mwyafrif er mwyn gallu cyrchu Llanberis a'r golygfeydd.

Yn 1844 daw'r argymhelliad cyntaf i agor ffordd o'r A5 ger Gwesty'r Penrhyn Arms ym Mangor gan ddilyn yr Afon Cegin *'through the Llanddeiniolen marshes'* i Bont Penllyn. Roedd poblogaeth ardal chwareli y dyffryn yn cynyddu, a byddai'r ffordd yn *'outlet from the vast intermediate tract of land for the increasing population to different market towns, and a conveniency for strangers and tourists of visiting the picturesque scenery of Llanberis and Snowdon'.*[13] Parhaodd y dadleuon hyn am ddwy flynedd.

Erbyn Hydref 1845 mae dadl fwy ffeithiol yn cael ei gosod. Roedd ymwelwyr o Lerpwl yn teithio ar longau stêm i Borthaethwy ac ymlaen i Gaernarfon, gan osgoi Bangor yn gyfan gwbl. Roedd taith o Borthaethwy i Gaernarfon ac ymlaen i Lanberis yn 16 milltir, ond pe ceid ffordd uniongyrchol o Fangor *'that traversed the Llanddeiniolen meadows',* gellid cwtogi'r pellter o ddeng milltir – ac felly, ei gwneud yn gynt ac yn rhatach. Mae'r geiriad ynglŷn â'r broblem o groesi tiroedd gwlyb Llanddeiniolen fymryn yn garedicach y tro hwn, o bosib rhag creu gwrthwynebiad gan drigolion y rhan honno o'r plwyf. Byddai ffordd o'r fath hefyd yn *'key to the Arvonian Alps'.*[14] Honnid hefyd fod T. Assheton Smith eisoes wedi dechrau mesur llwybr ffordd o'r Faenol i gyfeiriad Llanberis – y rhan helaethaf ohoni ar ei eiddo ei hun.

Atebwyd y ddadl hon cyn diwedd y mis gan rywun yn galw ei hun yn 'HB Llanberis' a oedd yn dadlau na fyddai ffordd o'r Faenol i Lanberis yn golygu fawr mwy o daith i bobl Bangor na'r ffordd arfaethedig o Westy'r Penrhyn ar hyd Afon Cegin. A honnai HB fod sylfaen galed eisoes yn bodoli i'r llwybr o'r Faenol, sef yr hen dramffordd lechi, ac na fyddai angen gwario i adeiladu ar y tir gwlyb a chorsiog pe deuai'r ffordd o gyfeiriad Pentir.[15]

Gwyddom erbyn hyn na chafodd y ffordd o Fangor i

Lanberis ei hadeiladu, ond hyd yn oed ar ddiwedd 1846 roedd 'Citizen' (o Fangor, mae'n amlwg) yn parhau i ddadlau o'i phlaid ac yn honni y byddai o fantais i westy'r Penrhyn Arms ac i westy'r Royal Victoria.[16]

Yn ystod y blynyddoedd hyn hefyd roedd trafodaeth ar ddull posibl arall o deithio o Fangor i Lanberis, sef rheilffordd. Y gobaith oedd adeiladu rheilffordd o Fangor i Borthdinllaen; pellter o 28 milltir ar gost o £300,000. A byddai'r rheilffordd hon yn mynd drwy Lanberis! Ond bu'n rhaid disgwyl am bron i chwarter canrif arall cyn i reilffordd gyhoeddus gyrraedd Llanberis ac o Gaernarfon y deuai honno, nid o Fangor.

Yn y cyfamser roedd newidiadau'n digwydd i'r ddau westy: y Royal Victoria Hotel a'r Dolbadarn Inn. Wedi chwe mlynedd yn gofalu am y Royal Victoria roedd John Johnstone yn symud i Gaer i fod â chyfrifoldeb am y Royal Hotel yno, ac unwaith yn rhagor roedd y gwesty ar osod. *'To be let with adjacent Gardens and Grounds which have recently been laid out at great expense.'*[17] Roedd gwella safon y gwesty wedi cael blaenoriaeth o'r cychwyn. Flwyddyn wedi ei agor roedd yr holl adeilad yn cael ei beintio a'r ystafelloedd yn cael eu papuro.[18] Ac yn ystod tenantiaeth Johnstone cynlluniwyd a gosodwyd gerddi o'i amgylch. Roedd cryn nifer o weithwyr yn cael eu cyflogi yno. Yng Nghyfrifiad 1841 roedd deg o forynion a saith o weision, ac mae'n bosib fod rhai eraill, ond nad oeddent yn byw yn y gwesty. Mae'n amlwg hefyd fod fferm Cefntre'rsaint ym Mhontrug yn rhan o'r denantiaeth, oherwydd cyn gadael mae Johnstone yn gwerthu ei holl stoc yn y fferm honno mewn arwerthiant cyhoeddus.[19] Nid yw'n ymddangos i Johnstone adael hyd 1847, ac yr oedd wedi cael cymorth i symud gan William Williams (Wil Boots) oedd yn dywysydd enwog yn ei ddydd. William Mathews ddaeth i ofalu am y Royal Victoria yn dilyn ymadawiad Johnstone.

Daeth newid hefyd i ran y Dolbadarn Inn. Erbyn 1824 John Williams oedd yn gyfrifol am gadw'r dafarn a oedd yn cael ei hadnabod fel y New Inn. Fe'i hadeiladwyd tua 1813-16 gan Evan Owen *('a good mason, but too fond of drink')*[20] i'w pherchennog Thomas Wright Esquire (a roes fenthyciad i wella'r ffordd o'r Clegir ac i lawr am y ddôl). Fe'i hadnewyddwyd yn 1824, ond bu John Williams farw yn 1835. Bu ei weddw wedyn yn cario ymlaen â'r gwaith nes ei marwolaeth hithau yn 1839. Gwraig o'r enw Mary Evans oedd yno yn 1841 yn disgrifio'i hun fel *'innkeeper'*, ac yn cyflogi pedair morwyn a garddwr. Ei gŵr oedd William Evans, a buont yn cadw'r Dolbadarn am bron i ddeng mlynedd. Yma ar ddiwedd 1846 y daeth Mrs a Miss Starr i aros i wneud ymholiadau am ddiflaniad mab a brawd yn gynharach yn y flwyddyn.[21] Ni ddarganfuwyd corff y Parch. Henry Wellington Starr hyd fis Mehefin y flwyddyn

Gwesty Victoria a Chastell Dolbadarn

ddilynol ar waelod Clogwyn Llechwedd Llo ar Foel Cynghorion. Gŵr o'r enw William Hughes a ddarganfu siôl a gwasgod Starr ar y mynydd a'u dychwelyd i Mrs Evans yn y Dolbadarn. Bu'r achos yn bur ddadleuol oherwydd i Wil Boots beidio a datgelu ei fod wedi darganfod oriawr Starr, ac fe'i ceryddwyd yn bur llym gan y crwner.

Yn ystod y 1840au daeth gŵr o'r enw Edward Humphreys i'r Dolbadarn Inn. Roedd wedi ei eni yn Llantysilio, sef Porthaethwy. Fe'i ganed i deulu o dafarnwyr; roedd ei dad yn cadw'r Anglesey Arms ym Mhorthaethwy, a bu brawd iddo hefyd yn cadw gwesty yn yr un dref. Dolbadarn yw ei gyfeiriad ar gofnod ei briodas yn 1846 gydag Ellen Evans, merch y tafarnwr. Bu hi farw flwyddyn yn ddiweddarach ar enedigaeth mab, ond arhosodd Edward Humphreys yno, ac erbyn 1850 (pan briododd am yr eilwaith) roedd yn cynnal gwasanaeth coets o'r Dolbadarn i Gaernarfon ddwywaith y dydd am bris o swllt a chwecheiniog. Roedd y gwasanaeth hwn yn cael ei gynnal gan Humphreys mewn partneriaeth â Charles Bicknell, oedd yn cadw'r Penrhyn Arms ym Mangor.[22]

Tua'r un pryd ag y daeth Humphreys i'r Dolbadarn roedd gwasanaeth coets arall o'r enw 'Defiance' yn cael ei hysbysebu, gan gychwyn ganol Ebrill 1848 ddwywaith yr wythnos o Gaernarfon am Lanberis a Beddgelert. Roedd hon yn cysylltu'n uniongyrchol â'r llongau stêm o Lerpwl, ac yn brolio fod Lerpwl a Chaernarfon bellach o fewn pump awr a hanner i'w gilydd.[23]

A pharhau wnâi'r ymweliadau brenhinol. Ym mis Medi 1847 daeth y Tywysog Waldemar o Brwsia i Lanberis, ond roedd yn aros ym Mangor. Fe'i dilynwyd ym mis Medi 1849 gan osgordd frenhinol oedd yn aros yn y Plas Newydd gyda Thomas Assheton Smith. Daeth parti Dug Caergrawnt am ginio i'r Royal Victoria a cherdded i weld y Ceunant Mawr yn y prynhawn. Cawsant eu difyrru gan Fand Llanrug cyn cychwyn yn ôl am Blas Newydd. O fewn ychydig ddyddiau roeddent yn ôl – y tro hwn ar ymweliad â'r chwarel, a hynny ar hyd y rheilffordd newydd a agorwyd flwyddyn ynghynt i gario llechi o'r chwarel i'r Felinheli. Addaswyd un o'r tryciau er cyfforddusrwydd y teithwyr bonheddig, sef Dug a Duges Caergrawnt, y Dywysoges Mary, Duges Meckenberg Strelitz, y Tywysog George a'r Barwn Knesebeck. Treuliwyd diwrnod cyfan yn y chwarel, gan gynnwys cael eu cludo ar un o'r inclêns i fyny i'r Allt Ddu lle cawsant y cyfle i hollti llechen. Wedi te swmpus yng Nglan y Bala, dychwelyd unwaith eto ar y trên chwarel.[24] Flwyddyn yn ddiweddarach roedd Lady Harriet Bentinck, merch Dug Portland yn ymwelydd â'r Royal Victoria.[25]

Mae'n sicr fod rhoi sylw i ymweliadau o'r fath wedi hybu twristiaeth yn y dyddiau cynnar hyn, ac yr oedd gwesty yn cario'r enw 'Royal' a oedd yn gysylltiedig â'r dywysoges ieuanc a fethodd ddod i Lanberis ar agoriad y gwesty, ond a oedd ers 1837 yn frenhines Victoria, yn abwyd ychwanegol.

Mae edrych ar lefelau incwm tollbyrth Penllyn a Gwastadnant yn dangos y cynnydd hwn mewn trafnidiaeth – ac yr oedd ymwelwyr misoedd yr haf yn rhan sylweddol ohono. Yn 1847 roedd incwm Penllyn yn £130; yn 1848 yn £173 ac yn 1849 yn £200. Ar gyfer yr un blynyddoedd cynyddodd incwm Gwastadnant o £40 i £49 a chyrraedd £70 yn 1849. Rhaid cofio hefyd fod y rheilffordd o Gaer i Fangor wedi ei hagor yn 1848, a theithio o Loegr i ogledd Cymru yn gyflymach ac yn fwy cyfforddus. Yn wir, mor gynnar â 1850 roedd tripiau trên rhad yn cael eu cynnig yn ystod misoedd yr haf o Crewe i Fangor, gyda choetsys ar gyfer ymwelwyr i'w cario drwy Gaernarfon i Lanberis.[26]

Yn yr un flwyddyn hefyd dechreuwyd gwasanaeth coets arall – y 'Queen of Trumps' o Fiwmares i Gaernarfon ac ymlaen i Lanberis.[27] Gellir dweud bellach fod ymwelwyr yn heidio i Lanberis. Dros y degawd a mwy nesaf byddai mwy o westai yn cael eu hadeiladu ar lannau Llyn Padarn a byddai pentref 'newydd' yn datblygu'n gyflym.

FURTHER ACCOMMODATION TO THE PUBLIC.

Beaumaris, Menai Bridge, Carnarvon, and Llanberis.

ON and after MONDAY, the 12th of AUGUST, 1850,

THE QUEEN OF TRUMPS,

Well-appointed Coach,

WILL leave the BULKELEY ARMS HOTEL, BEAUMARIS, every Morning, (save Sunday,) at 30 p. 8, A.M., and CASTLE HOTEL, CARNARVON, at 10, A.M., for LLANBERIS ; leaving the DOLBADARN HOTEL, LLANBERIS, every afternoon at 30 p. 5, P.M., CASTLE HOTEL, CARNARVON, 30 p. 6, P.M., for BEAUMARIS, by 8 o'clock, P.M., the same Evening.

Passengers Booked at the Bulkeley Arms Hotel, Beaumaris ; Bulkeley Arms, Menai Bridge ; Castle Hotel, Carnarvon ; Dolbadarn Hotel, Llanberis.

Performed by

Messrs. HUMPHREYS and BICKNELL.

Hysbyseb 'Queen of Trumps'

Pennod 3

Datblygu'r Diwydiant Ymwelwyr – a chystadleuaeth

DAU WESTY – y Royal Victoria a'r Dolbadarn – oedd yn y Nant Isaf erbyn dechrau'r 1850au, ond mae'n amlwg fod digon o ymwelwyr i'w gorlenwi'n wythnosol yn cyrraedd yr ardal ym misoedd yr haf. Erbyn hyn, William Mathews oedd yn gofalu am y Royal Victoria, ac Edward Humphreys, aelod o deulu a oedd yn brofiadol mewn cadw tafarnau a gwestai, oedd yn gofalu am y Dolbadarn.

Roedd Humphreys ac aelodau eraill o'i deulu eisoes yn gyfrifol am wasanaeth y goets 'Queen of Trumps', ac yr oedd yntau mewn partneriaeth â Charles Bicknell yn gyfrifol am wasanaeth coets arall. Erbyn 1851 roedd Bicknell â gofal am westai'r Penrhyn Arms a'r Castle Hotel ym Mangor. Mae'n amlwg fod Edward Humphreys yn gwneud cysylltiadau efo prif westai y trefi agosaf er mwyn hyrwyddo'r Dolbadarn fel canolfan i ymwelwyr fyddai'n ymweld â'r ardal.

Ond roedd William Mathews hefyd yn ddyn blaengar mewn busnes, oherwydd mewn ystafell yn y Royal Victoria y sefydlwyd math o swyddfa bost gyntaf yr ardal, ac erbyn 1851 roedd coets y 'Royal Mail' yn cychwyn o'r

Uxbridge Arms yng Nghaernarfon am wyth y bore ac yn cyrraedd Llanberis o fewn awr. Byddai'n gadael Llanberis am hanner awr wedi pedwar y prynhawn *'in time for the mail to Bangor and trains to Chester, Birmingham and London'.*[1] Roedd y gystadleuaeth rhwng y ddau westy wedi dechrau o ddifrif.

Ym mis Mehefin 1851 ymddangosodd hysbyseb yn y *North Wales Chronicle* a fyddai'n arwain at weddnewid y diwydiant ymwelwyr, ond a fyddai hefyd yn dechrau'r broses o sefydlu pentref yn y Nant Isaf. Roedd tir yn eiddo i Elusen Tlodion Rhuthun yn cael ei ryddhau i adeiladu ar *'several most desirable spots for Villas and Houses of a superior description in that justly admired and picturesque Vale of Llanberis... some sites are on the banks of the lake...'*[2] Roedd y cynllun eisoes wedi ei lunio yn 1851, yn dangos safleoedd ar gyfer 30 o'r hyn a elwir yn *'villas'*, ac yn ymestyn o'r Afon Goch hyd derfyn plwyf Llanrug yng Nglynrhonwy. Yn ogystal, roedd tir wedi ei neilltuo ar gyfer eglwys newydd ar lan Llyn Padarn.[3] Roedd un llain o dir hefyd y tu hwnt i'r Afon Goch, yn union gyferbyn â'r Dolbadarn, ac yn ymestyn at lannau'r llyn. Nid tai cyffredin oedd y rhain i fod, a cheir cadarnhad o hynny yn yr un newyddiadur chwe blynedd yn ddiweddarach. *'The immense increase in building consequent on the liberal leasing of what is commonly called 'Bishop Goodman's Land'... where formerly stood half a dozen poor cottages, we now see twenty magnificent mansions, and all occupied as soon as built...'*[4]

Roedd Ymddiriedolwyr Elusen Tlodion Rhuthun yn berchen cyfran helaeth o blwyf Llanberis, a hynny yn deillio o berchnogaeth yr Esgob Goodman ar y Tŷ-du a'i diroedd. Fwy neu lai, roedd y tiroedd yn ymestyn o'r terfyn â phlwyf Llanrug ar Afon y Glyn, yr holl ffordd ar hyd glannau Llyn Padarn at yr Afon Goch, ac i fyny i lethrau Moel Eilio – cyfanswm o tua 750 o aceri.[5]

Y gŵr a fanteisiodd ar y cynnig yn yr hysbyseb oedd Hugh Beaver Roberts, twrnai a chyfreithiwr o Fangor a oedd hefyd yn Gofrestrydd y Llys Profiant ym Mangor ac yn Gofrestrydd Esgobaeth Bangor. Yn ddiweddarach bu'n gyfrifol am adeiladu tramffordd o chwareli Cwm Croesor i Borthmadog. Ar y 1af o Fai 1852 derbyniodd les o 75 mlynedd ar y tir. Hwn felly oedd y gŵr a fu'n gyfrifol am adeiladu'r *'magnificent mansions'*; tai fel Dôl Peris, Glan Eilian Hall, Snowden Hall, Cambrian Lodge, Plas Coch a Plastirion.[6] Ond roedd y cynlluniau eisoes wedi eu llunio yn 1851, ac mae'n ymddangos mai gweithredu ar y cynlluniau hynny a wnaeth Beaver Roberts.[7]

Ar y degfed o Fehefin 1852 agorwyd yn swyddogol y rheilffordd o Fangor i Gaernarfon, ond nid yw'n ymddangos fod hyn wedi effeithio'n ormodol ar wasanaeth coets o'r Penrhyn Arms a'r Castle Hotel ym Mangor, oherwydd parhaodd y gwasanaeth i Lanberis am weddill y flwyddyn honno. Roedd coets y 'Snowdon' hefyd yn parhau i redeg o Fiwmares i Gaernarfon ac ymlaen i'r Dolbadarn yn Llanberis, gan gychwyn am hanner awr wedi wyth y bore a chaniatáu chwe awr i'r teithwyr ddringo'r Wyddfa cyn cychwyn yn ôl am hanner awr wedi pump yr hwyr. Pedwar swllt oedd cost y daith, a chwmni Humphreys oedd yn berchen y goets.[8]

Erbyn 1853 roedd Hugh Humphreys, Caernarfon yn manteisio ar yr ymwelwyr a deithiai i Gaernarfon ar y trên ac am ymweld â Llanberis a'r Wyddfa gan gynnig *A Book of Views* a *Guide to the Summit of Snowdon*. Roedd ar agor o saith y bore tan naw yr hwyr, ac am chwecheiniog cai cwsmeriaid y cyfle i fwynhau lluniau'r 'Humphreys Panoramic Camera'.[9]

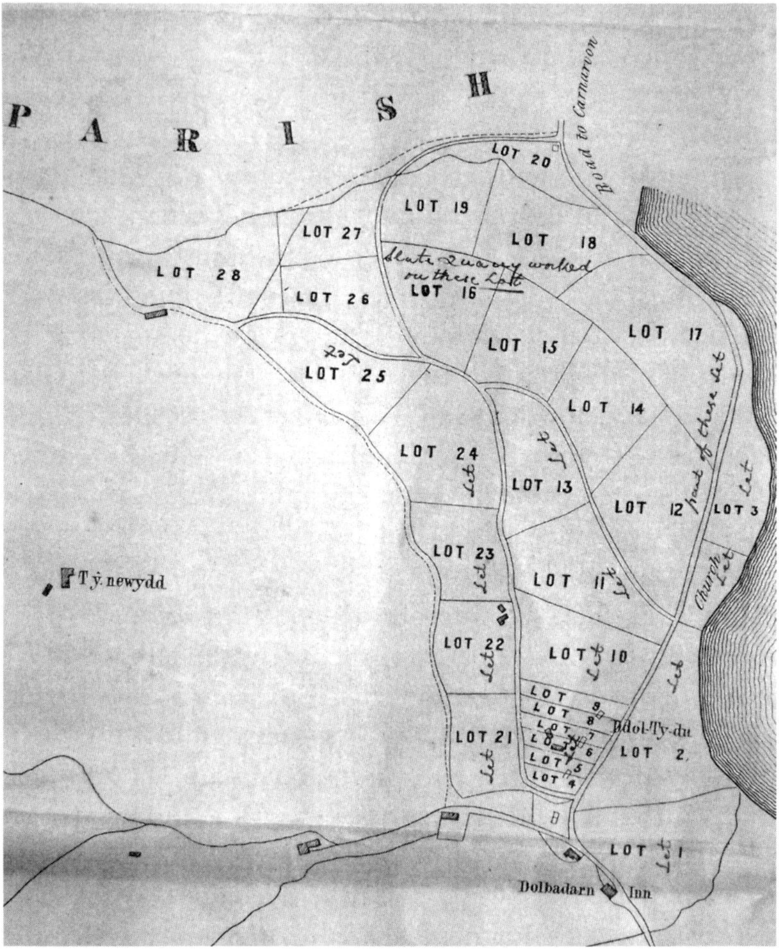

Cynllun *villas* 1851

Ond nid pob ymwelydd oedd yn cael boddhad o'i ymweliad â'r ardal. Mewn llythyr i'r wasg dan y pennawd 'Neglected State of Llanberis' mae 'Visitor' yn cwyno am blant y gymdogaeth yn begera: *'We were subjected to incessant and importunate solicitations from crowds of children who issued from the numerous neat cottages, where certainly no signs of poverty were apparent...'* ac os câi'r plant eu gwrthod, *'the foulest language and abuse were heaped upon us.'*[10]

Ym mis Ebrill 1856 mae Grace, merch William Mathews, y Royal Victoria yn priodi Henry Greatorex, ac yn fuan wedyn mae William Mathews yn gadael ac R. M. Williams a'i chwiorydd yn cymryd gofal o'r gwesty. O fewn blwyddyn ceir cadarnhad fod Henry Greatorex yn gofalu am y Royal Hotel, Llanrwst, a daw'r gwesty hwnnw yn fan aros i goets Caernarfon/Llanberis/Conwy yn fuan wedyn.

Mae'n ymddangos na fu'r tri thymor gwyliau o 1854 hyd 1856 yn brysur iawn, ond daeth 1857 a phrysurdeb newydd i'r ardal: *'Mae mwy o bobl nag y gall yr hotels mawrion a chyfleus eu cynnwys'* ac mae'r *'magnificent mansions'* fel Dôl Peris a Phlas Coch *'yn llawer iawn rhy fychan i'r galw sydd amdanynt yr haf presennol.'*[11] Adroddir fod 400 o bobl ar gopa'r Wyddfa ar rai cyfnodau.

Erbyn hyn roedd tair coets ddyddiol yn rhedeg o Gaernarfon, a dwy arall ddwywaith yr wythnos. Un o'r rhain oedd y 'Snowdon Ranger', yn teithio o'r Sportsman Hotel, Caernarfon i'r Royal Victoria, ac yn cael ei rhedeg gan bartneriaeth Rae a Williams.[12]

Yn y cyfnod hwn hefyd daeth ymwelydd o'r Almaen i'r ardal ac ysgrifennodd adroddiad manwl am ei brofiadau tra'n treulio'r hydref yma. Bu'n rhaid disgwyl am dros gan mlynedd am gyfieithiad Saesneg o'i lyfr, ond mae'n werth dyfynnu ei ddisgrifiad o'i ymweliad â Llanberis:

> *I have never seen anything more charming than the Victoria Hotel on its knoll amidst gardens and trees, and above it the ruins of Dolbadarn Castle. And then the strange activity, half poetic, half comical: beautiful English ladies with fluttering veils leaping out from every mountain ravine on spirited ponies – gentlemen, young and old, coming down from Snowdon with their*

climbing sticks, their top hats crushed, their tight trousers ripped, their hands torn, the guides and messenger-boys, the donkeys and horses, all mixed up with laughing, scolding, shouting, neighing – and in between the eternal strumming of the harpist sitting between the balustrades at the entrance to the hotel, and high above this gay throng, the fluttering English flag, casting its shadow over the bright green lawn and the tops of the fir trees at the foot of the mountain.[13]

Tybed pwy oedd y telynor neu'r delynores ar risiau'r gwesty?

Dyma'r cyfnod hefyd pan adeiladwyd gwesty newydd, ar chwe acer o dir yn ymestyn o'r Dolbadarn at lan y llyn. Hwn oedd y llain mwyaf o ran maint o'r holl dir a glustnodwyd ar gyfer y *villas* yng nghynllun 1851. Mae datganiad yn y wasg yn cymhlethu pethau pan adroddir fod *'the Dolbadarn has been removed to a splendid new building opposite.'*[14] Ond nid cael ei symud wnaeth y Dolbadarn. Y *'splendid new building'* oedd gwesty Padarn Villa, ac Edward Humphreys, y Dolbadarn a symudodd yno i fyw, ac yno y byddai y goets o Gaernarfon yn aros bellach, nid yn y Dolbadarn.

Mae'n amlwg fod R. Maddock Williams o'r Royal Victoria yn gweld fod y gwesty newydd hwn yn cynnig cystadleuaeth, a cheir gwybodaeth yn yr un flwyddyn fod *'the Royal Victoria, under the new management of R. M. Williams, has been much improved.'*[15] Yn anffodus, ni cheir unrhyw fanylion ynglŷn â'r gwelliannau hyn.

Mae'n amlwg felly fod 1857 wedi bod yn flwyddyn lwyddiannus iawn o ran ymwelwyr â'r ardal, gyda'r gwestai yn orlawn ac un arall newydd yn cael ei adeiladu. Cymaint oedd y cynnydd yn y boblogaeth dros fisoedd yr haf fel y penderfynodd y Prif Gwnstabl osod dau blisman yn yr ardal dros y cyfnod.[16]

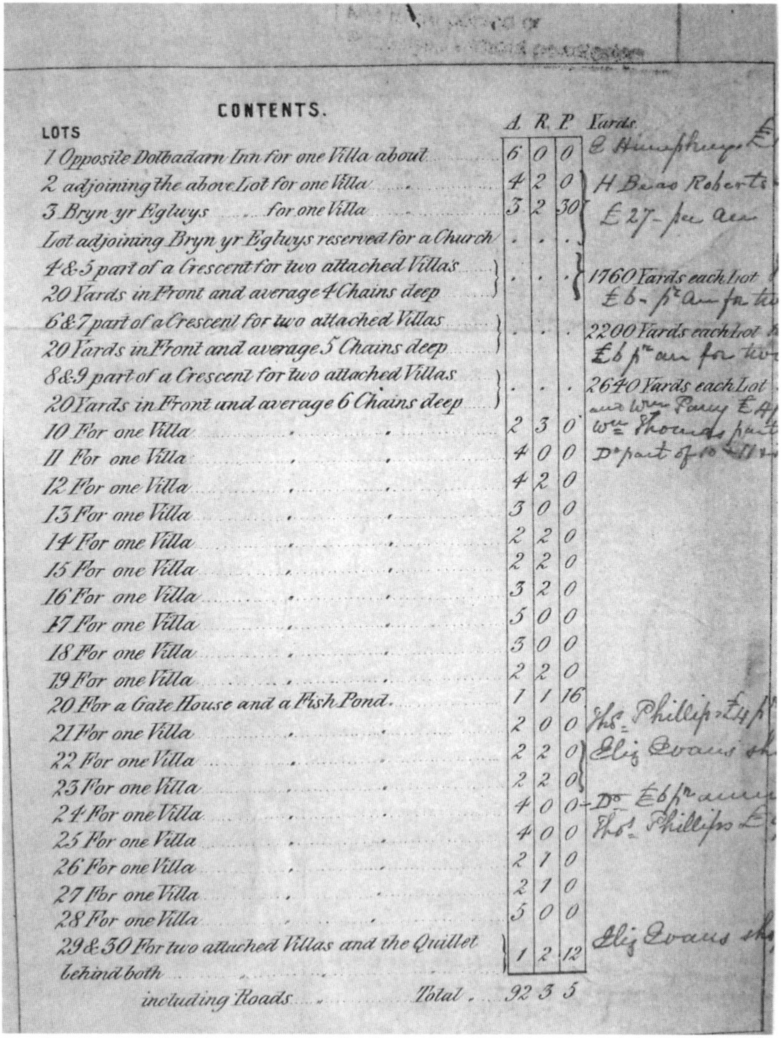

CONTENTS.

LOTS	A.	R.	P.	Yards.
1 Opposite Dolbadarn Inn for one Villa about	6	0	0	
2 adjoining the above Lot for one Villa	4	2	0	
3 Bryn yr Eglwys for one Villa	3	2	30	
Lot adjoining Bryn yr Eglwys reserved for a Church	.	.	.	
4 & 5 part of a Crescent for two attached Villas, 20 Yards in Front and average 4 Chains deep	.	.	.	1760 Yards each Lot
6 & 7 part of a Crescent for two attached Villas, 20 Yards in Front and average 5 Chains deep	.	.	.	2200 Yards each Lot
8 & 9 part of a Crescent for two attached Villas, 20 Yards in Front and average 6 Chains deep	.	.	.	2640 Yards each Lot
10 For one Villa	2	3	0	
11 For one Villa	4	0	0	
12 For one Villa	4	2	0	
13 For one Villa	3	0	0	
14 For one Villa	2	2	0	
15 For one Villa	2	2	0	
16 For one Villa	3	2	0	
17 For one Villa	5	0	0	
18 For one Villa	3	0	0	
19 For one Villa	2	2	0	
20 For a Gate House and a Fish Pond	1	1	16	
21 For one Villa	2	0	0	
22 For one Villa	2	2	0	
23 For one Villa	2	2	0	
24 For one Villa	4	0	0	
25 For one Villa	4	0	0	
26 For one Villa	2	1	0	
27 For one Villa	2	1	0	
28 For one Villa	5	0	0	
29 & 30 For two attached Villas and the Quillet behind both	1	2	12	
including Roads — Total	92	3	5	

Rhestr gosod y *villas*

O fewn y ddwy flynedd nesaf byddai dau westy arall wedi eu hadeiladu. Trodd Maddock Williams o'r Royal Victoria ei olygon tua'r Wyddfa, gan gynnig lloches i'w westeion ar y copa. Cododd ddwy babell yno – un ohonynt yn arbennig i ferched yn unig.[17] Yn y cyfamser roedd Edward Humphreys

Padarn Villa

o'r Padarn Villa yn parhau gyda'i wasanaethau coets. Roedd y 'Snowdonian Tourist' angen pedwar ceffyl i'w thynnu, ac yn rhedeg yn ddyddiol o Gaernarfon drwy Lanberis a throsodd i Gonwy. Edwards, Humphreys, Greatorex and Co. oedd yn gyfrifol am y gwasanaeth hwn, ond roedd Edwards a Humphreys hefyd yn gyfrifol am y 'Llanberis Tourist Coach' a redai yn ddyddiol o Gaernarfon i'r Padarn Villa.[18] Roedd y ddwy goets wedi eu trefnu er mwyn cysylltu â'r trên yng Nghaernarfon neu yng Nghonwy.

Tua 1859 yr adeiladwyd y Castle Hotel. Ceir cadarnhad

o'r dyddiad pan roddodd y perchennog, gŵr o'r enw Richard Rogers, y gwesty ar werth yn 1861, a nodir iddo gael ei adeiladu *'two years ago'*.[19] Yn yr un flwyddyn adeiladwyd gwesty arall yng nghyffiniau Glynrhonwy, a cheir cadarnhad o hynny pan wnaethpwyd cais – a'i ganiatáu – am drwydded i *'a new hotel called Glyn Peris'*.[20] Ym mhlwyf Llanrug roedd y gwesty hwn, ond yn agos iawn at y tir oedd yn cael ei ddatblygu ar Ddolbadarn. Gŵr o'r enw Thomas Williams dderbyniodd y les ar dir yn eiddo i Glynllifon.[21]

Roedd 1859 yn flwyddyn wahanol. Cafwyd damweiniau angheuol ar yr Wyddfa a diwygiad crefyddol yn yr ardal.

Ym mis Awst cyfeiriwyd at *'the foolish and dangerous experiment of tourists (frequently for the sake of saving a few shillings) ascending Snowdon without a guide...'*[22] Roedd cyfeillion ifanc o Lerpwl wedi penderfynu dringo'r Wyddfa yn y nos, heb dywysydd, a cholli'r llwybr rywle yng nghyffiniau'r gwaith copr. Y canlyniad fu i George Frodsham, 28 oed, ddisgyn i'w farwolaeth oddi ar Glogwyn Coch.

Yn ddiweddarach yn y flwyddyn bu ymwelydd arall farw ar lethrau'r Wyddfa. Yn groes i ddymuniad y tywysydd, roedd R. Rogers Cox o Fanceinion wedi mynnu cerdded o Lanberis i'r copa a throsodd i Feddgelert, a hynny ym mis Hydref. Roedd yn dioddef blinder erbyn cyrraedd y copa, a bu'n rhaid torri i mewn i un o'r cytiau (oedd wedi eu cau am y tymor) i geisio lloches. Ond gwaethygu roedd y tywydd, a phenderfynwyd mentro i lawr am Feddgelert. Ar y llethrau isaf llewygodd Cox a gadawodd y tywysydd ef i geisio cymorth yn y fferm agosaf. Yn anffodus, er ei gario i gynhesrwydd y fferm bu farw.[23]

Roedd misoedd Awst a Medi yn brysur, a llawer yn mentro i'r copa er mwyn cael gwylio'r wawr yn torri.

Yn sgil y diwygiad crefyddol oedd yn gafael yn yr ardal, adroddir am un achlysur ar y copa ble treuliodd y teithwyr eu hamser yn canu emynau a gweddïo.[24] Erbyn mis Medi roedd tân yn cael ei gynnau yn y cytiau pren ar y copa i gadw'r ymwelwyr yn gynnes.[25] Perchennog y 'Snowdon Summit Hotel' oedd gŵr o'r enw Griffith Philip Williams.[26] Tybed ai fo yw'r gŵr gweddw sy'n byw ym Mryniau Gerddi yn 1861?

Ym mis Medi cynhaliwyd Cymanfa Weddïo ar lethrau'r Elidir.[27] Mae'n amlwg fod y diwygiad yn un dirwestol yn ogystal, oherwydd mae tafarnwyr Caernarfon yn cwyno am ddiffyg masnach. Ble roeddent gynt yn ennill rhyw £10 yr wythnos, roedd eu derbyniadau bellach i lawr i ddeg swllt.[28] Tybed a oedd y diwygiad wedi cael effaith ar y diwydiant ymwelwyr yn ystod y flwyddyn?

Parhau roedd y gwasanaeth coets fodd bynnag, ac erbyn hyn roedd Rae a Williams yn cynnig coets o Gaernarfon drwy Lanberis ac ymlaen i Langollen.[29]

Erbyn dechrau'r degawd nesaf roedd yr ardal wedi datblygu i fod yn gyrchfan bwysig i ymwelwyr, ac yr oedd hysbysebu cyson yng ngwahanol newyddiaduron y cyfnod. Fel yr adroddwyd eisoes, yn 1852 cafodd cyfreithiwr o Fangor, Hugh Beaver Roberts, les ar diroedd Elusen Tlodion Rhuthun, sef y tir rhwng Afon Goch ac Afon y Glyn a'r terfyn â phlwyf Llanrug. Mae map, dyddiedig 1851, yn dangos y tir *'as proposed to be laid out for villas'*.[30] Dan gyfarwyddyd Beaver Roberts y dechreuwyd adeiladu y tai a elwid yn fuan iawn yn *'magnificent mansions'*. Mae'n amlwg nad tai i weithwyr cyffredin oedd y rhain.

Nid y gwestai yn unig oedd yn cynnig lle i aros. Roedd John Davies yn byw yn un o'r *'magnificent mansions'*, sef Dôl Peris, ac yn hysbysebu *'Apartments and Boarding House'*.[31] Ym mis Awst mae'r Dolbadarn (sy'n parhau dan reolaeth Edward Humphreys) yn cyhoeddi rhestr o enwau a chyfeiriadau y rhai fu'n aros yno. Mae'r rhestr yn dangos fod ymwelwyr yn heidio i'r ardal o bob rhan o Loegr: Lerpwl, Manceinion, Birkenhead, Llundain, Melton Mowbray, Exeter, Leek, Wigan, Stoke, Leicester, Tamworth, Bradford, Bath ac Ilfracombe. Roedd eraill wedi ymweld o'r Iwerddon.[32] Ac mae'n siwr fod hyn yn wir am y gwestai eraill hefyd.

Nid ardal Llanberis yn unig oedd yn cael ei datblygu ar gyfer twristiaeth. Yn 1850 caeodd yr olaf o fwyngloddiau copr Llandudno. Hawliodd yr Arglwydd Mostyn y tir rhwng Pen y Gogarth a Rhiwledyn, a gyda gweledigaeth pensaer o Gymro, Owen Williams o Lerpwl, cynlluniwyd tref 'newydd' Llandudno, a oedd yn bodoli erbyn 1857. Yn 1858 cysylltwyd y dref â rheilffordd gogledd Cymru. Daeth yn gyrchfan wyliau dros nos bron, ac yr oedd o fewn cyrraedd i fynyddoedd Eryri. Buan iawn y manteisiwyd ar boblogrwydd Llandudno gan Edward Humphreys, ac erbyn 1860 roedd yn cynnig gwasanaeth coets y 'Snowdonian Tourist' o'r Uxbridge Arms, Caernarfon i Lanberis ac ymlaen drwy Ddyffryn Conwy i westy St George's, Llandudno, gyda thaith yn ôl hefyd.[33] Yn yr un modd, roedd Thomas Williams o Landudno yn cyhoeddi *The Llandudno Handbook* ar gyfer ymwelwyr, a oedd yn cynnwys map a chyfarwyddiadau i ardaloedd mor bell â Llanberis a Beddgelert *'that will enable visitors to become their own guides'*.[34]

Parhau wrth eu gwaith roedd tywyswyr Llanberis fodd bynnag, ac mae'n ymddangos fod cystadleuaeth ymhlith y rhain hefyd, neu o leiaf rhwng y gwestai a oedd yn ddibynnol arnynt i arwain a chario eu cwsmeriaid. Daw achos diddorol i'r amlwg ym mis Awst 1861 pan gyhuddwyd Ellis Roberts (Lias Bach) o logi ceffyl heb drwydded i ymwelydd.

Roedd Lias Bach yn ennill ei gyflog yn cario ymwelwyr i gopa'r Wyddfa ar gefn merlod, ond mae'n ymddangos ei fod angen trwydded i roi merlen neu geffyl i rywun fentro ei hun, a dyna'r cyhuddiad yn ei erbyn. Ond mae disgrifiad yr achos yn awgrymu fod busnes Lias Bach mor llewyrchus fel ei fod yn 'dwyn' cwsmeriaid oddi ar dywysyddion oedd yn perthyn i westy arall. Nid yw'r adroddiad yn enwi'r gwesty oedd yn gysylltiedig â Lias Bach, ond roedd yn eiddo i Edward Humphreys (y Dolbadarn neu'r Padarn Villa) neu Maddock Williams (y Royal Victoria). Fel hyn y disgrifir yr achos: *'It appeared that David Hughes (a spy) had been sent to Llanberis (it was hinted at the instigation of a certain Hotel keeper) for the purpose of tempting and detecting Ellis Roberts.'*[35] I bwy tybed roedd David Hughes yn gweithio?

Ond roedd cyfnod Edward Humphreys fel perchennog gwestai yn yr ardal yn dirwyn i ben. Roedd ei gysylltiadau teuluol wedi bod o gryn fantais iddo, yn enwedig gyda'i fusnes o redeg y gwasanaethau coets o Fiwmares, Bangor a Chaernarfon i Lanberis. A byddai'r busnes hwnnw'n parhau am rai blynyddoedd eto. Roedd hefyd wedi bod yn gyfrifol am westy newydd y Padarn Villa gyferbyn â'r Dolbadarn; gwesty a fyddai'n manteisio maes o law ar ddatblygiad arall fyddai'n hwb i'r fasnach dwristiaeth. Daw'r newydd fod Humphreys yn symud o Lanberis mewn hysbyseb a ymddangosodd ar ddiwedd 1861. Mae'n ymddangos ei fod yn berchen ar fferm y Lleiniau yn Llanrug, ac ym mis Rhagfyr y flwyddyn honno mae'r fferm a'r holl stoc yn cael ei rhoi ar ocsiwn, a'r rheswm a roddir am hyn yw'r ffaith fod Humphreys *'about to remove to the Uxbridge Hotel, Caernarfon'*.[36] Er hynny, ni fyddai ei gysylltiadau â Llanberis yn darfod.

Yn ystod misoedd cyntaf 1862 roedd Edward Humphreys

wedi symud i Gaernarfon ac yn gofalu am yr Uxbridge Arms, a gafodd ei hail-enwi'n fuan iawn yn Royal Hotel.[37] Yn y cyfamser, trosglwyddwyd trwydded y Padarn Villa i'w nai, Richard Humphreys.[38] Erbyn mis Mehefin roedd *'the old established Dolbadarn Hotel'* dan reolaeth newydd Robert Roberts, *'after a thorough renovation'.* Roedd Roberts hefyd yn cynnig gwasanaeth tywysyddion gyda merlod, a chychod ar Lyn Padarn.[39]

Dyma gyfnod newydd felly yn hanes y ddau westy cyfochrog.

Er fod Edward Humphreys bellach yng Nghaernarfon, roedd y gystadleuaeth rhyngddo a Maddock Williams yn y Royal Victoria yn parhau. Rhedai Humphreys ei goets o'r Royal Hotel yng Nghaernarfon i'r Padarn Villa yn Llanberis ac ymlaen i Landudno. Roedd Maddock Williams, mewn partneriaeth arall, yn hawlio ymwelwyr oedd yn aros ym Mangor, a'i goets yn cychwyn o'r British Hotel yno i Lanberis cyn parhau am Landudno.[40] Ond mae'n debyg mai ar goets fawr Humphreys y cafodd y beirdd o Eisteddfod Caernarfon eu cludo i Lanberis cyn dringo'r Wyddfa, gyda Phencerdd Gwalia a Ceiriog yn eu mysg.[41]

Erbyn y cyfnod hwn hefyd, doedd rhai ymwelwyr ddim yn bodloni ar gael aros mewn gwestai a chael eu cario o gwmpas mewn coets. Roedd ambell un mwy cefnog na'i gilydd yn chwilio am dŷ i'w logi dros gyfnod y gwyliau. Gosododd rhyw R. Clarke o Weston-super-Mare hysbyseb ym mis Mehefin yn holi am dŷ i'w rentu o fis Gorffennaf: *'Wanted: Furnished Cottage with four bedrooms from 1st July in Llanberis. With Trout fishing.'*[42] Mae'n annhebygol iddo fod yn llwyddiannus. Doedd yna fawr o fythynnod yn ardal Llanberis allai gynnig pedair llofft.

Nid *'magnificent mansions'* yn unig gafodd eu codi ar dir Elusen Tlodion Rhuthun yn ystod y cyfnod pan ddaliai

Hugh Beaver Roberts y les. Mewn adroddiad 'An Enquiry into the State of the Charities' a gynhaliwyd yn Rhuthun ym mis Medi 1862, dywedir *'500 houses have been built at the Llanberis property at a rental of £375 per annum.'*[43] Mae'r honiad yn ymddangos yn uchel iawn o gofio mai 275 o dai oedd yn yr holl blwyf yn 1861, a phoblogaeth o 1,364. Yn 1851 nodir mai 211 o dai oedd yn y plwyf gyda phoblogaeth o 1,111. Felly, mewn deng mlynedd roedd 64 o dai wedi eu hadeiladu a 253 yn fwy o bobl yn byw yno. Efallai mai *'50 houses'* ddylai'r dyfyniad fod: o leiaf byddai'n nes at y gwirionedd. Ond byddai nifer y tai a'r boblogaeth yn cynyddu'n sylweddol dros y degawd nesaf wrth i adeiladu pellach ddigwydd ar dir Elusen Tlodion Rhuthun.

Ym mis Hydref 1863 trosglwyddodd Hugh Beaver Roberts y les i ddau ddieithryn, Thomas Field a John Lane, oedd â chyfran yn rhai o chwareli llechi ardal Glynrhonwy a Chefn Du.[44]

Roedd Thomas Field yn fasnachwr llechi o Leith ger Caeredin. Erbyn 1851 ac yntau'n ddim ond 24 mlwydd oed, roedd eisoes yn cyflogi 30 o ddynion. Ddeng mlynedd yn ddiweddarach galwai ei hun yn *'Merchant in slate'*, yn cyflogi hanner cant o ddynion a phymtheg o fechgyn. Roedd hyn yn 1861, ac yntau'n byw yng Nghaeredin, ond flwyddyn yn ddiweddarach yr oedd mewn partneriaeth â John Lane yn derbyn les gan Stad Glynllifon ar Chwarel Lechi Glynrhonwy.[45] Mae posibilrwydd eu bod mewn partneriaeth cyn hyn neu fod Field yn masnachu mewn llechi wedi eu cloddio yn yr ardal. Does dim sicrwydd a fu Thomas Field yn byw yn ardal Llanberis, ond mae ei enw yn parhau ar Field Terrace ar y stryd fawr.

Brodor o Gernyw oedd John Lane, a ddisgrifiai ei hun fel *'land owner'* (ond heb nodi ymhle), a bu'n byw yn yr ardal hyd ei farwolaeth yn 1878. Roedd yn byw yn Hafod, Llanrug pan dderbyniodd y les oddi ar Beaver Roberts. Bu hefyd yn weddol amlwg yng ngweithgareddau'r 'pentref' newydd. Mae'n amlwg ei fod yn ŵr cyfoethog, oherwydd roedd ei fab, Herbert Woodley Lane wedi ei addysgu'n breifat yng Ngholeg Aberhonddu. Bu ei weddw a'i ferch, Anne, yn byw yn Nhyddyn Elan, Llanrug. Derbyniodd mab Anne – Ellis Gilbert Lane Roberts – ei addysg yng Ngholeg Llanymddyfri, a bu'n rheolwr-gyfarwyddwr cwmni dur yn Sheffield, ble bu farw yn 1972. Roedd Ada, merch arall yn byw yng Nghlynnog a chafodd ei phlant hithau addysg breifat: Violet Lane Williams yn y Welsh School, Ashford, Middlesex, a John Solomon Lane Williams mewn Ysgol Breswyl Amaethyddol yn Wiltshire.[46]

Ond nid datblygu'r diwydiant llechi oedd bwriad y bartneriaeth rhwng y ddau ŵr busnes, ond sefydlu yr hyn a fyddai'n cael ei alw heddiw yn 'bentref gwyliau'. Er fod cyfran o dir Elusen Tlodion Rhuthun eisoes wedi ei ddatblygu gan Beaver Roberts, roedd rhan helaeth ohono yn parhau'n dir agored, yn enwedig y ddôl ar lannau Llyn Padarn o'r Afon Goch hyd Fryn Eglwys, ac o Fryn Eglwys ymlaen i gyfeiriad Ynys Wen.

John Masterton, pensaer a syrfëwr o Gaeredin a gyflogwyd i gynllunio'r tai. Roedd y tir eisoes wedi ei ddyrannu yn unedau ar gyfer adeiladu. Y bwriad oedd adeiladu un tŷ sylweddol, neu *'villa'* fel y'i gelwid, ym mhob un o wyth ar hugain o unedau adeiladu, a dau dŷ ym mhob un o'r tair uned arall. Dyna gyfanswm o 34 o dai i gyd. Roedd un o'r unedau wedi ei neilltuo ar gyfer adeiladu eglwys newydd; ymgyrch a oedd eisoes wedi cychwyn yn yr ardal oherwydd y pellter i eglwys y plwyf. Y bwriad oedd lleoli'r eglwys ar uned ar lan y llyn rhwng Afon Goch a Bryn Eglwys. Roedd yr holl dir yn cynnwys dros 90 acer,

Y *villa* sylweddol oedd i'w adeiladu ar bob llain tair acer

ac felly, ar gyfartaledd roedd tua tair acer o dir i bob tŷ; tir i'w ddatblygu yn erddi. Mae'n amlwg na fyddai gweithwyr cyffredin plwyf Llanberis yn medru fforddio tai o'r fath, felly mae'n amlwg eu bod wedi eu hanelu at rywrai'n ddigon cefnog i'w prynu fel tai gwyliau neu i'w defnyddio fel gwestai ar gyfer ymwelwyr.

Yn y rhan o'r tir lle'r oedd yn ymylu â chwareli Glynrhonwy roedd posibilrwydd o wynebu problem gwaredu gwastraff llechi, ond gan mai ym mhlwyf Llanrug roedd y chwarel honno, fyddai dim gwastraff ar dir Elusen Tlodion Rhuthun. Yr unig chwarel oedd yn cynnig anhawster oedd Chwarel Tŷ Newydd a Chwarel Cae'r Meinciau yn uwch i fyny'r llethrau i gyfeiriad Dinas Tŷ-du a Thŷ'n y Mynydd. Ond roedd y broblem honno wedi ei datrys ymlaen llaw, a bwriedid cael gwared â gwastraff y chwareli hyn ar y llethrau cyfochrog, sef y tir a ymestynnai am Faenllwyd a Chae'r Fran. Ac ni fyddai'r gwastraff yn amharu dim ar y *villas* crand i lawr ar hyd glannau'r llyn.

Erbyn diwedd 1864 roedd sôn am adeiladu *'a large house on Bryn Eglwys'* a dechreuwyd ar y gwaith ym mis Mehefin 1865.[47] Y bwriad oedd *'laying out the remainder of the land for building'*. Roedd y datblygu yn symud yn weddol gyflym felly, ac erbyn mis Rhagfyr 1865 roedd un o'r *villas* wedi ei adeiladu, sef Bodafon. I'r tŷ hwn y symudodd John Lane a'i deulu ifanc i fyw erbyn 1871. Daeth y tŷ hwn yn ddiweddarach i'w adnabod fel y Grosvenor a dyma westy'r Heights erbyn heddiw.

Dychmygwch ddeg ar hugain o dai o'r maint hwn ar hyd glannau Llyn Padarn. Pe bai breuddwyd Field a Lane wedi ei gwireddu byddai golwg bur wahanol ar bentref Llanberis heddiw. Ond roedd datblygiad arall ar droed a fyddai'n difetha cynlluniau Field a Lane; datblygiad a fyddai'n gosod Bangor a Chaernarfon yn benben unwaith eto er mwyn ceisio elwa ar dynfa twristiaid i droed yr Wyddfa.

Pennod 4

Ymgyrchu am Reilffordd

TUA'R CYFNOD Y daeth les tiroedd Elusen Tlodion Rhuthun i feddiant Field a Lane roedd gwahanol unigolion yn ceisio hyrwyddo'r syniad o adeiladu rheilffordd i Lanberis. Carfannau o Fangor a Chaernarfon oedd yn cystadlu am gefnogaeth Llanberis, ac fel yn achos y ffyrdd, byddai'r gystadleuaeth yn frwd a thanllyd.

Roedd y fasnach lechi ar gynnydd, ac yr oedd galw am fwy o weithwyr yn y mân chwareli: *'several good carpenters and a dozen masons and their labourers wanted immediately at Glynrhonwy quarry.'*[1] Perchennog neu Reolwr-Gyfarwyddwr Chwarel Glynrhonwy erbyn hyn oedd Wallace William Cragg, (o bosib mewn partneriaeth â gŵr o'r enw Webb oedd yn byw yng Nglyn Padarn); a anwyd yn yr India ac a addysgwyd mewn ysgol breswyl breifat yn Brighton. Yr oedd yn yr ardal yn ŵr ifanc dwy-ar-hugain oed pan briododd ym mis Tachwedd 1863 gydag Elizabeth Ann Seckham, ac mae'n amlwg ei fod eisoes yn gefnog. Mewn adroddiad am ei briodas ac am y dathlu, dywedir ei fod wedi bod yn yr ardal *'gydol y flwyddyn'*, ac mai ef oedd perchennog Chwarel Glynrhonwy. Talwyd am ginio i weithwyr Chwarel Glynrhonwy – 170 ohonynt – yn y Padarn Villa, a chafodd eu plant – 40 ohonynt – de parti yng Nglyn Padarn. Ond doedd dim cyfeddach i fod. Rhoddwyd rhybudd gan Cragg y byddai unrhyw un o'i weithwyr a fyddai'n feddw ar yr achlysur yn cael dirwy o hanner coron.[2] Ym mis Chwefror 1863 roedd yn byw yng Nglyn Padarn, ond symudodd y pâr ifanc i fyw i'r Bryn Du wedi priodi. Erbyn 1871 roeddent yn ôl yng Nglyn Padarn, gyferbyn â Chwarel Glynrhonwy.

Mae'n bosib felly mai Cragg fu'n gyfrifol am archebu injan stêm gan Gwmni De Winton o Gaernarfon ddiwedd 1862 neu'n gynnar yn 1863. Mae adroddiad am yr injan yn cael ei phrofi yng Nghaernarfon ym mis Ionawr 1863, a dywedir mai ei phwrpas fyddai cario llechi o Chwarel Glynrhonwy i'r Cei Llechi yn y dref. Honnid y gallai gario 20 tunnell o lechi ar gyflymder o bum milltir yr awr.[3] Ond ni fu'r injan heb ei thrafferthion. Honnid ei bod yn malu wyneb y ffordd oherwydd ei phwysau, ac yr oedd prifathro Ysgol Glanmoelyn, Llanrug yn cwyno fod y plant yn colli'r ysgol yn y boreau er mwyn gwylio'r injan yn mynd heibio.[4]

Roedd cymaint o gwyno am yr injan fel y bu'n rhaid i ynadon Caernarfon ac eraill, anfon at yr Ysgrifennydd Cartref yn gofyn am wahardd y Glynrhonwy Traction Engine rhag defnyddio'r ffordd bost.[5] A dyna ddigwyddodd. Ataliwyd Injan Glynrhonwy rhag teithio ar hyd y ffordd bost ym mis Tachwedd o'r un flwyddyn.[6]

Mae'n sicr fod hyn wedi bod yn golled ariannol i Cragg, ond trodd ei olygon at ddull arall o gario llechi yn rhatach o Chwarel Glynrhonwy i Gaernarfon; dull a oedd eisoes yn bodoli yr ochr arall i Lyn Padarn ers 1848 – rheilffordd. Eiddo'r Faenol oedd y rheilffordd honno, a rheilffordd breifat oedd hi. Doedd dim modd gan Cragg i gael rheilffordd breifat bersonol o Lynrhonwy i Gaernarfon, ond roedd posibilrwydd cael cwmni rheilffordd a fyddai'n hyrwyddo'r syniad o gysylltu Caernarfon a Llanberis. Ac yr oedd cefnogaeth amlwg a brwd iddo gan Gaernarfon.

Yr oedd Wallace Cragg yn bresennol drwy wahoddiad

mewn cyfarfod arbennig o Ymddiriedolwyr Harbwr Caernarfon ddiwedd Tachwedd 1863 *'to consider the highly important question of the proposed railway'*, ac yn cael ei ddisgrifio fel *'promoter of the branch line'*.[7] Roedd yr holl ymddiriedolwyr yn bresennol, gyda Maer Caernarfon, Llewelyn Turner yn y Gadair. Dadleuai'r Maer mai Caernarfon, yn draddodiadol oedd tref farchnad ardal Llanberis a phentrefi eraill dyffryn Afon Saint, ac mai dilyniant naturiol fyddai galluogi poblogaeth yr ardal honno i deithio i'r dref drwy ddull hwylusach. Yr oedd hefyd o'r farn fod *'a large and increasing trade between Caernarfon and Llanberis, principally in slates'*. Yr oedd Chwarel Dinorwig, er yn allforio llechi drwy borthladd Y Felinheli, yn cyflogi 2,500 o weithwyr, ac yr oeddent hwy a'u teuluoedd yn ddibynnol ar dref Caernarfon am gynnyrch i'w catrefi.

Roedd y Maer hefyd yn feirniadol o awydd Bangor i gysylltu'r ddinas gyda Llanberis er hyrwyddo masnach, ac yr oedd ei ddadl yn rhesymol iawn. Roedd y rhai oedd yn bresennol, sef yr Ymddiriedolwyr, yn gweinyddu Harbwr Caernarfon ar ran y cyhoedd, ac oherwydd hynny, yn gallu paratoi ar gyfer ei ddefnydd gan wahanol fasnachwyr a diwydianwyr. Ond roedd porthladd Bangor yn eiddo i'r Cyrnol Pennant o Stad y Penrhyn, a doedd gan drigolion dinas Bangor ddim rhan yn ei weinyddu. Pe bai rheilffordd o Lanberis i borthladd Bangor yn cael ei hadeiladu, Pennant fyddai'n rheoli'r fasnach mewn llechi, a byddai'n sicr o ffafrio ei chwarel ei hun ym Methesda.

Ymhelaethwyd ar y ddadl hon mewn cyfarfod o Gyngor Tref Caernarfon rhyw wythnos yn ddiweddarach. Cyfeiriwyd hefyd at y gwrthwynebiadau a fu i ddefnyddio injan stêm ar y ffordd o Gaernarfon i Lanberis, *'and the quarry proprietors of Llanberis not having the advantage which the proprietors of the Vaynol Quarry* (hynny yw: Chwarel Dinorwig) *had in having a port, they felt the next best thing they could do was to look out for a railway'.*[8] Yn y cyfarfod hwn hefyd adroddwyd fod Arglwydd Newborough, Glynllifon a Capten Duff o'r Faenol yn gefnogol i reilffordd Caernarfon-Llanberis.

Roedd yr un mor amlwg fod pobl Llanberis yn cefnogi cael rheilffordd oddi yno i Gaernarfon yn hytrach na Bangor. Cynhaliwyd cyfarfod cyhoeddus yn yr ysgol yno ym mis Rhagfyr gyda'r Parch. J. Lloyd Williams yn cadeirio. Ac er fod nifer o foneddigion o Fangor wedi presenoli eu hunain yn y cyfarfod, gwrthodwyd yr hawl iddynt annerch y gynulleidfa.[9] Mae'n amlwg fod pobl Llanberis eisoes wedi gwneud eu penderfyniad ynglŷn â pha reilffordd i'w chefnogi.

Yn y cyfamser roedd carfan Bangor yn parhau i geisio cefnogaeth i'w cynllun hwy o gysylltu'r ddinas â Llanberis. Roedd Cyrnol Pennant yn gefnogol i'r rheilffordd, ond y gŵr a wnaeth fwyaf i hyrwyddo'r cynllun oedd William Dew o Fangor (a Chastell Bryn Bras yn ddiweddarach). Mor gynnar â mis Tachwedd ymddangosodd hysbyseb yn y wasg leol yn nodi: *'application is intended to be made to Parliament in the ensuing session for an Act to incorporate a company making and maintaining a railway from Bangor to Llanberis terminating in a field commonly called Ddôl-isa or Cefnrhyd in the parish of Llanberis.'*[10] Mae cyfeiriadau yn nodi fod y cae hwn yn union islaw gwesty'r Royal Victoria.

Yr oedd denu pobl rhannau uchaf plwyf Llanddeiniolen yn rhan o'r ymdrech. Cynhaliwyd cyfarfod cyhoeddus yn Llandinorwig ddiwedd mis Tachwedd 1863 – tua'r un pryd ag yr oedd Ymddiriedolwyr Harbwr Caernarfon a Chyngor Tref Caernarfon yn cyfarfod i hybu'r rheilffordd o Gaernarfon i Lanberis. Roedd cefnogaeth i gynllun

Bangor yn Llandinorwig oherwydd byddai'r boblogaeth yno o fewn cyrraedd hwylusach i'r rheilffordd na'r un ar hyd llawr y dyffryn. Ond yn y cyfarfod hwnnw hefyd darllenwyd llythyr gan Gapten Duff o'r Faenol yn datgan ei fod yn gwrthwynebu rheilffordd o Fangor.

Mae'n ymddangos nad oedd carfan Bangor yn rhoi cymaint o bwyslais ar fasnach, ond yn hytrach yn pwysleisio'r manteision o ran twristiaeth, ac yn arbed siwrnai ddi-angen o ddeunaw milltir i ymwelwyr drwy Gaernarfon. Mae'n amlwg fod llythyrwr a alwai ei hun yn Deiniol yn cydweld, ac yn cynnig cynllun tebyg i'r hyn oedd ar y gweill gan Field a Lane yn Llanberis, sef pentref gwyliau:

> *I maintain that the immense tract of waste land in the parish of Llanddeiniolen may be made to yield a far greater revenue if properly drained and allotted for building villas and forming gardens – a well-planned mountain retreat for Visitors would be a grand speculation if a railway was constructed.*[11]

Byddai'n ddiddorol gwybod beth oedd ymateb Capten Duff o'r Faenol i'r syniad hwn, ac o'r disgrifiad o'i diroedd fel *'immense tract of waste land'*.

Yr hyn sy'n amlwg o'r datblygiadau yn ystod y cyfnod hwn yw fod cryn bwyslais yn cael ei roi ar ddenu twristiaid i'r ardal – a'u cadw i aros yma yn hytrach nag ymweld am ddiwrnod. 'Pentref gwyliau' ar lannau Llyn Padarn ac un arall yn Llanddeiniolen? Methiant injan stêm Glynrhonwy a'r bwriad yn deillio o hynny i godi rheilffordd i mewn i Lanberis roes ddiwedd ar y syniad.

Roedd angen caniatâd y Llywodraeth i adeiladu rheilffordd, ac erbyn canol Chwefror 1864 roedd Tŷ'r Cyffredin yn cysidro tri chais am reilffordd o Lanberis: un i Fangor a dau i Gaernarfon. Gelwid y ceisiadau i

Gaernarfon yn 'Carnarvon-Llanberis Railway No.1' a'r 'Carnarvon-Llanberis Railway No.2', a'r llall yn 'Bangor-Llanberis Railway'.

Bwriad y Carnarvon-Llanberis Railway No.1 oedd anelu am gyswllt â rheilffordd Bangor-Caernarfon yn ardal Griffith's Crossing. Yr anfantais fawr oedd y diffyg cyswllt â Harbwr Caernarfon a'r ffaith y byddai y rheilffordd yn torri ar draws tir Syr Llewelyn Turner, Maer Caernarfon a hefyd ar draws fferm Parciau, a oedd bryd hynny ym meddiant Cyrnol Pennant o Gastell Penrhyn. Ychydig dros saith milltir fyddai hyd y lein, ac amcangyfrifid y byddai'n costio £74,000. Roedd contractwyr o'r enw Brassey a Field wedi tendro am y gwaith ac wedi sicrhau un rhan o dair o'r gost.

Byddai y Carnarvon-Llanberis Railway No.2 yn dilyn Afon Saint yr holl ffordd i'r Cei Llechi yng Nghaernarfon, ac yn wyth milltir o hyd. Yn ei dystiolaeth o flaen y Pwyllgor Archwilio honnai Charles Rolfe, y peiriannydd sifil oedd yn gyfrifol am ei chynllunio, fod amcangyfrif y gost o'i hadeiladu yn £100,000, ond fod contractwr o'r enw Mr Finlay wedi cynnig ei chwblhau am £81,000. Roedd gan y Mr Finlay hwn brofiad helaeth o gynllunio rheilffyrdd, ac wedi gwneud gwaith i'r Great Western Railway.

Yr anfantais fwyaf i'r Bangor-Llanberis Railway fyddai darganfod dull effeithiol o groesi y Padarn Railway (sef lein y trên chwarel), rheilffordd breifat Y Faenol, a hefyd cael man croesi hwylus rywle yng nghyffiniau Pont Penllyn.

Cyhoeddwyd canlyniad y Pwyllgor Archwilio *'by electric telegraph'*, dridiau wedi i'r penderfyniad canlynol gael ei basio:

The following is the decision: Bangor-Llanberis and Carnarvon-Llanberis No.1 – thrown out. The decision on the Carnarvon Harbour Railway (sef Rhif 2) *is postponed... to see if the promoters can arrange with the Harbour Trustees for continuation of the line to the existing London and North Western Station.*[12]

Ac erbyn y dydd Mercher canlynol, roedd y penderfyniad wedi ei wneud: *'The Carnarvon-Llanberis Railway No.2 Bill was read a third time and passed.'*[13]

Does dim sôn a fu dathlu'r llwyddiant yn ardal Llanberis, ond cafwyd cinio i wneud hynny yn y Royal Sportsman Hotel, Caernarfon ddiwedd mis Mawrth, a'r gŵr gwadd oedd Wallace Cragg, 'hyrwyddwr cyntaf y rheilffordd'.[14]

Symudodd y cwmni ymlaen â'r ymdrech o gael digon o arian i ddechrau ar y gwaith o adeiladu'r rheilffordd, ac erbyn mis Gorffennaf roedd hysbyseb wedi ymddangos yn y wasg yn gwahodd rhai i brynu cyfranddaliadau yn y cwmni am £10 yr un. Byddai angen £110,000. Roedd y cyfanswm £10,000 yn uwch na'r amcangyfrif a roddwyd o flaen Pwyllgor Archwilio Tŷ'r Arglwyddi, a does dim sôn am Mr Finlay oedd yn fodlon gwneud yr holl waith am ddim ond £81,000. Cefnogwyr y cynllun oedd yr Arglwydd Newborough, Glynllifon; Major Nanney, Gwynfryn; Capten Duff, Y Faenol; R. W. Thomas, Coed Helen, Caernarfon; John Millington, Bryn Tirion a Llewelyn Turner, Maer Caernarfon. Y Cyfarwyddwyr oedd Thomas Turner, Plas Brereton, Caernarfon (sef brawd y Maer); Alexander Beattie, Llundain (Cadeirydd y Northampton and Banbury Junction Railway Company); Wallace William Cragg, Glyn Padarn, Llanberis; Capten Owen Henry Strong, Iffley, Oxford a Samuel Lipscomb Seckham, Oxford. Gwelir felly mai dau ŵr lleol yn unig oedd yn gyfarwyddwyr y cwmni: Turner o Gaernarfon, a Cragg o Lanberis.

Mae'n bosib mai'r pwysicaf o'r rhain oedd Samuel Lipscomb Seckham, sef brawd yng nghyfraith Cragg. Hwn oedd pensaer dinas Rhydychen a bu'n gyfrifol ychydig flynyddoedd ynghynt am gynllunio ac adeiladu stad Park Town yn y ddinas. Roedd ganddo gysylltiadau hefyd gyda'r Northampton Brewery, ac o fewn ychydig flynyddoedd byddai'n berchennog yr enwog Bletchley Park. Efallai mai ei gysylltiad â'r bragdy yn Northampton a ddaeth ag ef i adnabyddiaeth o Alexander Beattie. Ond mae'n amheus faint o brofiad oedd gan hwnnw mewn datblygu rheilffyrdd er ei fod yn Gadeirydd Cwmni Rheilffordd. Doedd y Northampton and Banbury Junction Railway Company ddim mewn bodolaeth hyd 1863, lai na blwyddyn cyn i Beattie ddod yn gyfarwyddwr ar Gwmni Caernarfon-Llanberis.

Efallai mai aelodau o gwmni o gyfalafwyr oeddynt, a chyfeirir atynt mewn cyfarfod o Gyngor Conwy a gynhaliwyd ym mis Medi 1864 i drafod adeiladu tai newydd ar Y Morfa yno. Roedd rhyw Gyrnol Walmsley, oedd yn aelod o'r cyngor yn cyfeirio at gwmni o gyfalafwyr a ffurfiwyd yn Llundain gyda'r bwriad o brynu tir yn Llandudno. Roeddent eisoes wedi bod mewn trafodaeth ynglŷn â'r tir, ond wedi methu cytuno. Roedd un ohonynt (ond ni chaiff ei enwi) yn ffrind i'r Cyrnol Walmsley, yn gysylltiedig â Rheilffordd Caernarfon-Llanberis, ac am fod yn bresennol yn Llanberis ar y 14eg o'r mis ar gyfer seremoni torri'r dywarchen. Ac meddai: *'We may add that this gentleman is an eminent architect, and is employed to erect a large building at Oxford.'*[15] Lipscomb Seckham yn amlwg oedd hwn. Roedd Walmsley yn fodlon ymweld â Llanberis ar y diwrnod – ar ei gost ei hun – a chael sgwrs gyda'r pensaer ynglŷn â datblygu'r Morfa yng Nghonwy. Does wybod beth ddeilliodd o'r sgwrs honno.

Mae'n arwyddocaol mai yn Llanberis, ac nid yng Nghaernarfon, y penderfynwyd cynnal seremoni agoriadol torri'r dywarchen ar gyfer y rheilffordd newydd. Wrth gwrs, byddai wedi bod yn anodd iawn cynnal seremoni o'r fath yng nghanol prysurdeb y Cei Llechi yng Nghaernarfon.

Cynhaliwyd seremoni torri'r dywarchen ar ddydd Iau, 15fed o Fedi 1864 a chafodd y digwyddiad sylw mawr gan bapurau wythnosol y cyfnod, gydag adroddiadau yn llenwi amryw golofnau. Roedd y bore Iau yn braf a heulog, ond yn anffodus dirywiodd y tywydd, ac erbyn y prynhawn roedd yn glawio, ac yn dymchwel i lawr erbyn yr hwyr. Ond prin y gwnaeth hynny darfu ar y seremoni ei hun, er fod y rasys cychod ar y llyn, y mabolgampau ar y ddôl yn hwyrach yn y pnawn, a'r tân gwyllt yng Nghastell Dolbadarn gyda'r nos i gyd wedi eu gohirio.

Roedd y werin a'r bonedd yn tyrru am lannau Llyn Padarn yn gynnar yn y bore, a doedd dim posib cael coets na hyd yn oed trol i gario yr holl rai a fynnai gyrchu yno o Gaernarfon. Cerddai llawer. Am un ar ddeg y bore roedd 700 o blant ysgolion Llanberis, Dolbadarn, Dinorwig, Deiniolen a Llandinorwig wedi ymgynnull yn barod i'w harwain mewn gorymdaith i Blas Coch, cartref Charles Rolfe, peiriannydd y rheilffordd. Roedd Band Llanrug a rheithor Llanberis, y Parch. W. Lloyd Williams, yn eu blaenori. Wedi i bob plentyn dderbyn bynsen gan Mrs Rolfe, gorymdeithiwyd yn ôl i'r ddôl ar gyfer y seremoni.

Ar y ddôl islaw gwesty'r Royal Victoria roedd rhesi o seddau wedi eu gosod ar godiad ar gyfer y gwahoddedigion, a chysgod wedi ei osod uwch eu pennau. Roedd y Carnarvon Artillery Volunteers a'r Volunteer Rifles yno i ofalu am danio gynnau ar yr amser penodedig, a rheiliau wedi eu codi o amgylch y pwysigion '*to keep off the crowd*'!

Ar y naill ochr i Lyn Padarn ac ar y creigiau uwchben Llanberis roedd cerrig canon yn cael eu tanio nes bod y sŵn yn diasbedain drwy'r fro. Yna, am un o'r gloch powliwyd berfa gan yr Anrhydeddus Emily Wynne, merch Arglwydd

Newborough, Glynllifon i safle o flaen y gwahoddedigion, a chyda rhaw arbennig, torrodd y dywarchen gyntaf. Fe'i dilynwyd gan Lady Willoughby; yna chwaer fach Emily Wynne, Mrs Webb, Thomas Turner, Capten Cragg, Llewelyn Turner, J. Wilson Theobald, Charles Rolfe, y Parch. W. Lloyd Williams, Mr Dalrymple, R. J. Davids (Caernarfon) ac un neu ddau arall (na wyddai'r gohebwyr mo'u henwau!). Ar y rhaw roedd y canlynol wedi ei ysgythru: *'Presented to the Honourable Emily Wynne on the occasion of cutting the first sod of the Carnarvon and Llanberis Railway. September 15th 1864.'*

Roedd yn ganol pnawn ar y gwahoddedigion yn eistedd i lawr yn y Royal Victoria i ginio swmpus wedi ei baratoi gan Maddock Williams a'i chwiorydd. Fe'i dilynwyd gan areithiau, diolchiadau a chynnig llwnc-destun i gymaint o wahanol bobl fel ei bod yn syndod nad oeddent oll yn chwil ulw cyn diwedd y wledd.

Torri tywarchen Rheilffordd Caernarfon-Llanberis

Mae'n ddiddorol sylwi nad oedd G. W. Duff o'r Faenol yn bresennol, ac mai ei stiward, John Millington oedd yno ar ei ran. Er fod Duff yn gefnogol i'r rheilffordd (yn hytrach na'r un o Fangor i Lanberis), fyddai hi fawr o gymorth i'w fuddiannau, gan fod ganddo reilffordd breifat yn bodoli ers dros bymtheng mlynedd yn cario llechi Chwarel Dinorwig i borthladd Y Felinheli.

Thomas Turner, Caernarfon, a brawd i Faer y dref honno, oedd cadeirydd y Cwmni Rheilffordd, ac wrth gynnig llwnc-destun iddo dywedwyd, '... *had so much confidence in him that if they should ever resolve to make a railway to the top of Snowdon, they would like to have him as a director.*'[16] Fe'i dilynwyd gan chwerthin uchel. Doedd y cwmni fawr o feddwl ar y pnawn Iau glawog hwnnw yn y Royal Victoria y byddai hynny'n cael ei wireddu cyn diwedd y ganrif.

Lai na mis wedi i'r dywarchen gyntaf gael ei thorri ar lan Llyn Padarn, dechreuodd y gwaith o ddifrif; ac yn iard lechi Chwarel Glynrhonwy ar lannau'r llyn y cychwynnwyd ar ddydd Llun, 10fed o Hydref.[17] Ond nid yw'n ymddangos fod y gwaith yn mynd rhagddo yn ddidramgwydd, ac er gwaethaf datganiad cadarnhaol ganol fis Tachwedd – '*calculated that the line will be open to the public about a year hence*'[18] – doedd adroddiad pellach ganol fis Rhagfyr ddim yn swnio'n addawol: '*Dim ond ychydig o weithwyr sydd yma, ac ychydig yw'r cyflog.*'[19] A byddai'n rhaid disgwyl bron i bum mlynedd arall cyn gweld agoriad swyddogol y lein.

Pennod 5

Degawd o newid: 1859–1869

BYDDAI'R DENG MLYNEDD wedi Diwygiad Crefyddol 1859 yn gweld newidiadau sylweddol yn yr ardal. Byddai Thomas Field a John Lane yn cyflwyno eu cynllun o adeiladu *villas* ar dir Elusen Tlodion Rhuthun. Byddai ymgyrchu gan Wallace Cragg am gysylltiad rheilffordd â Chaernarfon, a chychwyn ar y gwaith. A byddai cyfarfod hefyd yn cael ei gynnal yn galw am eglwys newydd yn 'Lower Llanberis'; galw a ddeilliodd yn bennaf o ganlyniad i'r diwydiant twristaidd, a diffyg gwasanaethau Saesneg yn yr ardal, yn enwedig ar gyfer ymwelwyr yn ystod misoedd yr haf. Ond byddai'r degawd hwn hefyd yn gweld datblygiad sylweddol i'r ardal a ddaeth i'w galw'n Goed y Ddôl, a gweld adeiladu nifer helaeth o dai teras ar y llethrau oedd yn codi'n raddol o'r ddôl ar lan y llyn.

Erbyn 1861 roedd tri prif westy yn yr ardal: y Royal Victoria, Dolbadarn a Padarn Villa, ond roedd tai sylweddol eraill wedi eu hadeiladu dan les Hugh Beaver Roberts ar dir Elusen Tlodion Rhuthun: Plastirion, Snowden Hall, Cambrian Lodge, Mount Pleasant, Summer Hill, Dôl Peris a Phlas Coch. Enwir hefyd adeilad o'r enw 'Hotel', ac mae'n debygol mai dyma'r Castle Hotel, wedi ei lleoli yn ardal y '*magnificent mansions*' bondigrybwyll.

Roedd les 60 mlynedd ar y Castle Hotel yn ddyddiedig o 1af Mai 1858, sef y flwyddyn yr adeiladwyd hi.[1] Rhwng y rhain a Bryn Eglwys roedd gwagle; gwagle y gobeithiai Field a Lane ei lenwi gyda'u *villas*. Roedd mwyafrif trigolion Nant Isaf neu 'Lower Llanberis' fel y dechreuwyd ei alw, yn byw yng Nghwm Brwynog neu yn ardal Pentre Castell – Gelli Hirbant – Blaen y Ddôl. Ac ers Cyfrifiad 1851 doedd poblogaeth yr holl blwyf ddim wedi tyfu ond 253 i 1364. Roedd cynnydd tebyg ym mhlwyf Llanrug, ond fod bron i 800 yn fwy o bobl yn byw yno. Felly ar ddechrau'r degawd, tenau iawn oedd poblogaeth plwyf Llanberis. Ond byddai hynny'n newid yn gyflym iawn yn ystod y deng mlynedd nesaf.

Roedd dau gapel yn bod yn y Nant Isaf: Jerusalem yr Annibynwyr ym Mhentre Castell, a Chapel Coch y Methodistiaid Calfinaidd y tu cefn i Westy Dolbadarn. (Roedd y Bedyddwyr cynnar a fu'n cyfarfod ger Llwyn Celyn, wedi symud i Sardis, Dinorwig). Ond roedd angen i'r Eglwyswyr deithio i'r Nant Uchaf i gael gwasanaeth crefyddol yn eglwys y plwyf.

Roedd bwriad i adeiladu eglwys newydd yn y Nant Isaf, ac roedd safle'r eglwys newydd honno eisoes yn wybyddus. Onid oedd llain o dir ar lan y llyn eisoes wedi ei glustnodi ar gynllun adeiladu tir Elusen Tlodion Rhuthun, a hynny rhwng Bryn Eglwys a'r Afon Goch? Ac o amgylch yr eglwys newydd hon mewn safleoedd ysblennydd yn wynebu Llyn Padarn y byddai *villas* Field a Lane yn cael eu hadeiladu.

Ond daeth rheilffordd Caernarfon-Llanberis i roi diwedd ar y datblygiadau rheini, gan chwalu gobeithion Field a Lane. Ac un o'r rhai fu'n rhannol gyfrifol am hynny oedd Wallace Cragg, hyrwyddwr y rheilffordd ac ysgrifennydd y pwyllgor er sefydlu eglwys newydd. Byddai'n rhaid chwilio am safle arall ar gyfer eglwys, a byddai'n rhaid i Field a Lane newid eu cynlluniau ar gyfer adeiladu *villas*.

Ym mis Hydref 1863 y daeth y les ar dir Elusen Tlodion Rhuthun i feddiant Field a Lane, ond gwta chwe mis yn ddiweddarach, ym mis Mawrth 1864 rhoddwyd caniatâd seneddol i Gwmni Rheilffordd Caernarfon-Llanberis i gychwyn ar y gwaith o gysylltu'r ddau le â rheilffordd. Dechreuwyd ar y gwaith yn iard lechi Chwarel Glynrhonwy ar lan Llyn Padarn – ym mhlwyf Llanrug. Ond roedd y rheilffordd i'w hymestyn oddi yno, nid yn unig am Gaernarfon, ond i blwyf Llanberis ar hyd glannau'r llyn a thros yr Afon Goch i orsaf ar y ddôl. Bu'n rhaid i Field a Lane droi eu golygon tuag at y tir oedd yn weddill iddynt ar eu les, ond nid cyn ceisio iawndal am weld chwalu eu cynlluniau uchelgeisiol. Mae ceisio olrhain hanes y cyfreithio rhyngddynt â'r cwmni rheilffordd yn gymhleth ac anghyflawn.

Mae'n ymddangos fod gwaith eisoes wedi cychwyn ar glirio tir a pharatoi sylfeini un o'r *villas* ar Fryn Eglwys ym Mehefin 1865, ond i'r cwmni rheilffordd ymyrryd gan hawlio rhan helaeth o'r tir i ddod â llinell y rheilffordd ar hyd glannau Llyn Padarn – ac yr oedd gorchymyn seneddol o'u plaid! Bu'n rhaid atal y gwaith adeiladu a throi golygon at lain o bedair acer oedd yn ymestyn o lannau'r llyn ar hyd yr Afon Goch at Ddôl Peris. Yno, erbyn Rhagfyr y flwyddyn honno yr adeiladwyd Bodafon, er y byddai'r rheilffordd yn torri ar draws y tir rhyngddo a'r llyn. Canlyniad hyn oedd i Field a Lane alw ar i'r cwmni rheilffordd godi tair o bontydd troed: un ar dir Bodafon (er mwyn cyrraedd glan y llyn); un i gyrraedd safle'r eglwys newydd arfaethedig a'r drydedd i gyrraedd glannau'r llyn ym Mryn Eglwys.

Ond roedd colli y lleiniau hyn yn golled sylweddol i Field a Lane. Yn hytrach na *villas* crand a gerddi sylweddol yn wynebu'r llyn, byddai rheilffordd gyda threnau swnllyd a myglyd yn torri ar draws yr olygfa. Does ryfedd i'r ddau ddyn busnes fynd i gyfraith, ac mai Bodafon oedd yr unig un o'u *villas* a gafodd ei adeiladu.

Dechreuodd y cyfreithio hyd yn oed cyn cychwyn ar waith ym Mryn Eglwys. Flwyddyn union wedi i'r Cwmni Rheilffordd gael caniatâd seneddol i adeiladu rheilffordd Caernarfon-Llanberis, roedd Field a Lane yn hawlio £4,827 am golli mwynderau a thir i adeiladu wyth *villa* – o lannau'r Afon Goch i derfyn plwyf Llanrug ger Ynys Wen. Daw'r wybodaeth yn nhystiolaeth John Masterton, eu pensaer.[2]

Ym mis Rhagfyr 1867 roeddent yn parhau i hawlio £1,012 am golli tir i adeiladu wyth villa. Gwnaethant gais arall am £450 *'for deterioration to Bryn Eglwys land',* sef y rhan roddai fynediad i lan y llyn i berchnogion y *villa* a gâi ei chodi ar y bryn ei hun. Gwnaethant drydydd cais am £1,350 am golli deuddeg acer o dir adeiladu, ond ni nodir union leoliad hwn. Erbyn hyn roedd y Cwmni Rheilffordd wedi talu £202 iddynt, sef yr hawl i barhau â'r gwaith ar draws eu tir. Ac er i Field a Lane roi gorchymyn i weithwyr y rheilffordd gadw oddi ar eu tir ar lannau'r llyn, roedd yr hawl hwnnw gan y cwmni eisoes yn Neddf Rheilffordd Caernarfon-Llanberis 1864.

Canlyniad hyn oll oedd i Field a Lane droi eu golygon at weddill y tir oedd ganddynt yn eu les, a dechrau ar adeiladu rhesi o dai teras ar y llethrau uwchben y ddôl; proses a oedd wedi'i chychwyn i raddau gan Beaver Roberts, oherwydd yr oedd tai Fron Goch uwchben Plastirion eisoes wedi eu hadeiladu cyn 1861. Roedd ymddiriedolwyr Elusen Tlodion Rhuthun hefyd wedi sylweddoli fod arian sylweddol yn cronni i'w coffrau o ganlyniad i'r holl adeiladu. Mewn cyfarfod ar ddechrau 1863 honnid fod *'Carnarvonshire property has trebled in value. A few years ago, it was worth*

£100. Now it is £361-15-0. This is an important charity, and the town of Ruthin ought to benefit from it. In some years to come the charity at Llanberis will be worth about £1500 per annum.' Yna, daw'r honiad syfrdanol, *'gold has been discovered on the property.'*[3] Does dim cadarnhad o hyn yn unman, ond mae'n ddiddorol nodi fod llinell wedi ei thynnu ar fap 1851 sy'n dangos y lleiniau tir ar gyfer adeiladu *villas*. Mae'r llinell yn cychwyn tua ardal Bryn Du/Llain Wen ac yn ymestyn i fyny'r llethrau rhwng safle Tŷ Newydd a'r Maenllwyd. Ar y llinell ysgrifennwyd *'boundary line between the quarries and the ground under, take-note to try for gold.'* Does dim sicrwydd chwaith a oedd y llinell ar y map gwreiddiol neu a gafodd ei hychwanegu yn y blynyddoedd dilynol. O leiaf mae'n bodoli ar y copi a dderbyniodd Field a Lane yn 1863.

Dyma gyfnod hefyd pryd y sefydlwyd gwahanol gymdeithasau adeiladu. Roedd y Cwm-y-Glo Benefit Building Society a Budd Gymdeithas Adeiladu Llanberis yn bodoli erbyn y 1860au, a cheir adroddiad am gyfarfod o'r ddiwethaf yn cael ei chynnal yn Ysgol Dolbadarn fis Mawrth 1864, pryd yr enwir yr ymddiriedolwyr fel 'G. H. Evans (Ysgrifennydd), Goodman's Quarry; John Davies, Dôl Peris; Robert Roberts, Dolbadarn Hotel; J. W. Jones, Snowdon Terrace; John Evans, Ceunant a D. Wilson Roberts, builder'.[4]

Mae'n ymddangos mai yn ystod y blynyddoedd rhwng 1863 a 1866 y bu'r adeiladu mwyaf, ac y mae'r ffaith fod capeli yn cael eu helaethu a chapeli yn cael eu hadeiladu o'r newydd yn dangos fod y boblogaeth wedi cynyddu'n sylweddol. '... *Y mae yma ugeiniau os nad cannoedd o annedd-dai y dosbarth gweithiol wedi eu hadeiladu yn y dair blynedd ddiwethaf... ac y mae adeiladu prysur yn parhau.... mae'r cynnydd yn y lleoedd i addoli yn dangos hyn.'*[5]

Nid Eglwyswyr Llanberis yn unig oedd yn chwilio am le o addoliad newydd. Roedd trigolion Coed y Ddôl hefyd am sefydlu capeli Anghydffurfiol. Efallai fod effaith Diwygiad 1859 yn parhau, oherwydd yn ystod y degawd gwelwyd sefydlu Nant Padarn (Annibynwyr), Sion (Bedyddwyr) a Gorffwysfa (Methodistiaid Calfinaidd). Byddai'r Methodistiaid yn ehangu hefyd i Breswylfa, ac yr oedd capel yn y Clegir ers 1860 a Hebron yng Ngwaun Cwm Brwynog ers 1859. Ac ar wahân i'r Clegir a Hebron, byddai'r cyfan o'r capeli yn cael eu codi ar dir perthynol i Elusen Tlodion Rhuthun. Cafodd y Capel Coch hefyd ei ymhelaethu yn 1864, ac yno flwyddyn yn ddiweddarach y sefydlwyd Y Parch. John Roberts (Ieuan Gwyllt) yn weinidog ffurfiol cyntaf, er mai dan newyddion Dinorwig y cyhoeddwyd hynny yn y wasg.[6]

Mae'n ymddangos na wnaeth Field a Lane ddal gafael yn eu les am fawr o amser wedi sylweddoli fod rheilffordd am ddifetha eu cynlluniau, a'u bod wedi ei throsglwyddo i adeiladwr o'r enw David Wilson Roberts. Dyddiad les wreiddiol Beaver Roberts oedd Mai 1851. Daeth i feddiant Field a Lane yn 1863. Yr oedd ym meddiant Wilson Roberts erbyn diwedd 1865, oherwydd roedd John Lane ym mis Medi'r flwyddyn honno yn hysbysebu am gontractor i adeiladu tŷ, stabl a swyddfeydd ym Mryn Eglwys.[7] Efallai mai Wilson Roberts gafodd y gontract honno, ac mae'n debygol ei fod wedi dechrau adeiladu tai yn ardal Coed y Ddôl hyd yn oed cyn derbyn y les, a'i fod wedi dechrau ar y gwaith pan chwalwyd gobeithion Field a Lane ac achosi iddynt droi eu golygon at adeiladu tai teras yn hytrach na *villas* crand.

Brodor o Nefyn oedd Wilson Roberts, ac mae'n ymddangos iddo ef a'i frawd, Robert Roberts symud i'r Nant Isaf tua 1862; y naill i adeiladu tai a'r llall i gadw'r

Dolbadarn Hotel. Roedd Wilson Roberts wedi bod yn amlwg iawn ym mywyd cyhoeddus Nefyn, gan wasanaethu fel ysgrifennydd Cymdeithas Gyfeillgar Nefyn, casglwr Treth y Tlodion ac yn '*Assistant Overseer*' dan arolygaeth Bwrdd Deddf y Tlodion. Ond mae'n amlwg fod rhyw anghydfod wedi digwydd, a daethpwyd ag achos o dwyll ariannol yn ei erbyn gan wardeiniaid eglwys Nefyn. Ni ddeilliodd dim o hyn, ond daeth Wilson Roberts ag achos o enllib yn erbyn Rheithor y Plwyf ac ennill iawndal o £50; swm sylweddol iawn bryd hynny. Mae'n amlwg fod cryn ddrwgdeimlad rhwng yr Eglwyswyr a'r anghydffurfwyr; ac o bosib y byddai'r drwgdeimlad hwnnw i'w deimlo ganddo wedi symud i blwyf Llanberis hefyd.

Does dim sicrwydd pwy fu'n gyfrifol am adeiladu Field Terrace a Lane Terrace, y ddwy stryd o dai a adeiladwyd yng Nghoed y Ddôl ac a enwyd ar ôl y ddau ŵr busnes oedd â'u gobeithion wedi eu chwalu gan ddyfodiad y rheilffordd. Mae'n bosib mai dyma'r adeg yr adeiladwyd Charlotte Street hefyd, a enwyd ar ôl gwraig John Lane. Does wybod chwaith ble roedd Wilson Roberts a'i deulu yn byw pan ddaeth i'r ardal gyntaf – efallai ei fod yn aros gyda'i frawd yn y Dolbadarn – ond erbyn 1871 roedd y teulu wedi setlo yn 3 Lane Terrace ar y Stryd Fawr, ac yno y bu Wilson Roberts yn byw hyd ei farwolaeth yn 1904.

Mae'n syndod faint o adeiladu a ddigwyddodd ar dir Elusen Tlodion Rhuthun yn ystod y degawd hwn. Hyd 1861 roedd plwyf Llanberis wedi ei rannu yn ddwy ran ar gyfer pob cyfrifiad: Nant Uchaf a Nant Isaf. Erbyn 1871 mae Nant Uchaf yn parhau ond mae'r enw 'Nant Isaf' wedi diflannu, a'r ardal wedi ei rhannu'n ddau ranbarth; mwy neu lai y naill ochr i Afon Goch. Yr hyn sy'n ddiddorol am y rhan rhwng Afon Goch a therfyn plwyf Llanrug yw'r disgrifiad '*including the village of Coed y ddol*'. Mae'n ymddangos fod yr ardal felly yn cael ei chyfrif yn rhan ar wahân i weddill yr adeiladau oedd yn cael eu cynnwys yn y Nant Isaf.

O fewn y *'village of Coed y ddol'* mae rhesi o dai teras newydd yn cael eu henwi: Llain-wen Terrace, Eilian Terrace, Ogwen Terrace, Snowdon Terrace, Charlott Street (sic), Water Street, Well Street, Turner Street, Goodman Terrace, Cambria Street, Yankey Street (sic), Rock Terrace, London Street a Snowdon Street, heb sôn am y ddwy stryd a enwyd ar ôl Field a Lane. Roedd Wilson Roberts yn bendant yn gyfrifol am adeiladu rhai o'r terasau hyn, neu o leiaf yn gyfrifol am oruchwylio'r adeiladu. Ond roedd enwau adeiladwyr eraill hefyd, oherwydd gyda'r fath ddatblygu, byddai angen nifer helaeth o weithwyr, yn enwedig seiri maen a seiri coed. Rhai o'r enwau a ddaw i'r amlwg yw John G. Jones, William Thomas o Gaernarfon, a phartneriaeth William Hughes a John Roberts, saer maen a saer coed, y ddau o Fethesda.

Mae'n bosib mai tai ar y naill ochr i'r ffordd yn arwain am Bont y Ddôl oedd y rhai cyntaf i'w hadeiladu yn yr ardal hon, gan gynnwys Field Terrace a Lane Terrace, ond buan iawn yr adeiladwyd Goodman Terrace (a ddaeth yn Goodman Street), a oedd yn bodoli cyn 1866. Cadarnheir hyn mewn adroddiad am sefydlu Capel Gorffwysfa. Mewn cofnod o Gyfarfod Misol yn y Carneddi, Bethesda ym mis Mawrth 1866 dywedir *'fod y cyfeillion yn Llanberis wedi sicrhau lle i adeiladu capel yng Nghoed y ddol'* a chodwyd y capel *'ar gongl heol Goodman, heol newydd y pryd hwnnw'*.[8]

Roedd y Bedyddwyr hefyd am ddychwelyd i Lanberis, er mai Sardis, Dinorwig oedd y fam eglwys. Adroddir fod y Bedyddwyr *'i adeiladu capel newydd yng Nghoed y ddol'*.[9] Ceir cyfeiriad hefyd at *'y Bedyddwyr yn Nant Padarn mewn lle poblogaidd a chynyddol anarferol'*[10] ac at *'eglwys fechan Coed y ddol, Llanberis'*.[11] Cynhaliwyd cyngerdd hefyd yng nghapel Jerusalem tuag at achos *'y Bedyddwyr yng Nghoed y ddol'*.[12] A dyna roi dau enw – Nant Padarn a Choed y Ddôl – ar yr ardal oedd yn datblygu'n gyflym.

Yn 1871 y mae'r disgrifiad *'village of Coed y ddol'* yn ymddangos gyntaf ar gofnodion y Cyfrifiad, a dyna hefyd a roddir yn 1881. Ond yn 1891 mae'r enw, er yn cael ei ddefnyddio, yn cael ei ddi-arddel: *'the Post Office authorities know nothing about Coed-y-ddol.'*

Dechreuwyd adeiladu Gorffwysfa ar 11eg o Fai 1866 ar gynllun o eiddo William Thomas a Wilson Roberts, gyda'r olaf yn goruchwylio'r gwaith adeiladu. Roedd y gwaith wedi ei orffen erbyn 11eg o Orffennaf 1867: *'wedi ei adeiladu i gyfarfod â chynnydd y boblogaeth.'* Ac yn atodiad i'r adroddiad ceir y byddai capel newydd yr Annibynwyr *'yn barod erbyn yr haf nesaf'*.[13] Roedd yn synhwyrol i'r Annibynwyr godi capel newydd yma, oherwydd roedd Jerusalem, Pentre Castell gryn bellter oddi wrth yr ardal boblog newydd hon.

Dyna dri capel newydd wedi eu hadeiladu yn ardal Coed y Ddôl o fewn llai na deng mlynedd, ond *'plant yr hen fam*

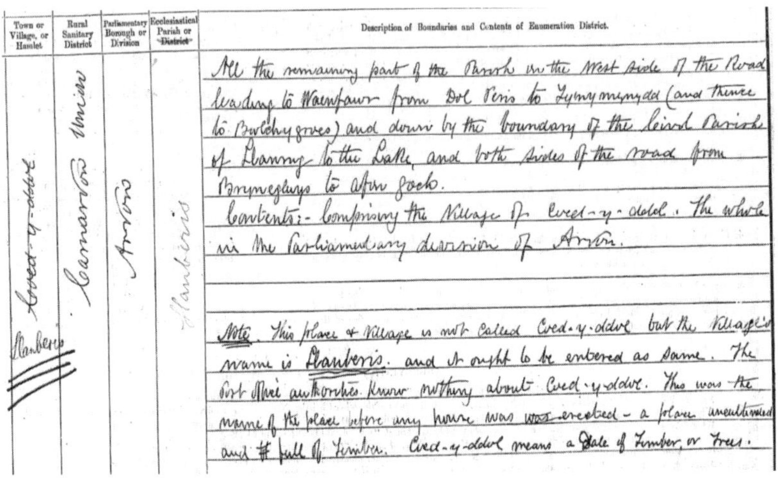

Town or Village, or Hamlet	Rural Sanitary District	Parliamentary Borough or Division	Ecclesiastical Parish or ~~District~~	Description of Boundaries and Contents of Enumeration District.
Coed-y-ddol / Llanberis	Carnarvon Union	Arvon	Llanberis	All the remaining part of the Parish on the West side of the Road leading to Waenfawr from Dol Peris to Tynymynydd (and thence to Bwlchygroes) and down by the boundary of the Parish of Llaniny to the Lake, and both sides of the road from Brynegluys to Afon Goch. Contents:- Comprising the Village of Coed-y-ddol. The whole in the Parliamentary division of Arvon. Note. This place & Village is not called Coed-y-ddol but the Village's name is Llanberis. and it ought to be entered as same. The Post Office authorities know nothing about Coed-y-ddol. This was the name of the place before any house was ~~was~~ erected – a place uncultivated and full of timber. Coed-y-ddol means a Dale of Timber, or Trees.

Disgrifiad o'r ardal ar flaen-ddalen Cyfrifiad 1891

Tocyn cyngerdd i dalu dyled Nant Padarn

yn cardota at gael eglwys newydd'.[14] A pharhau i apelio am gyfraniadau ariannol a wnâi pwyllgor yr eglwys newydd.

Yn y cyfamser roedd ymwelwyr yn parhau i heidio i'r rhan oedd yn ddigon pell o bentref newydd Coed y Ddôl, gyda digon o lefydd i aros *'yn gymwys i'r dosbarth blaenaf o foneddigion'.*[15] Ond nid pawb oedd â gair da am y rhai oedd yn manteisio ar y 'dosbarth blaenaf o foneddigion' a ddeuai i gyrchu copa'r Wyddfa. *'Gwastraff ar arian i gyd,'* meddai Cynddelw, yw llogi tywysydd. *'Gallwch fyned yno liw dydd mor hawdd ag y gellwch fynd o Aberdâr i Hirwaen.'* Mae hefyd yn beirniadu'r trigolion sy'n *'dysgu gormod o fagerdod i'r plantach, yr hyn na fydd yn lles iddynt pan dyfant i fyny. Bydd rhai fel cywion ceiliogod yn cynnig canu i ddifyrru teithwyr; eraill yn sefyll drwy'r dydd i agor clwydi, gwerthu cerrig â naws copr ynddynt... a'r unig un ddefnyddiol oedd merch fechan yn gwerthu llaeth... i'r teithwyr sychedig.'*[16]

Roedd y 'Royal Snowdonian Tourist' yn parhau i gario

teithwyr o Gaernarfon am Landudno, gan aros yn y Padarn Villa am ginio nos ar y ffordd yn ôl. Cychwynnwyd gwasanaeth coets newydd hefyd gan Richard Owen, Britannia Inn, Caernarfon, oedd yn cysylltu â'r Castle Hotel yn Llanberis. Rhedai bob dydd ar wahân i'r Sul, rhwng deg y bore a hanner awr wedi tri y pnawn.[17]

Ond yr oedd cwmnïau teithiol eraill wedi sylweddoli fod digon o boblogaeth yn yr ardal dros fisoedd yr haf i'w gwneud yn fanteisiol iddynt hwythau hefyd ymweld. Ac yn ystod y degawd hwn gwelwn nifer o atyniadau newydd yn cyrraedd: Ginett's Great Circus ym mis Awst 1863; Steven's Royal Menagerie ym mis Awst 1866, ac yna flwyddyn yn ddiweddarach daeth Manders Grand National Star Menagerie gyda'i harddangosfeydd o '*Monster Himadriads*', '*Mysterious Yaxtruss*', '*Ethiopian Crested Boboos*' a 500 o anifeiliaid eraill gan gynnwys eliffant yn chwarae piano! Dim ond swllt oedd mynediad i oedolion a chwecheiniog i blant. Gallwn ddychmygu'r torfeydd – yn lleol ac yn ymwelwyr – yn heidio i weld y fath ryfeddodau, a hynny, mae'n debyg ar y ddôl fawr eang rhwng gwestai Padarn Villa a'r Royal Victoria.

Er mai cychwyn digon llugoer a gafwyd i'r gwaith ar y rheilffordd yn dilyn y sbloets fawreddog o dorri'r dywarchen, roedd adroddiad chwemisol y Caernarfon-Llanberis Railway Company yn swnio'n galonogol ym mis Medi 1865. '*The work is vigorously prosecuted and the engineer reported there was every prospect of the line being completed within the time originally contemplated,*' meddai Thomas Turner, y cadeirydd mewn cyfarfod yn Llundain.[18] Roedd Mr Rolfe, y peiriannydd, wedi adrodd yn gynharach yn y flwyddyn fod '*the heaviest part of the work in progress*', ac y byddai tair milltir ychwanegol o dir yn cael ei brynu yn ystod y mis nesaf.[19] Ond yn ystod y mis hwnnw aeth y gweithwyr ar streic! *'Y mae holl navvies rheilffordd Caernarfon-Llanberis yn sefyll allan... 3 swllt y dydd oedd eu cyflog, a cheisiant 4 swllt. Bodlonai y cwmni roddi 4 swllt i'r rhai gorau a hanner coron i'r rhai gwaethaf – ond gwrthodai y gweithwyr gydsynio.'*[20]

Efallai mai'r streic hon fu'n rhannol gyfrifol am fethu parhau â'r gwaith ar y rheilffordd, oherwydd ym mis Awst 1867 adroddir na fu gweithio ar y rheilffordd ers blwyddyn a hanner, ond ei fod wedi ailgychwyn ar 24ain o Orffennaf.[21] Ym mis Gorffennaf, roedd Cwmni Ridley, sef y contractwyr ar y rheilffordd yn hysbysebu am *'contractors' locomotives and earth wagons'*[22] ac yn hysbysebu hefyd am weithwyr mewn newyddiaduron ym mhob rhan o'r wlad erbyn canol Awst: *'quarrymen, carpenters, smiths, plate-layers and labourers wanted on the works...'*[23] Ac fe gafwyd gweithwyr, oherwydd erbyn Tachwedd y flwyddyn honno roedd y rheilffordd wedi cyrraedd Pontrug.[24] Yn ddiweddarach yn y flwyddyn hefyd mae Cwmni Ridley yn gwneud cais am gael dadlwytho *'sleepers'* a'u storio yn Harbwr Caernarfon.[25]

Roedd pethau'n symud ymlaen bellach, o bosib oherwydd fod y gwaith o gyrraedd Caernarfon o Bontrug ar hyd glannau'r afon yn haws, ac erbyn mis Ebrill 1868 roedd y rheilffordd o fewn milltir a hanner i'r dref.[26] Cwblhawyd bron y cyfan ohoni erbyn mis Medi, a gwerthwyd *'plant and material'* a 30 ceffyl gwedd dan orchymyn Ridley.[27] Byddai'r rheilffordd yn cael ei hagor yn swyddogol y flwyddyn ddilynol.

Daeth y degawd i ben gyda 'phentref' sylweddol o ran maint a phoblogaeth wedi tyfu yng Nghoed y Ddôl, a hwnnw'n cynnwys tri o gapeli anghydffurfiol. A chyn diwedd y degawd byddai rheilffordd yn cysylltu Caernarfon a Llanberis yn cael ei hagor yn swyddogol, ac yn debygol o effeithio ar wasanaeth y gwahanol goetsys a fu'n cario ymwelwyr i'r fro. Byddai damwain fawr y powdwr-oel ger Cwm-y-Glo yn taflu cwmwl dros yr holl ardal, a deuai aer y Faenol i oed, gan ddechrau cyfnod newydd yn hanes Chwarel Dinorwig. Byddai gwaith, o'r diwedd, yn cychwyn ar adeiladu eglwys newydd ar safle newydd. A byddai etholiad hefyd wedi creu drwgdeimlad a rhwyg o fewn chwarelwyr y fro ac o fewn y gymdeithas.

Pennod 6

Tri Digwyddiad

FEL YR OEDD y 1860au yn dirwyn i ben byddai tri digwyddiad yn cael effaith ar fywydau trigolion yr ardal am weddill y ganrif: Etholiad 1868; cychwyn rheolaeth Stad y Faenol dan berchnogaeth a goruchwyliaeth George William Duff Assheton Smith yn 1869; a damwain y powdwr-oel oedd yn cyd-fynd ag agoriad swyddogol rheilffordd Caernarfon-Llanberis, hefyd yn yr un flwyddyn.

Etholiad 1868

Roedd y system o gynrychiolaeth seneddol wedi aros yn ddidor o gyfnod y Deddfau Uno hyd 1832 pan gafwyd Deddf Ddiwygio. Cynyddodd nifer yr etholwyr yng Nghymru i 49,000, sef tua 5% o'r boblogaeth. Parhau i ffafrio yr etholwyr rheini oedd yn dirfeddianwyr a wnâi'r 'diwygio' hwn hefyd. Ond roedd ymgyrchu am gynrychiolaeth ar ran y gweithiwr cyffredin wedi parhau ar ôl 1832. Yn 1867 cafwyd Deddf Ddiwygio arall, gyda llawer mwy yn cael hawl i bleidleisio, ond nid pleidlais ddirgel mohoni. A phan alwyd etholiad cyffredinol flwyddyn yn ddiweddarach yn 1868 fe'i hymladdwyd ar sail enwadaeth grefyddol yn gymaint ag ar wleidyddiaeth. Yn sir Gaernarfon ymladdwyd yr etholiad *'o leiaf cyn belled ag yr oedd yr arweinwyr crefyddol yn bod, o gwmpas un cymal o bolisïau Gladstone, sef ei addewid i ddatgysylltu'r Eglwys Anglicanaidd yn Iwerddon'.*[1]

Gobaith yr Ymneilltuwyr oedd y byddai hyn y cam cyntaf i ddiwygiad tebyg yng Nghymru. Roedd yr Eglwyswyr yn naturiol yn gwrthwynebu ac aeth yn frwydr eiriol nid yn unig rhwng Radical a Thori, ond rhwng Eglwyswyr ac Ymneilltuwyr. Yn etholaeth Sir Gaernarfon, Love Jones-Parry, Madryn oedd ymgeisydd y Rhyddfrydwyr a George Sholto Douglas-Pennant (mab Arglwydd Penrhyn) a safai ar ran y Torïaid.

Bron na ellir dweud ei bod yn draddodiad i denantiaid a gweithwyr y tirfeddianwyr bleidleisio fel eu landlord a'u cyflogwr. Gwyddai'r meistr tir hefyd, gan nad oedd y bleidlais yn un ddirgel, pa fodd y pleidleisiai ei denantiaid a'i weithwyr. Mae'n wir dweud fod meistri tir Torïaidd yn rhoi pwysau ar eu tenantiaid a'u gweithwyr i fwrw eu pleidlais dros eu plaid. A chafwyd achosion o denantiaid yn cael eu troi allan o'u daliadau am fynd yn groes i ddymuniad y landlord. Ond roedd cyhuddiadau o roi pwysau ar denant a gweithiwr yn ddigon cyffredin, p'run a oedd yn wir ai peidio. A'r enw a roddid arno oedd y 'sgriw'. Roedd y cyhuddiadau hyn yn creu drwgdeimlad yn ardal Llanberis yn ystod etholiad 1868, ac anodd yw penderfynu i sicrwydd faint o bwysau a roddid ar y gweithiwr cyffredin o du'r meistri tir. Yn sicr, roedd arweinwyr crefyddol yn rhoi pwysau ar eu haelodau i bleidleisio dros y Rhyddfrydwr. Meddai Robert Jones, un o weinidogion Llanllyfni: *'Y mae pleidleisio o blaid Torïaid llygredig yn y fath adeg bwysig â hon bron yn nod sicr o annuwioldeb.'*[2]

Roedd yr Arglwydd Newborough, Glynllifon – perchennog y tir ym mhlwyf Llanrug ble roedd amryw o chwareli llechi, a nifer da o'r gweithwyr yn byw yn Llanberis – wedi caniatáu rhyddid i'w denantiaid bleidleisio yn ôl eu cydwybod. Felly hefyd Wallace Cragg, Chwarel Glynrhonwy: *'Ni ofynnodd Mr Cragg i neb o'i weithwyr am eu pleidlais i Mr Pennant.'*[3]

Roedd pethau fymryn yn wahanol yn Chwarel Dinorwig, ble gweithiai llawer iawn o drigolion Llanberis. Nid oes tystiolaeth ar gael i ddangos a fu cynrychiolydd o'r Faenol yn gofyn nac yn pwyso ar i'w weithwyr bleidleisio dros Pennant, ond bu Pennant ei hun yn y chwarel yn ceisio annog cefnogaeth, er mai *'derbyniad lled oer'* a gafodd.[4]

Goruchwylwyr a stiwardiaid y chwarel oedd yn cael eu cyhuddo o ddefnyddio'r 'sgriw' yn Chwarel Dinorwig, ac Eglwyswyr gan amlaf oedd yn dal y swyddi rheini. Os cywir yr adroddiadau yn y wasg, roedd talcen go galed yn wynebu'r stiwardiaid yn y chwarel. Cynhaliwyd cyfarfod i gefnogi Pennant yn y Club Room yn Llanberis, gyda dau siaradwr o'i blaid, ond chwech yn unig a ddaeth yno i wrando arnynt.[5] Rhyw fis yn ddiweddarach cynhaliwyd cyfarfod Rhyddfrydig yng nghapel y Methodistiaid (Capel Coch mae'n debyg, er na chaiff ei enwi) dan arweiniad y Parch. D. Oliver (gweinidog yr Annibynwyr yn y pentref). Yr oedd mil yn bresennol. Cafwyd derbyniad brwdfrydig i Love Jones-Parry, ac am y chwarelwyr: *'hyderwn y byddant yn ddigon o ddynion ddiwrnod y Pol i roddi eu votes drosto ar waethaf y sgriwio sydd yn cymeryd lle yn ddistaw yn y chwarel.'*[6] Y mae rhywun yn galw ei hun yn Llywelyn yn nodi *'fod yn Sir Gaernarfon 4,500 o voters, ac o'r rhif hwn y mae tua 4,000 ohonynt yn Ymneilltuwyr, a phe na bai y sgriw ar droed yma, nid gwaith anodd fyddai cael Rhyddfrydwr i'r Senedd'*.[7]

Rhaid cydnabod hefyd fod llawer yn gwadu'r honiadau fod y 'sgriw' yn cael ei defnyddio yn Chwarel Dinorwig. Anwiredd oedd yr honiad fod y chwarelwyr wedi cael cynnig gadael y chwarel neu bleidleisio yn yr un modd â'u meistr, meddai gohebydd.[8] Ac yr oedd Rhyddfrydwr yn galw ei hun yn RWG View Terrace wedi datgan yn glir mai i'r Rhyddfrydwr y byddai ei bleidlais ef, ac nad oedd yn ofni colli ei waith.[9] Hyd yn oed wedi'r etholiad anfonwyd llythyr gan ddau o oruchwylwyr Chwarel Dinorwig – Robert Parry ac Owen Parry – yn galw ar i unrhyw rai oedd yn honni iddynt ddioddef y sgriw ddod i gyfarfod gerbron gohebydd o'r *Faner* a rhoi eu tystiolaeth.[10] Nid yw'n ymddangos fod neb wedi derbyn y gwahoddiad.

Gweinidogion Ymneilltuol oedd arweinwyr y mudiad Rhyddfrydol mewn llawer ardal, ac yr oedd yn ddisgwyliedig bron y byddai pob aelod o'r eglwysi Ymneilltuol yn pleidleisio i Jones-Parry; ac mai dim ond Eglwyswyr fyddai'n rhoi pleidlais i Pennant. Ond doedd pob gweinidog na phob blaenor ddim fel pe baent am ddilyn y drefn honno, a mawr oedd y beirniadu arnynt yn y wasg. Dau weinidog amlwg yn y cyfnod hwn oedd y Parch. John Roberts (Ieuan Gwyllt) yn y Capel Coch, a'r Parch. Edward Stephen, (Tan y marian) ym Methesda. Yn y cyfarfod i groesawu Jones-Parry i Lanberis, a ble'r honnir fod mil o bobl yn bresennol, does dim sôn am Ieuan Gwyllt, gweinidog y capel ble cynhaliwyd y cyfarfod. Aeth ambell un mor bell â'i alw yn Ieuan Gwellt! Yr oedd 'Etholwr mewn pryder' yn bresennol yn y cyfarfod, ac mewn llythyr diweddarach holai pa le roedd Ieuan Gwyllt, a pha le mae Edward Stephen – *'ai tybed fod Tanymarian yn fwy pwysig yn ei olwg na dadwaddoli Eglwys Sefydledig yn Iwerddon?'*[11]

Mae'n ymddangos felly mai un yn unig o arweinwyr crefyddol Llanberis oedd yn fodlon dangos ei gefnogaeth i'r achos Rhyddfrydig sef y Parch. D. Oliver. Ond beth am y Parch. John Jones (Yr Hen Gloddiwr)? Ysgwyddo cyfrifoldeb am y Bedyddwyr yn Llanberis ac yn Sardis, Dinorwig a wnâi'r Hen Gloddiwr, gan ennill ei gyflog fel pwyswr yn Chwarel Dinorwig. Pennant a gafodd ei bleidlais, a chanmolodd gyflogau da chwareli'r Penrhyn a Dinorwig, caredigrwydd yr Arglwydd Penrhyn fel tirfeddiannwr a'i haelioni tuag at y tlodion. Buan iawn y cafodd ei atgoffa fod Arglwydd Penrhyn wedi gwrthod gwerthu tir ym Mangor i'r Bedyddwyr gael codi capel.

Ond fel y dangosodd T. M. Bassett, efallai fod dau reswm penodol pam y pleidleisiodd yr Hen Gloddiwr i Pennant. Nid oedd gweithred tir swyddogol ar gyfer Capel Sardis yn Ninorwig hyd 1873, a does dim sôn am gapel yn y weithred honno. Roedd Bedyddwyr Dinorwig ar drugaredd Stad y Faenol. Roedd Yr Hen Gloddiwr hefyd yn ddibynnol ar y stad honno am ei gyflog fel pwyswr yn y chwarel, ac os oedd y cyhuddiadau o 'sgriw' yn wir, efallai mai dyna pam yr aeth ei bleidlais i'r Tori.[12]

Jones-Parry a'r Rhyddfrydwyr gafod y fuddugoliaeth yn Etholiad 1868, gyda chefnogaeth gref o Lanberis a Llanrug, ond heb fod cystal o Landdeiniolen. Roedd mwyafrif etholwyr Llanddeiniolen yn denantiaid i'r Faenol ac yn gweithio'n Chwarel Dinorwig. Ychydig iawn o etholwyr Llanrug a Llanberis oedd yn byw ar dir yn eiddo i'r Faenol. Efallai mai teyrngarwch i'w meistr tir yn hytrach nac effaith unrhyw 'sgriw' oedd yn cyfrif i denantiaid Llanddeiniolen, oherwydd ni chafodd neb ei 'droi allan' (fel a ddigwyddodd ym Meirionnydd a Cheredigion) o'i ddaliad amaethyddol oherwydd ei gred wleidyddol.[13]

Cafodd achosion 'troi allan' tenantiaid o'u daliadau gan dirfeddianwyr Torïaidd ei godi yn y Senedd yn dilyn Etholiad 1868, a phenododd Llywodraeth Gladstone bwyllgor dethol i archwilio'r modd y câi'r etholiadau eu gweinyddu. Canlyniad hyn oedd pasio Deddf y Balot yn 1872 a olygai y cai pobl bleidleisio'n ddirgel. Dros y degawdau nesaf byddai pleidlais y dyn cyffredin yn golygu fod tro ar fyd, gyda materion addysg a chenedlaethol yn cael llawer mwy o sylw.

Wythnos o Rialtwch yn Arfon – Mai 1869

Dyma'r mis y byddai George William Duff Assheton Smith yn dathlu ei ben-blwydd yn un ar hugain oed, gan gychwyn ar drefn newydd o reoli Stad y Faenol a Chwarel Dinorwig. A'r fath ddathlu! Roedd pafiliwn wedi ei godi ar dir y Faenol i ddal mil o bobl, ac yn y pafiliwn dros-dro hwn y byddai'r rhan fwyaf o ddigwyddiadau'r dathlu yn digwydd.

Ar y prynhawn Llun cyntaf o'r wythnos daeth holl denantiaid y Faenol yno i gyflwyno rhodd i'r etifedd ieuanc. Fe'i dilynwyd gan weision a morynion y plas ac yna gan gynrychiolaeth o dref Caernarfon a dinas Bangor. Am hanner awr wedi chwech yr hwyr eisteddodd 600 o wahoddedigion i lawr i fwynhau gwledd swmpus, a daeth y noson i ben gydag arddangosfa o dân gwyllt.

Ar y dydd Mawrth cafodd y tenantiaid wledd, yn cael ei dilyn gan chwaraeon, a dawns yn ystod y nos. Ddydd Mercher daeth cannoedd o blant ysgol draw, a chyflwynwyd medal i bob un i gofio'r achlysur. Roedd cyngerdd mawreddog yn ystod y nos.

Ddydd Iau, teithiodd teulu'r Faenol a gwahoddedigion eraill i Lanberis. Roedd y pentref wedi ei addurno i groesawu'r etifedd. Cafodd dros dair mil o chwarelwyr Dinorwig orchymyn i ymgynnull ger Pont y Bala cyn cerdded yn orymdaith i'r Gilfach Ddu a chael cinio yn y siediau newydd yno. Roedd côr o 500 o chwarelwyr a Band Llanrug yn diddori'r gwahoddedigion. Amcangyfrifid fod y cerrig canon wedi eu tanio ugain mil o weithiau yn ystod y dydd. Cinio nos gafodd goruchwylwyr y chwarel yng ngwesty'r Dolbadarn, a daeth y diwrnod i ben gyda thân gwyllt. O Lanberis hefyd y dringodd Ellis Roberts – Lias Bach – i gopa'r Wyddfa gyda throl yn cael ei thynnu gan ddwy o'i ferlod yn cario deunydd i gynnau coelcerth anferth i ddathlu'r achlysur.

Ar y nos Wener, a strydoedd y dref yn cyhwfan o faneri lliwgar, daeth yr etifedd ifanc i Gaernarfon, a'i goets yn cael ei llusgo at y castell gan dorf o drigolion. Roedd y castell wedi ei oleuo, a daeth y noson i ben yn hwyr iawn gydag arddangosfa arall o dân gwyllt.

Dyna'r modd yr adroddwyd am yr wythnos fythgofiadwy hon yn y mwyafrif o'r papurau newyddion: fod croeso twymgalon i'r etifedd ifanc gan ei denantiaid ledled Môn a sir Gaernarfon a hefyd gan ei weithwyr cyflog yn Chwarel Dinorwig. Ond cafwyd un nodyn bach digon pigog gan ohebydd *Y Tyst Cymreig* tra'n disgrifio'r rhialtwch. Tynnu sylw a wnaeth at y wledd a gynhaliwyd i 600 o wahoddedigion – bonedd a phwysigion y sir a thu hwnt – ar y nos Lun; yn enwedig at yr holl wahanol bobl (gan gychwyn gyda'r frenhines) y bu cynnig llwnc-destun iddynt. Roedd esgobion a gwŷr eglwysig wastad yn cael eu cynnwys ar y rhestr, ac yr oedd yn arferol hefyd cynnig llwnc-destun i'r aelodau seneddol lleol a gweinidogion y gwahanol enwadau crefyddol. Â'r gohebydd ymlaen i holi *'pa beth y diben o adael allan y toasts i'r Representatives in Parliament a'r Ministers of all Denominations?'* Aeth ymlaen i ofyn *'Onid ydyw peth fel hyn yn dangos ysbryd cul, unochrog Toriaidd a chowardaidd i'r eithaf?'* Yr oedd, yn ei farn ef, cystal â dweud *'chwi weinidogion Ymneilltuol, does mo'ch eisiau chwi yma'*, oherwydd eich bod *'wedi gwneud digon o ddrwg amser y lecsiwn'.*[14] Mae'n ymddangos nad oedd maddeuant i'r gweinidogion Ymneilltuol a fu'n gweithio mor galed y flwyddyn gynt dros achos y Rhyddfrydwyr a Love Jones-Parry. Roedd chwerwedd etholiad 1868 yn parhau.

Efallai i'r chwerwedd hwn gael ei liniaru rhywfaint gan haelioni yr Assheton Smith ifanc yn ystod gweddill y flwyddyn, oherwydd ym mis Awst roedd yn cyflwyno llain o dir yn Ninorwig ar gyfer adeiladu ysgol newydd. Yn yr un mis cyflwynodd £50 i'r gronfa tuag at ddioddefwyr damwain y powdr-oel yng Nghwm-y-Glo.[15] Ac yn ystod y cyfnod cyn y Nadolig cyflwynodd werth £20 o ddillad gaeaf i'w rhannu i dlodion plwyf Llanddeiniolen gan y Rheithor a'r wardeiniaid.[16] Byddai gwaith ar adeiladu eglwys newydd yn Llanberis yn cychwyn hefyd, a phan ddeuai oes honno i ben, Assheton Smith fyddai'n cyflwyno tir a rhodd ariannol anrhydeddus ar gyfer adeiladu'r eglwys bresennol.

Damwain y Powdwr-oel ac agoriad swyddogol Rheilffordd Caernarfon-Llanberis

Os oes un digwyddiad arbennig wedi aros ar gof gwerin yr ardal, yna damwain echrydus y powdwr-oel ar wastad Llwyncoed rhwng Cwm-y-Glo a Phenllyn yw hwnnw. Mae'r ffaith fod y groes ar garreg wrth ochr y ffordd yn y Clegir yn dal i gael ei marcio gan gerddwyr wrth fynd heibio yn dangos pa mor fyw yw'r digwyddiad i drigolion y cylch hyd heddiw. Ond nid yw'r cof am y ffeithiau bob amser mor gywir, a rhaid diolch am gyfrol fechan a thrylwyr T. Meirion Hughes am groniclo hanes y ddamwain.[17]

Croes Glegir

Dyfeisiwyd nitro-glyserin gan gemegydd Eidaleg o'r enw Ascanio Sobrero yn 1847, ac fe'i defnyddiwyd gan Alfred Nobel i gynhyrchu deunydd ffrwydrol, gan sefydlu ffatri ffrwydron yn yr Almaen. Roedd yn gryfach a rhatach na phowdwr du, ac felly'n boblogaidd gyda diwydianwyr er gwaethaf y peryglon wrth ei ddefnyddio. Yn 1866 er enghraifft, anfonwyd hylif nitro-glyserin ar long i Galiffornia er mwyn ei ddefnyddio i greu twnnel rheilffordd drwy'r Sierra Nevada. Ffrwydrodd gan ladd pymtheg o weithwyr. Gwaharddwyd mewnforio'r hylif.

Erbyn hyn roedd eisoes yn cael ei ddefnyddio yn chwareli llechi'r ardal, ond daeth rhybudd o ba mor beryglus y gallai fod pan ffrwydrodd chwarter pwys o nitro-glyserin mewn Tŷ Pwyso yn Chwarel Dinorwig yn gynnar yn 1868. Ymddengys fod y chwarelwyr yn defnyddio gwres i 'doddi' y powdwr-oel os oedd wedi fferru. Yn yr achos hwn rhoddwyd chwarter pwys ohono ar stôf yn y Tŷ Pwyso a'i adael. Roedd yn ffodus nad oedd unrhyw weithiwr ar gyfyl y lle pan ffrwydrodd a chreu llanast difrifol.[18]

Yr oedd pylordy trwyddedig, neu dŷ powdwr fel y gelwid ef, yn angenrheidiol ar gyfer storio ffrwydron – ac mae'n ymddangos mai Cwmni'r Meistri Webb oedd perchennog y tŷ powdwr yn Abermenai (ar ochr Môn o Afon Menai) ac yn Llanberis (yn ardal y Clegir). Y cwmni hwn oedd yr unig un â hawl i fewnforio nitro-glyserin i Brydain, ac yn naturiol, roedd y cwmni yn hyrwyddo'r defnydd ohono.[19] Yr oedd Orlando Webb yn un o'r perchnogion, ac yr oedd ef a'i wraig yn byw yng Nglyn Padarn am gyfnod, cyn symud yn ddiweddarach i Fangor. Cyfreithiwr oedd wrth ei alwedigaeth, ac ef a ddeliai â materion yn ymwneud â'r cwmni yn ystod cyfnod y ddamwain. Roedd gan y cwmni swyddfeydd hefyd yng Nghaerdydd. Ar wahân i fod yn gwsmer, does dim sicrwydd a oedd Wallace Cragg yn rhan o'r cwmni.

Ddiwedd Mehefin hwyliodd yr 'Heroine', llong o eiddo Cwmni De Winton, Caernarfon o Hamburg i Abermenai gyda llwyth o nitro-glyserin. Oherwydd natur beryglus ei chargo ni châi angori ym mhorthladd Caernarfon. Storiwyd y ffrwydron yn Nhŷ Powdwr Cwmni'r Meistri Webb. Dridiau yn ddiweddarach daeth cychod â phum tunnell o'r powdwr-oel i Gaernarfon. Llwythwyd y cyfan i bum trol, a chychwynnodd dwy ohonynt am y Tŷ Powdwr ar gyrion Chwarel Glynrhonwy, Llanberis.

Wrth basio'r iard nwyddau yng ngorsaf rheilffordd newydd Cwm-y-Glo, ffrwydrodd y llwyth. Lladdwyd y ddau gertiwr a thri arall; chwarelwr yn dychwelyd o'i waith yn Chwarel Glynrhonwy, a dau fachgen ifanc. Cafodd wyth arall anafiadau difrifol. Difrodwyd adeiladau newydd yr orsaf a gwesty'r Fricsan, a maluriwyd ffenestri ym mhentref Cwm-y-Glo. Symudodd yr awdurdodau yn gyflym iawn i ddiogelu'r cyhoedd, a chafodd dogn dda o nitro-glyserin ei gladdu yn Afon Menai.

O fewn ychydig ddyddiau roedd gŵr o'r enw Robert Humphreys, rheolwr yr Enamelled Slate Works, Caernarfon o flaen yr ynadon wedi ei gyhuddo o storio deinameit yn anghyfreithlon am nad oedd ei eiddo wedi ei drwyddedu. Galwyd Orlando Webb fel tyst, ac y mae'n ddiddorol sylwi ar y disgrifiad a roddir ohono yn y wasg: *'It will be remembered that Mr Webb, though summoned as a witness, is in reality, the owner of the dynamite found on Humphreys' premises – as he was also of the nitro-glycerine which exploded at Cwm-y-Glo.'*[20] Roedd y deinameit wedi ei hawlio gan yr heddlu a'i gario'n ôl i'r Tŷ Powdwr yn Abermenai. Y rheswm pennaf dros bryder yr awdurdodau ynglŷn â deinameit oedd y ffaith fod nitro-glyserin yn cael ei ddefnyddio yn ei wneuthuriad.

Hyd 1869 y ddeddf a reolai'r defnydd o ffrwydron ym Mhrydain oedd y 'Gunpowder Act' 1860. Ond oherwydd natur newydd nitro-glyserin, nid oedd dan reolaeth y ddeddf honno. Gweithredodd y Llywodraeth ar gryn frys, a chyn diwedd y flwyddyn roedd y Ddeddf Nitro-Glyserin wedi ei phasio a oedd yn gwahardd cynhyrchu, cario a gwerthu'r ffrwydron ym Mhrydain. Golygai hyn fod prif waith Cwmni'r Meistri Webb wedi peidio â bod dros nos. Efallai mai dyma pam y symudodd Orlando Webb o Lanberis i Fangor a pharhau â'i waith fel cyfreithiwr yno.

Roedd Alfred Nobel eisoes wedi bod yn cynhyrchu deinameit cyn hyn, gan sefydlu cwmni yn yr Alban. Yna yn 1871 daeth Nobel, rhyw ŵr o'r enw Downie, a chwmni'r Meistri Webb at ei gilydd i sefydlu'r British Dynamite Co. Ltd. Ond roedd y Llywodraeth yn parhau'n bryderus ynglŷn â deinameit hefyd, yn enwedig o gofio fod nitro-glyserin yn rhan o'i wneuthuriad, ac yr oedd y defnydd o ddeinameit yn cael ei reoli gan Ddeddf Nitro-Glyserin 1869. Yn 1872 cafodd pwyllgor ei apwyntio gan y Llywodraeth i adrodd ar ddiogelwch a sefydlogrwydd *gun-cotton*, deinameit a ffrwydron eraill. Ym mis Mai y flwyddyn honno, cyflwynwyd deiseb i'r Llywodraeth gan Samuel Holland ar ran perchnogion chwareli llechi siroedd Meirionnydd a Chaernarfon, rheolwyr, stiwardiaid a gweithwyr chwareli Llanberis yn galw am ddiddymu'r 'Nitro-Glycerine Act'. Fis yn ddiweddarach, ym Mehefin daeth aelodau pwyllgor archwilio'r Llywodraeth i Lanberis i arsylwi ar wahanol arbrofion i ddangos pa mor ddiogel oedd y defnydd o ddeinameit.

Y Cyrnol Younghusband oedd llywydd y pwyllgor archwilio hwn, ac yr oedd yn bresennol yn Chwarel Glynrhonwy, ble cynhaliwyd yr arbrofion. Yno hefyd roedd Capten Majendie, Arolygydd Ffrwydron y Llywodraeth;

y Cyrnol Maitland, Arlogydd Ffatrioedd Ffrwydron Woolwich Arsenal; Alfred Nobel ei hun a Chapten Wallace Cragg. Cynhaliwyd naw o wahanol arbrofion gan gynnwys gollwng pwysi o ddeinameit i waelod twll chwarel – heb iddo ffrwydro; gosod 56 pwys o ddeinameit ar waelod twll ac yna gollwng dau gan pwys o dywod a gwastraff llechi o uchder arno – heb iddo ffrwydro. Yr arbrawf a gafodd fwyaf o ddylanwad ar y chwarelwyr a oedd wedi ymgynnull i wylio'r arbrofion oedd y goelcerth o goed a roddwyd o amgylch y deinameit, tywallt petrol drosto, a'i roi ar dân. Llosgodd y cyfan am hanner awr cyn i'r deinameit ei hun ddechrau llosgi, gan roi fflam goch ffyrnig am chwe munud cyn ffrwydro. Gwnaeth dwll tua pum troedfedd yn y tir.

Er gwaethaf hyn, aflwyddiannus fu'r cais i ddiddymu Deddf Nitro-Glyserin 1869, ac efallai fod digwyddiad arall yn un o chwareli'r Cefn Du yn ddiweddarach yn 1872 wedi effeithio ar y penderfyniad. Ym mis Hydref lladdwyd dau o weithwyr y Chwarel Fawr pan ffrwydrodd deinameit a oedd yn cael ei gynhesu ar stôf cyn cael ei osod yn barod i'w danio. Onid oedd wedi llosgi am hanner awr a mwy yng Nglynrhonwy cyn ffrwydro? Felly, roedd ei gynhesu yn ddigon diogel! Ond roedd poethi dau bwys o ddeinameit ar stôf wedi bod yn ddigon iddo ffrwydro a lladd dau.

Bu'n rhaid disgwyl hyd 1875 cyn i'r Ddeddf Ffrwydron ddod i rym. Mae'n syndod mai dau ddigwyddiad yn ymwneud â chwareli llechi yn ardal Llanberis fu'n chwarae rhan allweddol mewn sefydlu deddfau i reoli a diogelu'r defnydd o ffrwydron ym Mhrydain.

Erbyn 1881 mae Orlando Webb a Wallace Cragg wedi gadael yr ardal a dychwelyd i Loegr i fyw. Roedd eu cyfnod byr o fod yn gysylltiedig â thwf Llanberis drosodd. Ddwy flynedd yn ddiweddarach, diddorol nodi fod Nobel's Explosive Company, Glasgow, wedi cael les ar Fawnog y

Glyn yng Nglynrhonwy i storio deinameit – ond dim mwy na 10 tunnell.[21]

Dridiau wedi damwain y powdwr-oel agorwyd rheilffordd Caernarfon-Llanberis yn swyddogol, heb ddim o'r dathlu a'r ciniawa oedd yn rhan o sbloet torri'r dywarchen bum mlynedd ynghynt. Roedd y gwasanaeth newydd hwn yn cynnig pum trên dyddiol, er mai gorsaf dros dro oedd ar y Morfa yng Nghaernarfon gan na fyddai Cwmni Ridley wedi gorffen y cysylltiad â'r brif orsaf hyd ganol 1870. Ac er gwaethaf hwyluso'r daith o'r dref i odre'r Wyddfa, doedd dim plesio ar bawb. Galwyd am ostwng y pris i gyd-fynd â phrisiau'r teithiau eraill ar reilffyrdd y LNWR. A'r gŵyn fwyaf oedd fod y trên olaf yn gadael gorsaf Llanberis am hanner awr wedi pump y nos.[22] Buan y byddai cwyno am drenau hwyrach o fewn ychydig flynyddoedd.

Pennod 7

'A Heathen People' – a chyfnod yr eglwys newydd

MEWN CYFARFOD YN Rhuthun ym mis Medi 1862 i ymchwilio i sefyllfa gwahanol elusennau'n gysylltiedig â'r dref, cafodd Llanberis rhyw gymaint o sylw gan fod datblygu sylweddol yn digwydd ar dir o eiddo Ymddiriedolwyr Elusen Tlodion Rhuthun. Adroddir fod yr eiddo yn Llanberis wedi ei adael er lles tlodion tref Rhuthun yn ôl ewyllys yr Esgob Goodman, a fu'n berchennog ar diroedd Tŷ-du. Eglwyswyr felly oedd Ymddiriedolwyr yr elusen honno, ac yn y cyfarfod mae'r Parch. Edward Thelwall (Rheithor Llanbedr Dyffryn Clwyd) yn tynnu sylw at y ffaith nad oedd eglwys yn y rhan hon o blwyf Llanberis. '*It has been said of the Llanberis people that they were as heathens. English visitors go there and leave in a short time because there is no place of divine worship. Ought not the Charity provide towards such an injurious deficiency?*' Roedd ateb y Comisiynydd a oedd yn gyfrifol am yr ymchwiliad yn glir a phendant: '*The Trust provides for the benefit of the parish of Ruthin. We cannot provide for the wants of English visitors.*'[1]

A dyna ddiwedd, mae'n ymddangos ar awydd y Parchedig

Thelwall i 'achub' paganiaid Llanberis a sicrhau lle o addoli i ymwelwyr Seisnig. Doedd y ffaith fod dau gapel Ymneilltuol eisoes yn bodoli yn y Nant Isaf yn golygu dim iddo. Paganiaid yn amlwg oedd yn mynychu'r sefydliadau hyn! Doedd hyn, wrth gwrs, ddim yn adlewyrchiad da iawn ar reithor y plwyf, Y Parch. William Lloyd Williams, brodor o Fiwmares a ddaeth i'r ofalaeth yn 1843. Ond yn y Nant Uchaf, yn agos i eglwys y plwyf y bu ef fyw, y rhan fwyaf o'r amser yn Caegwyn Rectory. Ychydig iawn a wyddom am ei farn na'i ddaliadau ef ynglŷn â sefydlu eglwys arall yn y Nant Isaf, ond mae'n ymddangos mai ef oedd Cadeirydd y pwyllgor codi arian a benderfynodd symud ymlaen i adeiladu. O leiaf cafodd fyw i weld cysegru'r adeilad newydd cyn ei farwolaeth yn haf 1873.

Efallai fod y Parch. W. Lloyd Williams neu ei giwrat, yn cynnal rhai gwasanaethau a chyfarfodydd (yn Gymraeg ac yn Saesneg) yn y Nant Isaf. Yn 1861 cynhaliwyd y 'Church Pastoral Aid Society' yma, gyda gwasanaeth Cymraeg yn eglwys y plwyf yn y bore, a gwasanaeth Saesneg mewn '*licensed room*' yn y pnawn.[2] Ddeufis yn ddiweddarach roedd y 'Church Lay Prayer Meeting' yma, er nad yw'n hollol glir ym mhle'n union, ond Miss Williams, y Royal Victoria a Mr Humphreys, Dolbadarn '*supplied the physical wants of the various strangers*'.[3] Mae'n bosib mai'r 'Club Room' neu Tŷ Clwb oedd y '*licensed room*' y cyfeirir ati, adeilad a oedd yn sefyll ble mae gorsaf trên yr Wyddfa bellach.

Ond mae'n amlwg nad oedd y Tŷ Clwb yn addas ar gyfer cynulleidfa o faint, a chychwynnodd yr ymgyrch i gael adeiladu eglwys newydd yn Nant Isaf, gyda Wallace Cragg yn amlwg gyda'r gwaith. Mewn cyfarfod yn y Padarn Villa gyda chefnogaeth Edward Humphreys, etholwyd pwyllgor gwaith gyda Cragg yn ysgrifennydd, ac yn cael ei annog i gysylltu â thirfeddianwyr lleol i geisio rhoddion ariannol. Efallai iddo gysylltu ag Ymddiriedolwyr Elusen Tlodion Rhuthun fel tirfeddianwyr amlwg yn yr ardal. Y cadeirydd ar y noson oedd J. P. de Winton, Caernarfon, ac yr oedd John Lloyd, arcitect o Gaernarfon hefyd yn bresennol yn dangos ei gynllun arfaethedig ar gyfer yr eglwys newydd, gydag amcanbris o £900. Byddai lle i 300 eistedd yn yr adeilad. Ni chaiff neb arall ei enwi yn yr adroddiad. Yn y cyfarfod hwn mae'r Tŷ Clwb yn cael ei ddisgrifio fel *'a room fitted out in a style little better than a rural ragged school'*[4] a doedd hynny ddim yn addas i'r ymwelwyr Seisnig a heidiai i'r gwestai a'r tai lojin yn ystod misoedd yr haf. Diflannodd gobaith yr Eglwyswyr am gael safle ar lan Llyn Padarn gyda dyfodiad y rheilffordd o Gaernarfon, a bu'n rhaid chwilio am dir mewn rhan arall o'r Nant Isaf.

Aeth yr apêl ariannol ymlaen a châi'r *'village club room'* ei defnyddio o hyd ar gyfer gwasanaethau crefyddol, er gwaethaf ei chyflwr. Bu Wallace Cragg yn bur llwyddiannus gyda'i ymdrech i godi arian, ac erbyn mis Chwefror 1863 cyhoeddwyd rhestr o noddwyr cyntaf yr eglwys newydd. A'r rhodd fwyaf sylweddol o lawer oedd un y 'Trustees of Bishop Goodman's Charity', gyda swm o £100. Roedd yr Ymddiriedolwyr yn amlwg wedi anwybyddu dyfarniad y Comisiynydd Elusennau. Roedd Edward Humphreys, gynt o'r Padarn Villa, ond bellach o'r Royal Hotel, Caernarfon wedi cyfrannu £20, a'i nai, Richard Humphreys £5. Daeth rhoddion lleol eraill yn amrywio o ddeg gini i ddwybunt gan Gwmni Cambrian Slate; Cwmni Chwarel Goodman; John Lane; Thomas Thomas, Snowdon Valley Hotel; R. Armsden, Castle Hotel; Mrs Orlando Webb, Glyn Padarn; a Capten Cragg. Ond cafwyd rhoddion hefyd gan rhyw J. McKenzie a D. McBrairie, y ddau o Gaeredin.[5] Roedd cyngerdd gan Owain Alaw a'r London Harmonic Society yn y Royal Victoria Coffee Room wedi codi £14 hefyd.

Fis yn ddiweddarach cyhoeddwyd rhestr arall o garedigion, gan adrodd fod y gronfa bellach yn £300. Ac eglurwyd pam fod angen eglwys newydd: *'the Parish Church being three miles distant, and the services there only in Welsh.'* Ymhlith yr enwau ar yr ail restr roedd y Parch. Edward Thelwall, Llanbedr yn cyfrannu £5.[6] Deuai'r cyfranwyr o Gymru a Lloegr: Rhuthun a Chaernarfon, Leamington, Lawnswood, Llundain, Burton, ond ar y cyfan, prin iawn oedd yr enwau o Lanberis – roedd rhyw J. Addie a Messrs Bentham wedi cyfrannu gini yr un – ac enwau Seisnig oeddynt. Pan gyhoeddwyd trydedd restr o roddion ym mis Mehefin, roedd yr haelioni cychwynnol wedi arafu, a dim ond £87 yn ychwanegol a dderbyniwyd.

Mae'n ymddangos mai dibynnol ar yr ymwelwyr yn ystod misoedd yr haf yr oedd y gronfa, oherwydd erbyn mis Ionawr 1864, mae'r swm o £387 wedi codi i £615, ond wedi aros yn ddigyfnewid erbyn Mehefin. Efallai nad oedd y brwdfrydedd dechreuol yn bod bellach, ond rhaid cysidro hefyd fod y capeli Ymneilltuol wedi ennill aelodau ers Diwygiad 1859. Mewn adroddiad am yr enwadau crefyddol yn y Nant Isaf dywedir am yr eglwys mai cyfarfodydd yn y club-room yn Nant Padarn oedd yn parhau *'gyda chynulleidfa lled fychan. Ymneilltuaeth sydd yn ben'*.[7]

Nid oedd blynyddoedd 1866 ac 1867 mor brysur o ran ymwelwyr chwaith. *'Mae yma lawer iawn o gwyno y dyddiau hyn am na ddeuai rhagor o wŷr y pyrsau llaes i'n plith.'*[8] Yr oedd eira ar rannau uchaf yr Wyddfa mor ddiweddar â mis Mehefin, a'r cytiau lluniaeth ar gau.[9] Erbyn haf 1868 roedd amgylchiadau wedi gwella ac yr oedd *'nifer yr ymwelwyr yn lluosocach yr haf dymunol hwn'*.[10] Mae'n amlwg hefyd fod *'gwŷr y pyrsau llaes'* wedi dangos eu parodrwydd i gyfrannu tuag at gronfa'r eglwys, oherwydd erbyn mis Mawrth 1869 mae'r gronfa wedi chwyddo i £810. Yn anffodus, mae cost adeiladu'r eglwys wedi cynyddu hefyd, a'r amcanbris bellach yn fil o bunnau. Erbyn hyn, fodd bynnag, roedd Wallace Cragg, ysgrifennydd y pwyllgor, eisoes yn hysbysebu am adeiladwyr i godi'r eglwys, ac yn eu hannog i gysylltu ag ef am gynlluniau a manylion pellach.[11]

Roedd y pwyllgor codi arian (a gyfarfu yn y Padarn Villa) yn ffyddiog y gellid cychwyn ar y gwaith o adeiladu'r eglwys: *'the subscription list warranted immediate steps being taken to commence the building'*, a fyddai, nid yn unig yn arbed amser o ran teithio i eglwys y plwyf yn y Nant Uchaf, ond hefyd yn rhoi lle addas i ymwelwyr addoli. *'During the summer, visitors found no church accommodation, and in many cases, passed on to a place where they could find on the Sunday something more than an irregular service in a small club-room.'* Ac yna, daw brawddeg arwyddocaol iawn: *'Many, who might otherwise have spent some time amongst the delightful scenery which Llanberis affords... were deterred from doing so by the almost utter lack of church privileges.'*[12] Does ryfedd fod y perchnogion gwestai a thai lojin yn aelodau o'r pwyllgor codi arian.

Mae'n amlwg fod Wallace Cragg a'r pwyllgor wedi cael pris derbyniol gan adeiladwr, oherwydd ym mis Awst dywedir fod y gwaith i adeiladu'r eglwys newydd wedi cychwyn, a'r gobaith oedd y byddai wedi ei chwblhau cyn diwedd y flwyddyn.[13] Yn yr un mis mewn cyfarfod esgobaeth ym Mangor pryderai'r Esgob am dair ardal heb eglwys, a Llanberis oedd un ohonynt. Ond gallai gadarnhau fod y gwaith adeiladu wedi cychwyn, a gobeithiai y byddai'r eglwys *'yn gymwys i gynnal gwasanaeth duwiol ynddi erbyn diwedd y flwyddyn'*.[14]

Erbyn mis Tachwedd – a mwy eto o arian wedi ei gasglu

yn ystod yr haf – adroddwyd mewn cyfarfod eglwysig ym Mhorthmadog fod *'...matters proceeding favourably to ensure the erection of a church... that will be open in the early part of next year'.*[15] Fyddai'r eglwys ddim yn barod erbyn diwedd 1869 felly, ac o bosib mai'r diffyg ariannol oedd yn rhannol gyfrifol am hynny.

Roedd y pwyllgora yn parhau ar ddiwedd y flwyddyn ac yn dal i gyfarfod yn y Padarn Villa er fod Richard Humphreys bellach wedi gadael i gymryd gofal o'r Royal Goat ym Meddgelert, a John E. Williams, gynt o Snowdon Street, wedi symud i mewn ers mis Mai. Ond roedd ciwrat newydd wedi cyrraedd plwyf Llanberis hefyd; gwr ifanc o'r enw Edmund Jones, a bu i'w sylwadau yn un o bwyllgorau'r eglwys ddiwedd y flwyddyn yn fodd i ail godi'r gynnen rhwng yr Eglwyswyr a'r Ymneilltuwyr a fu mor ffyrnig yn ystod etholiad y flwyddyn flaenorol.

Ychydig dros wyth gant o bunnau oedd wedi ei gasglu tuag at adeiladu eglwys a fyddai'n debygol o gostio mil a hanner o bunnau, felly mae'n siŵr fod angen chwilio am fenthyciad i dalu am y gwaith. Dyna'r argraff a geir o ddarllen 'Llythyr John Jones' yn *Baner ac Amserau Cymru* ddechrau Rhagfyr 1869. Mae adroddiad am y pwyllgor yn cael ei ddyfynnu, ac yn enwi'r aelodau, sef 'Capten Robert Roberts (Dolbadarn); Mr Davies (Dôl Peris); Mr Williams (Post Office), un o'r *overseers*; Mr Evans, (Bryn Derw), *churchwarden*; Mr Rees, meddyg; Mr Evans, Tyddyn Marsley; Wallace Cragg; Orlando Webb; Mr Williams, y rheithor a'r Parch. Edmund Jones, ciwrat.' Y mater gerbron oedd o ble y deuai'r £700 oedd ei angen i gwblhau'r gwaith. Benthyciad ar log o'r banc oedd yr awgrym cyntaf, ond dadleuai un yn erbyn hynny oherwydd *'nis gellir casglu llog y fath swm â hynny ym misoedd yr haf, sef yr adeg fwyaf ffafriol.'* Dadleuai un arall y gallai Ymneilltuwyr Llanberis gael benthyciadau at adeiladu eu capeli am 4%. Ond meddai'r Parch. Edmund Jones: *'Y mae'r Ymneilltuwyr yn talu 10% am arian i adeiladu eu capelau; a mwy na hynny, y maent yn tynnu i lawr eu capelau heb ddim eisiau, gyda'r amcan i'r rhai sydd ganddynt arian gael lle i'w rhoddi, a chael deg punt y cant o log drostynt.'* Dyna'r honiad a gododd wrychyn yr Ymneilltuwyr. Ond chwarae teg i'r Capten Roberts, apeliodd ar i'r ciwrat bwyllo, gan ei fod yn newydd-ddyfodiad i'r plwyf *'ac yn ŵr rhy ieuanc i wybod dim oll amdanom ni yma'.*

Dadl yr Ymneilltuwyr oedd fod eu haelodau yn rhoi benthyg arian yn ddi-log, ac y mae 'John Jones' yn bwrw ei lid ar y ciwrat druan. *'Peth sobr i ddyn mewn urddau sanctaidd ei wneud ei hun yn destun gwawd i hogiau y chwareli... ac eiddilyn nad oes ganddo ddim gwell i ymffrostio ynddo na ffug-olyniaeth a gau-awdurdodiad wedi ei addurno ag ychydig o Ladin a chadach gwyn.'*[16]

Daw atebion hefyd o gapel Ymneilltuol y Carneddi, Bethesda yn egluro sut yr oedd benthyciadau di-log wedi eu cynorthwyo i godi capel, a Chefn y Waen, Ebenezer yn honni iddynt dderbyn rhoddion o £450 at adeiladu'r capel a benthyciad o £1,650 yn ddi-log.[17] Maent hefyd yn annog y ciwrat a'i gyd-Eglwyswyr i efelychu'r Ymneilltuwyr yn eu dull o annog aelodau i roi benthyciadau di-log. A dyna roi taw ar y ciwrat ifanc!

Does wybod a gafwyd mwy o gyfraniadau, benthyciad di-log neu fenthyciad o'r banc, ond ym misoedd cyntaf 1870 adeiladwyd yr eglwys newydd ar dir uwchlaw'r Dolbadarn. Anodd gwybod os cafodd ei hadeiladu ar safle'r eglwys bresennol, yntau ar dir y Dolbadarn. (Pan godwyd yr ail eglwys dywedir fod y tir yn rhodd gan Assheton Smith). Ond ni chafodd ei hadeiladu yn ôl y cynlluniau gwreiddiol, a hynny oherwydd prinder arian. Daw'r wybodaeth o adroddiad yn y wasg ym mis Mawrth. *'Y mae yma eglwys newydd wedi ei hadeiladu, ond oherwydd diffyg arian, y maent wedi gadael allan... y vestry a'r steeple.'*[18] O leiaf, byddai'r eglwys newydd hon o fewn cyrraedd hwylus i'r ymwelwyr a fyddai'n aros yn y Dolbadarn a'r Padarn Villa.

Diddorol hefyd yw sylwi ar sylwadau a gyhoeddwyd yn *Y Goleuad*, papur y Methodistiaid, yn yr un mis o dan y pennawd 'Barn Clerigwr am yr Eglwys yng Nghymru', sef crynodeb o ddadleuon y Parch. Edward St. John Parry mewn llythyr at yr Aelod Seneddol George Osborne Morgan. Mae'n cyfeirio at ymweliad Keble ag eglwys plwyf Llanberis rhyw ddeng mlynedd ar hugain yn gynharach a'i gŵyn fod oriau'r gwasanaeth boreol yn amrywio o hanner awr wedi un ar ddeg i chwarter i un, a bod yr offeiriad yn byw chwe milltir i ffwrdd. Mae hefyd yn nodi fod yr offeiriaid, yn enwedig yn yr haf, *'yn esgeuluso a gwthio allan y gwasanaeth Cymraeg er mwyn gwneud lle i wasanaeth Saesneg ar gyfer dieithriaid o Loegr'.*[19] Tybed a wyddai fod Llanberis wedi ymdrechu am bron i ddeng mlynedd i godi eglwys i fodloni'r dieithriaid hyn yn ystod misoedd yr haf? Trydydd pwynt ei ddadl oedd fod gweinidogion yr Ymneilltuwyr i gyd yn Gymry trwyadl yn yr iaith, ond fod *'lliaws o offeiriaid yn methu cyfathrebu â'u plwyfolion... Yr ydym fel gwlad wedi ei gorchfygu – i'w llywodraethu yn unig er budd y gorchfygwyr.'*[20] Pa mor wir tybed oedd hyn am Lanberis yn y cyfnod hwn?

Cafodd yr eglwys newydd ei chysegru ym mis Mehefin 1870 yn ôl yr Archddiacon Evans, a ddywedodd hynny mewn cyfarfod eglwysig yng Nghaersws.[21] Mae'n ymddangos mai fel Eglwys Sant Padarn neu Eglwys Llanbadarn y câi ei hadnabod, er mai prin iawn yw'r cyfeiriadau ati dan yr enwau hyn. Daw'r cyfeiriad cyntaf yn 1872 pan gynhelir cyfarfod yn y Club-room i anrhegu y Parch. John Morgan,

Torri sylfaen yr eglwys newydd

Stamp ceiniog i godi arian tuag at gronfa'r eglwys

Ficer Corris, a chyn-giwrat Llanbadarn Church, Llanberis. Cyflwynodd Wallace Cragg ef â chyfrolau o *'lyfrau safonol'* wedi eu rhwymo, a chafwyd areithiau gan Dr Rees, Mr Davies (gynt o Ddôl Peris mae'n debyg, oherwydd yno roedd John Morgan yn lletya tra'n giwrat yn y plwyf. Roedd John Davies bellach yn un o reolwyr Chwarel Dinorwig ac yn byw yn Blue Peris, Dinorwig), Mr Williams (Padarn Villa), Mr W. Davies ac eraill. Y cadeirydd ar y noson oedd y Parch. H. Parry, Llanfairisgaer. Roedd côr yr eglwys hefyd yn canu yn y cyfarfod.[22] Ble tybed roedd y rheithor ar y noson hon, a pham na chafodd y cyfarfod ei gynnal yn yr eglwys o gofio'r feirniadaeth oedd ar gyfleusterau'r Club-room? Yr unig ddau gyfeiriad arall tuag at enw'r eglwys yw ei chyfraniadau ariannol tuag at gronfa Ysbyty Môn ac Arfon ym Mangor ym mlynyddoedd 1878 (deg swllt) ac 1879 (£1-9-6), ble caiff ei henwi fel St. Padarn.[23]

Yn dilyn marwolaeth y Parch. W. Lloyd Williams, fe'i olynwyd fel rheithor gan y Parch. H. Jones Henry, ond cwta bum mlynedd fu ei arhosiad cyn gadael yn 1878 am ofalaeth Little Warley yn Essex. Yno y bu hyd ei farwolaeth ym 1910. Tybed faint o Gymraeg oedd ganddo yn cyrraedd Llanberis, oherwydd roedd ef, ei wraig Elizabeth, a'r ddwy ferch hynaf wedi eu geni yn Lerpwl. Cafodd y ferch ieuengaf ei geni yn Llanberis flwyddyn wedi i'r teulu gyrraedd yma, ond bu farw'n ferch ifanc un ar bymtheg oed yn Essex.

Ym mis Mehefin 1878 penodwyd y Parch. William Edwards yn rheithor plwyf Llanberis, a symudodd yma o Benmachno, (a chyn-giwrat Llanberis, Y Parch. John Morgan a symudodd yno yn ei le). Diddorol yw nodi mai yn Dôl Peris yr oedd yn byw yn 1881; hen gartref John Davies, ac aelod o'r pwyllgor a fu'n codi arian tuag at adeiladu eglwys newydd yn y Nant Isaf. Brodor o Sir Aberteifi oedd William Edwards, a bu'n giwrat ym mhlwyf

Llanddeusant, Môn. Ym mis Mehefin 1880 priododd Saesnes o'r enw Marianne Cattley o Clapham, Llundain. Ganed iddynt ddwy ferch tra'n byw yn Llanberis, ac un arall wedi iddo gael ei benodi'n Ficer Bangor. Mae'n amlwg fod cyfoeth yn y teulu, oherwydd erbyn symud i Fangor, roedd William Edwards yn cyflogi *'private governess'* ar gyfer ei dair merch; a phedair o forynion. Un o'i ferched oedd Muriel Gwendolen, a briododd Humphrey Owen Jones yn 1912, ond a laddwyd gyda'i gŵr o fewn pythefnos i'w priodas mewn damwain ddringo yn yr Eidal.[24] Ym mhob Cyfrifiad – 1891, 1901 ac 1911, mae pob aelod o'r teulu, ar wahân i William Edwards yn rhoi Saesneg fel eu hunig iaith. (Yn 1891, roedd y *'private governess'* a thair o'r pedair morwyn hefyd yn ddi-Gymraeg). Saesneg felly oedd iaith yr aelwyd tra'n Llanberis, ond gallai William Edwards gynnal gwasanaethau Cymraeg i'r plwyfolion. Yn bwysicach efallai oedd y ffaith y gallai ddiwallu anghenion y dieithriaid a ddeuai yma yn ystod misoedd yr haf.

Yn ei gyfnod byr yntau yma, byddai'r eglwys gyntaf yn cael ei chwalu a'r adeilad presennol yn cael ei godi. Dyma'r cyfnod hefyd pryd yr adeiladwyd rheithordy yn y Nant Isaf, ac o hyn ymlaen, nid ger eglwys y plwyf y byddai rheithoriaid Llanberis yn byw. Ond unwaith eto bu gwrthdaro rhwng yr eglwys a'r Ymneilltuwyr, a'r rheithor yn hytrach na'r ciwrat oedd achos y ffrae honno...

Pennod 8

Helynt y Mesur Claddu a'r ymdrech am Fynwent Rydd

YN ETHOLIAD 1868 cipiwyd un o ddwy sedd Sir Ddinbych gan y Rhyddfrydwr George Osborne Morgan, mab i Ficer Conwy. Roedd yn ymgyrchwr brwd ac yn flaenllaw dros nifer o bynciau eithaf dadleuol y cyfnod. Mae'n bosib y caiff ei gofio am ei ymdrech a'i lwyddiant i ddiwygio'r Deddfau Claddu. Yn ôl deddf gwlad, dim ond gwasanaeth claddu Eglwys Loegr gâi ei ddefnyddio ym mhob mynwent blwyfol, sef 'Claddedigaeth y Marw' o'r Llyfr Gweddi Cyffredin. Nid oedd hawl gan weinidog Ymneilltuol i gymryd rhan yng ngwasanaeth angladdol aelod o'i gapel o fewn mynwent y plwyf, ac offeiriad y plwyf yn unig fyddai'n gweinyddu. Roedd yn gyfnod hefyd ble bu Esgobaeth Bangor yn gadarnle Mudiad Rhydychen, mudiad a sefydlwyd yn 1833 gyda'r amcan o hyrwyddo Eglwys Loegr fel 'Ceidwad y Ffydd', a phwysleisio awdurdod y Llyfr Gweddi Cyffredin. Roedd yn hollol wrthwynebus i Ymneilltuwyr gael unrhyw ran yn nefod claddedigaeth.

Yn sgil y dadlau am ddatgysylltu'r eglwys wladol, dechreuwyd hefyd ar yr ymdrech i ryddhau'r fynwent blwyfol o ofal yr eglwys a'i rhoi i ofal y plwyf. O 1870 am ddegawd, cyflwynodd Osborne Morgan fesur i ddiwygio'r Deddfau Claddu, ond yn ofer. Ond yn dilyn etholiad 1880, a'r pwnc yn brif destun ymgyrchu'r Rhyddfrydwyr, daeth llwyddiant. Cipiodd y Rhyddfrydwyr bob sedd ond pedair yng Nghymru Anghydffurfiol. Yn ystod blwyddyn gyntaf llywodraeth Gladstone pasiwyd Deddf y Claddedigaethau ar Fedi'r wythfed – a hynny er gwaethaf holl ymdrechion Tŷ'r Arglwyddi i warchod Eglwys Loegr. Rhoddai'r ddeddf yr hawl i gladdu ym mynwent y plwyf heb orfod dilyn trefn Eglwys Loegr na defnyddio'r Llyfr Gweddi Cyffredin.

Cyn i Ddeddf y Claddedigaethau ddod i rym roedd anghydfod eisoes wedi dechrau ffrwtian ym mhlwyf Llanberis. Daeth i'r amlwg mewn cyfarfod o'r Festri Blwyfol a gynhaliwyd ym mis Ebrill 1880 gyda'r rheithor, y Parch. William Edwards yn gadeirydd. Cyfarfod gohiriedig oedd hwn oherwydd na chafodd y plwyfolion wybodaeth cyn y cyfarfod cyntaf ei bod yn fwriad gan y rheithor i godi tâl am osod beddfeini a rheiliau ym mynwent y plwyf. Gwyddom pwy oedd nifer o'r plwyfolion oedd yn bresennol: 'Ishmael Davies (*overseer*); John Wheldon (*assistant overseer*); Edward Jones (*guardian*); Thomas Evans (warden eglwysig); David Jones (Bodeilian); J. Vaughan Williams; Thomas Curry; y Parch. J. O. Jones (gweinidog Capel Coch); Robert Evans; Jeffrey Roberts; Griffith Jones; David Hughes; J. F. Roberts; Morris Jones; D. P. Williams; W. P. Jones' ac eraill. Byddai'n ddiddorol cael gwybod pa rai oedd yn Eglwyswyr a pha rai oedd yn Ymneilltuwyr.

Tybed a oedd yr Ymneilltuwyr wedi rhagweld fod llwyddiant tebygol i'r Mesur Claddu yn ddiweddarach yn y flwyddyn? Pa reswm arall a fyddai ganddynt i drefnu casgliad ymhlith eu haelodau er mwyn prynu elorau newydd a lle i'w cadw? Gwrthodai rhai gyfrannu tuag at y casgliad am elorau newydd oherwydd y si fod tâl i'w godi am osod beddfeini a rheiliau yn y fynwent blwyfol. Hyn a arweiniodd at y cyfarfod gohiriedig. Adroddodd William Edwards mai'r cyfan a wnâi oedd gweithredu trefniadau y diweddar reithor, y Parch. W. Lloyd Williams, ac aeth ymlaen i apelio am i'r plwyfolion gytuno ar hynny, oherwydd roedd y diweddar reithor *'wedi medru byw yn dawel a heddychol gyda'r plwyfolion bob amser'*.

Ac yna, dechreuodd yr holi. Yr oedd J. Vaughan Williams am wybod i ble neu i bwy yr oedd yr arian am osod beddfeini yn cael ei roi. Ateb y rheithor oedd mai arian *'i gadw'r fynwent mewn trefn'* fyddai. Gofynnodd y Parch. J. O. Jones beth yn union oedd geiriad y rheol: a oedd y swm o ddwy gini yn cael ei gofnodi, ac a oedd hawl gwrthod gosod beddfaen os na thelid y swm hwnnw. Ateb y rheithor oedd ei fod wedi holi aelodau teulu'r diweddar Barch. Lloyd Williams, ac mai ganddynt hwy – ar lafar – y cafodd y wybodaeth. Cadarnhaodd John Wheldon nad oedd unrhyw gofnod yn llyfrau Festri'r Plwyf fod rheol talu wedi ei gwneud yn ystod cyfnod y Parch. Lloyd Williams, ac na chlywodd am y fath reol tan ychydig wythnosau yn ôl. Yr oedd eraill yn y cyfarfod yn honni na ofynnwyd am dâl o gwbl yn ystod cyfnod y Parch. Jones Henry fel rheithor sef olynydd y Parch. Lloyd Williams. Ond dal i fynnu fod y rheol yn bodoli a wnâi William Edwards. Roedd yn amlwg fod y mwyafrif helaeth o'r plwyfolion oedd yn bresennol yn gwrthwynebu'r fath daliad.

Yna, safodd y Parch. J. O. Jones ar ei draed a dweud nad oedd fawr o bwrpas parhau â'r cyfarfod na dadlau gyda'r rheithor, ac y byddai'n rhaid i'r plwyfolion fynd ati i sicrhau mynwent rydd yn y Nant Isaf. Ar hyn, torrodd y Parch. William Edwards allan i wylo, a *'chafodd nerth dagrau i draddodi darn maith o hen bregeth cyn torri allan (eto) i wylo yn chwerw ac ochneidio yn drwmlwythog'.* Apeliodd D. P. Williams ar iddo ailystyried ei benderfyniad i godi tâl am osod beddfeini o sylweddoli fod yr oll o'r rhai oedd yn bresennol yn ei wrthwynebu, *'ond pan ddeallodd y rector fod barn y cyfarfod yn erbyn ei reol, safodd yn ystyfnig o blaid ei opinion ei hun'.*[1]

Ychydig wythnosau'n ddiweddarach honnid mai'r Parch. William Edwards oedd y rheithor cyntaf yn hanes y plwyf i godi tâl am osod beddfeini yn y fynwent, a bod *'y pellder rhwng Eglwysyddiaeth ac Ymneilltuaeth yn agendor nas gellir ei rychwantu'.* Yr unig ateb i blwyfolion Llanberis fyddai claddfa gyhoeddus.[2]

Nid pawb oedd â'i lach ar y rheithor. Yn dilyn ei briodas ym mis Mehefin, cynhaliwyd cyfarfod cyhoeddus ddechrau Awst i'w anrhegu ble roedd *'a large attendance of Churchmen and many Nonconformists'*, oherwydd ei fod yn *'exceedingly popular among all classes and sects in the neighbourhood'.* Roedd yr arian a gasglwyd yn fwy na gwerth yr anrheg, a defnyddiodd y Parch. William Edwards y gweddill i brynu pwys o de i dlodion y plwyf – hanner cant ohonynt. Daeth yr adroddiad i ben gyda'r broliant canlynol: *'Through the indefatigable exertions of the Rev. Edwards, the church at Llanberis is in a flourishing condition.'*[3]

A fyddai yr un mor boblogaidd yn dilyn yr angladd cyntaf yn dilyn Deddf y Claddedigaethau sy'n fater arall. Ym mis Hydref bu farw Griffith Williams, a fu'n lletya yn Llain Wen ers nifer o flynyddoedd. Ei frawd oedd yn gyfrifol am drefniadau'r angladd, a manteisiwyd ar y ddeddf newydd a threfnu i'r Parch. G. Tecwyn Parry fod yn gyfrifol am y gladdedigaeth yn hytrach nag offeiriad y plwyf. Rhoes y teulu wybod i'r ciwrat, y Parch. O. Davies (Eos Llechid) o'u dymuniad i gladdu heb gymorth y rheithor. Mae'n ymddangos mai'r arferiad ym mhlwyf Llanberis oedd offrymu ar ddydd yr angladd, ond rhoes Clerc y Plwyf wybod i'r teulu fod angen tâl o gini, ac mai eiddo'r rheithor oedd y tâl hwn er nad oedd yn gweinyddu'r gwasanaeth angladdol. Cadarnhaodd y ciwrat fod y Parch. William Edwards wedi dweud y byddai angen tâl o hanner gini cyn cael mynediad i'r fynwent.

Daeth diwrnod yr angladd, a chyrhaeddodd teulu, cymdogion a ffrindiau'r ymadawedig giât y fynwent yn y Nant Uchaf. Yr oeddent oll yn barod i offrymu, ond gwrthodwyd mynediad iddynt nes telid hanner gini. Penderfynwyd talu dan brotest yn hytrach na chreu stŵr ac awyrgylch annifyr ar ddiwrnod mor brudd. Cawsant fynediad ac aeth y Parch. G. Tecwyn Parry ymlaen â'r gwasanaeth.

Er tegwch i Glerc y Plwyf ac i'r ciwrat, ufuddhau i orchymyn y Parch. William Edwards, y rheithor a wnaethant, ond mae'n amlwg nad oedd gartref yn Llanberis yn ystod cyfnod y gladdedigaeth. O fewn ychydig ddyddiau bu plentyn i rieni o Ymneilltuwyr farw, ac unwaith eto, hawliwyd tâl o hanner gini cyn y câi'r galarwyr fynediad i'r fynwent. Yr un fu'r ymateb: talwyd dan brotest, a phenderfynu cael cyngor cyfreithiol, a hynny yn bennaf am nad oedd – ac na fu – graddfeydd tâl yn bodoli yn Llanberis erioed.

Does ryfedd fod yr adroddiadau am y ddwy gladdfa gyntaf hyn wedi cael sylw yn y wasg, tra ar yr un pryd yn dangos pa mor anfodlon oedd rhai offeiriaid eglwysig i dderbyn y drefn newydd. *'The first attempt of the Nonconformists of Llanberis to avail themselves of the new Burials Act has led to a scene which proves what a bitter pill to swallow this measure is to the Clergy of the Established Church.'*[4]

Bu llythyru yn y wasg – yn gweld bai ac yn ceisio achub

cam. Ond mae'n ymddangos mai storm mewn cwpan de oedd yr hyn ddigwyddodd yn Llanberis o'i gymharu â rhai trafferthion mewn plwyfi eraill ledled Cymru.

Nid gwrthod cydymffurfio â'r ddeddf newydd oedd achos y gynnen yn Llanberis ond y cymal oedd yn rhoi hawl i'r offeiriad dderbyn arian fel tâl am ganiatáu i'r gladdedigaeth fynd rhagddi. Ac yn Llanberis, offrymu yn hytrach na thalu oedd y traddodiad wedi bod erioed. Mae'n bosib hefyd fod Eglwyswyr y cyfnod yn gwrthwynebu'r arferiad o offrymu am mai olion o hen draddodiad yn deillio o gyfnod Pabyddiaeth ydoedd. Pwy a ŵyr beth oedd cymhellion William Edwards i ofyn am dâl yn hytrach na bod yn ddibynnol ar faint yr offrwm. Ond mae'n amlwg fod cadw at y traddodiad o offrymu yn bwysig i'r trigolion – boed Eglwyswyr neu Ymneilltuwyr, a chafwyd llythyr gan rhywun yn galw ei hun yn 'J' yn 'profi' mai offrymu oedd y drefn o fewn y plwyf. Roedd yn dyfynnu gwybodaeth a dderbyniodd gan D. Wilson Roberts, yr ymgymerwr lleol a fu'n gyfrifol am bron i dri chant o angladdau yn Llanberis dros yr ugain mlynedd blaenorol. O'r cyfanswm o 280 o angladdau, dim ond un ar ddeg a ddewisodd dalu; offrymu fu'r drefn yn achos y gweddill.[5]

Cymal dadleuol yn Neddf y Claddedigaethau oedd yr un yn cadw tâl offeiriad y plwyf hyd yn oed pan gâi'r angladd ei weinyddu gan weinidog Ymneilltuol, sef 'y drefn newydd' yn hytrach na'r 'hen drefn'. Dyna'r tâl a hawliai William Edwards yn ôl cyfraith gwlad. Ond offrymu oedd yr arfer yn Llanberis, a dyna fu achos y drwgdeimlad. Yn yr un modd byddai'r clochyddion yn derbyn 'offrwm pen rhaw' sef cyfraniad ariannol gan y galarwyr i ddiolch am ei wasanaeth. Yn dilyn Deddf 1880 dechreuodd rhai o'r clochyddion hefyd ofyn am dâl yn hytrach nag offrwm. Gyda dyfodiad y 'drefn newydd' o gladdu, peidiodd yr arfer o offrymu yn yr eglwys ymhlith yr Ymneilltuwyr, ac yn enwedig yn ardal y chwareli llechi dechreuwyd yr arfer o offrwm yn y tŷ, a hynny er budd teulu'r ymadawedig. Ac y mae'r arferiad hwnnw 'o ddanfon' wedi parhau, a'r offrwm bellach yn cael ei gasglu ar gyfer elusen.[6]

Roedd y syniad o sefydlu mynwent rydd neu fynwent gyhoeddus eisoes wedi ei grybwyll yn y Festri Blwyfol a gynhaliwyd yn Ebrill 1880. Erbyn diwedd y flwyddyn, ac yn dilyn y ffrae wedi dyfodiad Deddf y Claddedigaethau ym mis Medi, mae J. Evans Owen yn gwneud apêl am drefnu cyfarfod cyhoeddus gyda'r bwriad o symud ymlaen i gael mynwent rydd yn y Nant Isaf, a hynny er fod estyniad wedi ei wneud i'r fynwent blwyfol o fewn y ddeng mlynedd ddiwethaf, a digon o le ynddi am rai blynyddoedd i ddod. Meddai: *'Nid yw i lesteirio dim ar ein hymdrechion i sefydlu ein hawl i gladdu o dan y Ddeddf Newydd heb fod o dan orfodaeth i dalu y fee o gini am y cyfryw fraint.'*[7] Mae hefyd yn apelio ar i'r Eglwyswyr a'r Ymneilltuwyr gydweithio gan y byddai sefydlu mynwent yn y Nant Isaf o fantais i bawb: *'Hyderwn y bydd digon o ddynoliaeth a Christnogaeth ynom i wneud hynny.'*[8] A daeth y flwyddyn 1880 tua'i therfyn digon terfysglyd gydag apêl am gymodi, ond gyda gobaith hefyd y byddai'r ardal – yn enwedig yn y Nant Isaf – yn ymdrechu i gael mynwent gyhoeddus i ateb gofynion y boblogaeth gynyddol.

Diddorol yw nodi nad oes cofnod o'r ddwy gladdedigaeth uchod ym mis Hydref 1880 yn Nghofrestr Claddedigaethau Llanberis. Does dim cofnod chwaith fod y Parch. Tecwyn Parry wedi cynnal gwasanaeth angladdol yno.[9]

Er hynny, mae'n ymddangos mai parhau roedd trigolion Llanberis yn eu hymdrech i geisio darbwyllo'r rheithor ynglŷn â chodi tâl claddu ym mynwent y plwyf. Ar ddechrau 1881 cynhaliwyd cyfarfod cyhoeddus yn y Concert Hall, gyda D. P. Williams, Medical Hall yn cadeirio. Yn ôl trefn y Parch. William Edwards (nad oedd yn bresennol), a gafodd ei chyflwyno yn y Festri Blwyfol flwyddyn ynghynt, rhaid oedd talu ymlaen llaw os cleddid dan y drefn newydd, ond gellid offrymu os oedd y gladdedigaeth dan yr hen drefn.

Mae'n amlwg fod cyngor cyfreithiol wedi ei dderbyn, a darllenwyd sylwadau gan Carvel Williams, Ysgrifennydd Cymdeithas Rhyddhad Crefydd yn Llundain. Yn fyr, roedd o'r farn fod y plwyfolion *'yn cael cam oddi ar law y Rector'*. Roedd ateb wedi dod hefyd gan Osborne Morgan, hyrwyddwr y Ddeddf, yn cadarnhau fod y rheithor yn gweithredu'n groes i ysbryd y Ddeddf honno. Yr oedd cynrychiolwyr hefyd wedi ymweld â'r rheithor ddwywaith yn dilyn yr atebion hyn, ond nid oedd yn fodlon tycio. Y dewis o flaen y cyfarfod oedd *'rhoddi i fyny i ddyfarniad y Rector neu fynnu ein hawliau trwy rym cyfraith'*. A'r penderfyniad oedd, *'yn wyneb fod pob ymdrech gyfeillgar i benderfynu yr achos hwn wedi methu, ein bod fel ardal yn cefnogi symud ymlaen i ddwyn yr achos i gyfraith'*.[10]

Ac fe aethpwyd i gyfraith, a hynny yn achos Griffith Williams, tad y plentyn a gladdwyd ym mynwent y plwyf ym mis Hydref a hawliai hanner gini oddi ar y rheithor, sef y taliad a wnaethpwyd dan brotest er mwyn cael mynediad i'r fynwent. Gwrandawyd yr achos yn Llys y Mân-ddyledion yng Nghaernarfon. Gohiriwyd yr achos oherwydd fod cyfreithiwr y rheithor yn dadlau na ellid hawlio tâl yn ôl gan fod yr erlynydd wedi talu o'i wirfodd yn y lle cyntaf.[11] Cafodd yr achos ail wrandawiad ym mis Mawrth, a phenderfynwyd o blaid Griffith Williams.[12]

Roedd achosion tebyg yn digwydd yn Llanfairisgaer ble hawliodd y clochydd dâl am gladdu yn hytrach nag offrwm, ac yn Llanaelhaearn, yn achos 'y bedd mawr'. Gwrthododd y rheithor yno i ŵr gweddw – a oedd newydd gladdu ei wraig – gael claddu ei blentyn yn yr un bedd, gan roi gorchymyn i'r clochydd agor bedd wyth troedfedd o ddyfnder, o hyd ac o led (y bedd mawr), er mwyn claddu pob Ymneilltuwr ynddo.

Erbyn mis Mehefin y flwyddyn honno roedd y Llywodraeth wedi galw am ymchwiliad swyddogol i'r anghydfod ynglŷn â dehongliad Mesur y Claddedigaethau. Roedd dau o Arfon yn rhoi tystiolaeth o flaen y Pwyllgor Seneddol: John Roberts, cyfreithiwr o Fangor, a David Pierce Williams o Lanberis. Roedd tystiolaeth y ddau yn cadarnhau'r arferiad o offrymu mewn claddedigaeth yn y mwyafrif o fynwentydd plwyf, a'r ffaith mai yn dilyn Deddf y Claddedigaethau y dechreuwyd codi tâl gan reithoriaid, ac nad oedd hynny'n gyfreithiol am nad oedd wedi bod yn arferiad plwyfol. Yn ei dystiolaeth, dyfynnai D. P. Williams o ddyddlyfr ymgymerwr (tybed ai un D. Wilson Roberts oedd y dyddlyfr hwnnw?) am y cyfnod rhwng 1869 a 1881. Yr oedd wedi bod yn gyfrifol am 318 angladd yn y fynwent blwyfol, ond dim ond mewn 18 y bu talu (roedd pedwar ychwanegol wedi talu, ond dim ond oherwydd eu bod o'r tu allan i'r plwyf). Yr oedd hefyd yn tystio fod y 18 a dalodd mewn sefyllfa ble roedd eu hamgylchiadau ariannol yn caniatáu iddynt wneud hynny, o'u cymharu â'r gweddill, oedd yn ddibynnol ar offrwm gan deulu, cymdogion a chyfeillion i dalu'r draul claddu.

Erbyn terfyn 1882 roedd sôn unwaith eto am gael mynwent rydd yn y Nant Isaf, ac mae'n siŵr fod y rheithor yn ymwybodol o hynny. Galwodd yr Ymneilltuwyr, trwy Festri Blwyfol, i ffurfio Bwrdd Claddu o fewn y plwyf fel y gellid ymddiried ynddo y gwaith o brynu tir a rheoli mynwent gyhoeddus – a hynny yn y Nant Isaf. Roedd dau reswm o blaid gwneud hyn: osgoi cost ac amser teithio i'r fynwent blwyfol o bentref poblog Llanberis, a'r ffaith fod y rhan newydd o'r fynwent blwyfol yn prysur lenwi ac y byddai angen mwy o dir i gladdu. Ychwanegwyd y rhan newydd hon at y fynwent blwyfol dair blynedd ar ddeg ynghynt, ond ni chafodd ei chysegru hyd dridiau wedi'r Nadolig ddiwedd 1881 pan drefnodd y rheithor i'r Esgob ddod i fynwent y plwyf i gysegru y rhan 'newydd' hon.

Cynhaliwyd y Festri Blwyfol yn eglwys y plwyf ganol Ionawr 1883 gyda'r rheithor yn gadeirydd. Roedd pymtheg o drethdalwyr, pedwar *'overseer'* ac un warden eglwys wedi arwyddo'r rhybudd yn galw'r Festri, a'r rhybudd hwnnw wedi ei arddangos er mwyn rhoi cyfle i'r holl drethdalwyr fynychu os mynnent. Yn bresennol roedd pedwar o weinidogion Ymneilltuol – Y Parch. J. O. Jones, y Parch. G. T. Parry, y Parch. J. Evans Owen a'r Parch. W. Rees, yn ogystal â'r Parch. O. Davies, ciwrat, a dau o gynrychiolwyr Y Faenol – y Cyrnol Wyatt a Capten Stuart; Edward Humphreys (Royal Victoria), Thomas Thomas (Snowdon Valley), Thomas Ingham ac eraill o'r plwyfolion. Ond ar y cychwyn dywedodd y rheithor ei fod yn gyfarfod anghyfreithlon oherwydd fod angen i ddau warden eglwys arwyddo'r rhybudd yn ôl y gyfraith. Wedi cryn ddadlau ynglŷn â pham na wnaeth un o'r wardeiniaid eglwys arwyddo'r rhybudd, aethpwyd ymlaen â'r cyfarfod. Awgrymodd Thomas Ingham fod Assheton Smith wedi crybwyll y gallai roi tir yn y Nant Isaf ar gyfer mynwent, ond roedd Cyrnol Wyatt a Chapten Stuart yn gwadu hynny. Roedd Thomas Thomas yn credu y byddai prynu tir a'i baratoi yn rhy ddrud i'r trethdalwyr, ac mai casglu arian fyddai'r cynllun gorau. Ac yn ôl cynrychiolwyr Y Faenol, roedd Assheton Smith yn gwrthwynebu sefydlu Bwrdd Claddu oherwydd y baich ariannol ar y trethdalwyr. (Assheton Smith oedd prif drethdalwr y plwyf). Gohiriwyd y cyfarfod.

Er gwaethaf y ffaith fod Cyrnol Wyatt a Chapten Stuart yn gwadu fod Assheton Smith am roi tir yn rhodd i'r Nant Isaf, roeddent yn anghywir. Cafwyd ar ddeall erbyn diwedd y mis fod rhodd o ddwy erw o dir i'w rhoi gan Assheton Smith: erw i'r Eglwyswyr ac erw i'r Ymneilltuwyr, a'r naill garfan i ofalu am eu rhan hwy o'r fynwent – ar yr amod na fyddai Bwrdd Claddu yn cael ei sefydlu. Etholwyd y rheithor a D. P. Williams i drefnu pwyllgor cyfartal o Eglwyswyr ac Ymneilltuwyr i symud ymlaen i wneud trefniadau ynglŷn â'r gladdfa newydd.[13] O'r diwedd, cafwyd y maen i'r wal:

> *Y mae y frwydr ar ben... trwy garedigrwydd haelfrydig Assheton Smith. Hyderwn bellach yr arferir cymdogaeth dda... aeth digon o amser heibio i fagu a meithrin drwganwydau rhwng yr Ymneilltuwyr a'r Esgobaethwyr. Fel dyn da a doeth diau gennym y gwêl y Parch. William Edwards y priodoldeb o wneud ei ran i gyfannu pob rhwyg, a llanw i fyny pob gagendor llydan a dwfn a wnaed... ac nid ydym yn petruso datgan na dderbynnir pob cais felly gyda'r parodrwydd mwyaf calon-agored gan y gweinidogion Ymneilltuol... Amser i anghofio a chladdu teimladau a geiriau a draethwyd ym mhoethder y frwydr ydyw hi bellach.*[14]

Aeth yn fis Hydref cyn cael adroddiad pellach ar weithgaredd pwyllgor y fynwent. Bryd hynny galwyd cyfarfod cyhoeddus yn y Concert Hall gyda'r Parch. G. Tecwyn Parry yn llywyddu. Roedd Festri Blwyfol fis Ionawr wedi ethol y rheithor a D. P. Williams i symud ymlaen â'r trefniadau, ond mae'n ymddangos nad oedd y rheithor wedi bod yn barod i wneud hynny, ac nid oedd yn bresennol ar y noson i roi ei resymau dros y diffyg cydweithrediad. Yn niffyg parodrwydd y rheithor i weithredu ar gais y Festri Blwyfol penderfynwyd fod y cyfarfod yn dewis pedwar o ddynion – dau Eglwyswr a dau Ymneilltuwr – i symud ymlaen â'r gwaith. Thomas Thomas ac Ellis Pritchard oedd cynrychiolwyr yr Eglwyswyr, gyda D. P. Williams ac Ismael Davies ar ran yr Ymneilltuwyr.

Cyfarfu'r pwyllgor hwn o leiaf bedair gwaith erbyn mis Rhagfyr, ac mewn cyfarfod y mis hwnnw cafwyd adroddiad manwl o'r hyn y ceisiwyd ei wneud ganddynt mewn cyn lleied o amser. Gofynnwyd i Edward Humphreys fel tenant y Royal Victoria, am ganiatâd i dyllu'r Ddôl Fawr a Dôl y Goeden i weld a oedd y tir yn addas i gladdu ynddo. Ond cafwyd gwybod nad oedd Assheton Smith yn fodlon am ei bod yn fwriad ganddo i adeiladu tai ar y safleoedd rheini. Gofynnwyd i Robert Roberts, fel tenant y Dolbadarn, am ganiatâd i dyllu yng Nghae Clytiau, gan ofyn i Richard Owen, Stryd Thomas i wneud y gwaith. Derbyniwyd adroddiad ar y gwaith hwnnw yn nodi fod tua dwy droedfedd o fawndir yng Nghae Clytiau a phedair troedfedd mewn rhai rhannau. Gyda'r wybodaeth hon gofynnwyd am farn Dr Rees a Thomas Lloyd Jones, aelodau'r Bwrdd Iechyd, i weld a oedd yn addas ar gyfer claddu. Cafwyd ateb cadarnhaol gyda'r amod y byddai angen traenio'r tir, a bod afonig fechan ar y safle hefyd. Yr amcanbris am y gwaith traenio oedd rhwng £120 a £150. Yn dilyn yr adroddiad penderfynwyd codi treth wirfoddol o dair ceiniog y bunt, gydag aelodau'r gwahanol enwadau yn gyfrifol am ei chasglu. Yr oedd pob enwad hefyd i fod yn gyfrifol am lyfrau'r tystysgrifau claddu. Addawodd Thomas Thomas, y Snowdon Valley Hotel y byddai'n gyfrifol am godi wal o amgylch y fynwent ar ei gost ei hun.[15]

Daeth 1883 i ben ar nodyn llawer mwy gobeithiol na diwedd 1880. Roedd gobaith bellach y gwelid sefydlu mynwent yn y Nant Isaf ar dir Cae Clytiau. Ond mewn pwyllgor ym mis Chwefror 1884 adroddwyd nad oedd Cae Clytiau yn addas o bosib (ni cheir eglurhad pam);

nad oedd gan yr Eglwyswyr ddiddordeb yn y gwaith; ac y byddai'r gost i gyd yn disgyn ar yr Ymneilltuwyr.[16] Erbyn hyn hefyd roedd Thomas Thomas wedi tynnu'n ôl o'i addewid i ysgwyddo'r baich ariannol am godi wal, ac wedi rhoi gwybod i'r plwyfolion o hynny ar ffurf hysbyseb yn y wasg.[17]

Yr oedd yr Eglwyswyr bellach, wrth gwrs, yn brysur yn codi arian tuag at eglwys newydd Sant Padarn a oedd yn debygol o gostio £4,500 iddynt, a'r garreg sylfaen eisoes wedi ei gosod ym mis Ionawr. Roedd codi arian ar gyfer erw o dir claddu yn isel iawn ar eu rhestr blaenoriaethau. Yn y cyfarfod siomedig hwn ym mis Chwefror cynigiwyd sefydlu Bwrdd Claddu fel y byddai'r gost yn cael ei rhannu rhwng holl drethdalwyr y plwyf, boed Eglwyswyr neu Ymneilltuwyr.

A dyna brif bwnc y Festri Blwyfol a gynhaliwyd fis Mawrth 1884. Yn gyntaf roedd angen dewis *'overseers'* a wardeiniaid am y flwyddyn i ddod. Roedd bron i gant a hanner o drethdalwyr yn bresennol yn eglwys y plwyf, gyda'r rheithor yn gadeirydd yn rhinwedd ei swydd. Bu ond y dim

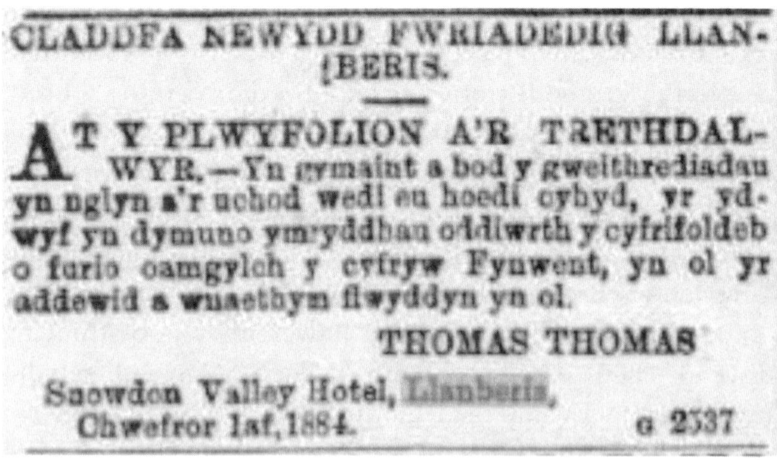
CLADDFA NEWYDD FWRIADEDIG LLANBERIS.

AT Y PLWYFOLION A'R TRETHDALWYR.—Yn gymaint a bod y gweithrediadau yn nglyn a'r uchod wedi eu hoedi cyhyd, yr ydwyf yn dymuno ymryddhau oddiwrth y cyfrifoldeb o furio oamgylch y cyfryw Fynwent, yn ol yr addewid a wnaethym flwyddyn yn ol.

THOMAS THOMAS

Snowdon Valley Hotel, Llanberis,
Chwefror 1af, 1884. c 2537

Hysbyseb Thomas Thomas yn nodi nad oedd am ariannu'r gost o adeiladu wal o amgylch y fynwent rydd arfaethedig

iddi fynd yn ffrae eto, oherwydd etholwyd Ymneilltuwr – J. F. Roberts, yn warden eglwysig gyda Thomas Evans, Eglwyswr. Cynigiodd Thomas Ingham fod Bwrdd Claddu yn cael ei sefydlu, a hynny oherwydd fod yr hyn a gynigiwyd gan Assheton Smith wedi troi allan yn fethiant. Roedd yn amlwg yn cyfeirio at ddiffyg cydweithrediad y rheithor ers y Festri Blwyfol flaenorol pan ychwanegodd ei bod yn fethiant *'yn nwylaw y rhai a ymddiriedwyd hynny iddynt'*.[18] Yr oedd Thomas Thomas erbyn hyn am gyfaddawdu, a chynigiodd welliant – fod ychwanegiad yn cael ei wneud i'r fynwent blwyfol, ond fod hanner yr ychwanegiad hwnnw yn cael ei glustnodi ar gyfer claddu gan yr Ymneilltuwyr. Roedd 41 o blaid cynigiad Thomas Thomas, ond 91 o blaid sefydlu Bwrdd Claddu. Etholwyd saith aelod o saith capel Ymneilltuol i fod yn aelodau o'r Bwrdd Claddu, sef William Owen (Jerusalem), J. F. Roberts (Capel Coch), Ishmael Davies (Nant Padarn), Robert Williams (Rehoboth), R. E. Jones (Sion), D. P. Williams (Gorffwysfa a Phreswylfa), a Thomas Ingham (Bethel). Gohiriwyd y Festri am fis.

Diffyg cydweithrediad y Rheithor oedd prif faen tramgwydd yr ymgais i gael mynwent rydd yn y Nant Isaf, a'r ffaith hefyd fod yr Eglwyswyr eu hunain wedi troi eu golygon – a'u hymdrechion – tuag at adeiladu eglwys newydd ym mhentref Llanberis. Ni chafodd y bwriad o sefydlu Bwrdd Claddu ei wireddu.

Erbyn diwedd y flwyddyn ddilynol roedd y Parch. William Edwards wedi ffarwelio â phlwyf Llanberis ac wedi derbyn ficeriaeth Bangor.

Pennod 9

Meddwdod, y Mudiad Dirwest a'r Trên Feddw

YN 1830 PAN oedd y ffordd newydd o Lanrug hyd Ben y Gwryd ar fin cael ei hagor, ac Assheton Smith yn y broses o sefydlu gwesty newydd sbon danlli ger hen Gastell Dolbadarn, daeth y 'Beer Act' i rym yn genedlaethol. Byddai'r ddeddf yn arwain at ddilyniant o wahanol ddeddfau yn ymwneud â cheisio rheoli gwerthiant alcohol, ond hefyd yn achos i gychwyn mudiadau cymedroldeb a dirwest.

Roedd haint ac afiechyd yn llawer mwy tebygol o gael ei drosglwyddo o yfed dŵr a llefrith. Cwrw, felly, oedd y ddiod gyffredin, ac yr oedd i bob plwyf ei thafarn – fel arfer yn agos at yr eglwys. Roedd y system drwyddedu yn bodoli er 1552, a'r drwydded fel arfer yn parhau am flwyddyn cyn cael ei hadnewyddu – os oedd trefn wedi ei chadw. Does wybod, er enghraifft, beth ddigwyddodd i Elis ap William Morgan a Ieuan ap Morgan, tafarnwyr plwyf Llanberis yn 1617 pan ddaethpwyd ag achos yn eu herbyn yn Llys y Chwarter Sesiwn am werthu cwrw heb drwydded a chaniatáu *'dice and other unlawful games to be played on the premises'*.[1] Llac iawn oedd rheolaeth Llys y Chwarter Sesiwn ar drwyddedau, a doedd dim angen ond dau Ustus i wrando cais am drwydded. Prif bwrpas y trwyddedu oedd cadw cofnod o'r gwerthwyr cwrw er mwyn casglu treth.

Erbyn canol y ddeunawfed ganrif roedd y bragwyr mawr wedi dechrau cael gafael ar y farchnad ac yn hybu pobl i wneud cais am drwydded ac agor tafarn. Ond yn 1753 deddfwyd fod angen i bob cais am drwydded gael ei harwyddo gan berson eglwysig (fel arfer, rheithor y plwyf), wardeiniaid plwyfol ac o leiaf tri pherchennog tŷ. Ganrif yn ddiweddarach roedd yn parhau i fod yn arferiad i ofyn i berson y plwyf arwyddo a chefnogi cais am drwydded i werthu alcohol. Ond parhau roedd gafael y bragwyr mawr, ac yn y 1820au rhoddwyd hawl i fragwyr cartref werthu cwrw i'w gario allan; hynny yw, math o siop gwerthu cwrw cartref, a hynny heb drwydded. Hyn arweiniodd at y 'Beer Act' yn 1830.

Geiriad y ddeddf honno oedd *'any person whose name is on the rate book might open his house as a beer shop free from any Justices' licence',* a hynny ar daliad o ddwy gini i'r swyddfa dollau leol. O fewn chwe mis i basio'r ddeddf roedd 24,000 o siopau cwrw wedi eu hagor yng Nghymru a Lloegr. Agorwyd o leiaf dwy o'r 'siopau cwrw' hyn ym mhlwyf cysylltiol Llanrug, ond efallai nad oedd poblogaeth plwyf Llanberis yn ddigon i'w cynnal, a chysidro fod tafarn eisoes yn y Nant Uchaf, a'r Dolbadarn yn y Nant Isaf. Does ryfedd i effaith y ddeddf gael ei disgrifio fel â ganlyn: *'The new Beer bill has begun its operations. Everybody is drunk. Those who are not singing are sprawling. The sovereign people are in a beastly state.'* Ceisiwyd rheoli'r cynnydd hwn gyda deddfau ychwanegol – gan godi pris y tâl i'r swyddfa dollau a gofyn am dystysgrif wedi ei llofnodi gan o leiaf chwe pherchennog tŷ.

Dyna'r sefyllfa yn y 1830au a arweiniodd at sefydlu cymdeithasau cymedroldeb a chymdeithasau dirwestol. Mudiad a fewnforiwyd o Unol Daleithiau America oedd y mudiad dirwest, a chapteiniaid llongau ddaeth ag ef i borthladd Lerpwl. Dosbarthwyd pamffledi a thraethodau dirwestol ledled Swydd Gaerhirfryn, a sefydlwyd y Gymdeithas Gymedroldeb Gymraeg gyntaf ym Manceinion yn Hydref 1831, yn cael ei dilyn gan Lerpwl yn Chwefror 1832. Dilynwyd y rhain gan y Gymdeithas Gymedroldeb gyntaf yng Nghymru yn Nhreffynnon ym Mawrth 1832, a lledodd ar draws y gogledd.

Sefydlwyd Cymdeithas Gymedroldeb Llanrug yn 1834 a datblygodd ddwy flynedd yn ddiweddarach i ddod yn Gymdeithas Ddirwestol. Yn 1836 hefyd y sefydlwyd Cymdeithasau Dirwestol yn Llanddeiniolen (Y Parch. Robert Ellis, Ysgoldy oedd y llofnod cyntaf) ac yn Llanberis. Dyna'r flwyddyn hefyd y bu farw John Williams, tafarnwr y Dolbadarn; tafarn a fu'n gartref i Gymdeithas Cymreigyddion Nant Padarn, ac anghofir yn aml mai'r dafarn oedd y ganolfan 'hamdden', ble cyfarfyddai'r Cymdeithasau Cyfeillgar, ble cynhelid ambell i eisteddfod a ble roedd bywyd diwylliannol a llenyddol yn ffynnu.

Yn Ionawr 1837 hawliai'r *Dirwestydd* yr ystadegau canlynol am aelodaeth mudiadau dirwest plwyfi'r ardal hyd at Ragfyr 1836. Dinorwig (sef Cymdeithas Llanddeiniolen) 741, Llanrug 250 a Llanberis 339. Mae tuedd i gysylltu'r mudiadau dirwest â'r Methodistiaid, ond nid oedd pob gweinidog fel Robert Ellis, Ysgoldy. Yn 1835 ymhlith y cofnodion am gostau cynnal Cyfarfod Misol Methodistiaid Arfon mae prisiau a dalwyd am rym, cwrw a'r ddiod fain. A gweinidog Annibynnol oedd yn amlwg ym mhlwyf Llanberis. Daeth y Parch. Rees P. Griffith yn weinidog ar Gapel Jerusalem tua 1833, yn fuan wedi ei adeiladu. Ar y cyntaf o Fedi 1837 priododd gyda Mary Hughes, Henwaliau, Caernarfon. Bedwar diwrnod yn ddiweddarach roedd o a'r Parch. Owen Thomas, Bangor ar daith genhadol yn lledaenu egwyddor llwyrymwrthod yn ne Cymru; taith a barhaodd am ddeufis. Doedd eu hymweliad â Llanelli ddim yn un llwyddiannus iawn. Methwyd â chael capel i gynnal cyfarfod, a bu'n rhaid ei gynnal yn nhafarn y Wheatsheaf.[2] Yn 1838 gadawodd Lanberis am Bwllheli, a bu farw yng Nghaernarfon ble bu'n weinidog Capel Joppa.

Daeth y degawd i ben gyda'r 'Police Act (London)' yn 1839, sef gorchymyn i bob tŷ cwrw a siop cwrw fod ar gau rhwng hanner nos y Sadwrn ac un o'r gloch bnawn Sul – a hynny yn Llundain yn unig. Dyma'r cyfyngiad cyntaf erioed ar oriau agor yng Nghymru a Lloegr, a byddai'n rhaid disgwyl hyd 1848 i'r rheol hon gael ei hymestyn dros y ddwy wlad.

Prin yw'r wybodaeth am y cymdeithasau cynnar hyn yn yr ardal, ond ym mis Mai 1850 cynhaliwyd priodas yn Eglwys y Plwyf gan y Rheithor, y Parch. W. Lloyd Williams rhwng W. Owen a J. Lewis, y ddau o Lanberis. *'Hon oedd y briodas gyntaf o'r Washington Club. Gorymdeithiwyd i'r eglwys ac yn ôl dan ganu, ac yn yr hwyr cynhaliwyd cyfarfod dirwestol.'*[3] Anaml y gwelir cyfeiriadau at y 'Washington Club' mor gynnar â hyn, ond yn ddiweddarach mae'n aml yn cael ei alw yn 'Clwb Du'. Sefydlwyd y Washington Temperance Movement yn America ddeng mlynedd ynghynt, gyda'r pwyslais ar unigolion o feddwon yn hytrach na pherswâd cymedroldeb cymdeithasol. Efallai mai dyma lle cafodd y Washington Club ei enw.

Mae'n amlwg fod y mudiad dirwest wedi ennill tir erbyn hyn, ac yn 1852 ceir adroddiadau am ddau gyfarfod dirwestol; y naill yng nghapel Rehoboth, Nant Peris, gyda chorau Rehoboth a Jerusalem (Pentre Castell), a'r llall yn y Capel Coch.[4] Ond roedd goryfed yn broblem, ac enghraifft o hyn oedd rhyw greadur o'r enw Owen Roberts a dderbyniodd ddirwy o bum swllt gan yr Ynadon yng

Nghaernarfon am fod yn feddw *'who has often before been brought up for the same offence'.*[5]

Rhaid cofio hefyd mai bychan oedd poblogaeth y plwyf cyfan, gyda llai na mil a hanner yn byw yno yn 1861. (Roedd bron i fil yn fwy ym mhlwyf Llanrug, a bron i bedair mil yn fwy yn Llanddeiniolen). Ond yn ystod y degawd nesaf byddai cynnydd sylweddol yn y boblogaeth wrth i 'bentref' Coed y Ddôl gael ei ddatblygu, gyda galw am bob math o wasanaethau – gan gynnwys capeli a thafarndai. Yn sgil y datblygu byddai llawer mwy o adroddiadau'n ymddangos yn y wasg am gosbi meddwon. Tybed beth fu hanes William Jones, William Morris ac Elias Roberts, y tri o Lanberis, a fu o flaen Ynadon Caernarfon ar ddechrau 1865 – ac a ddirwywyd, ynghyd â chostau – am *'drunken sprees, and acted more like madmen than human beings, giving P.C. Thomas Davies a great deal of trouble besides annoying the neighbourhood and passers-by'.*[6] Yn ddiweddarach yn y flwyddyn roedd William Owen a David Jones yn cael yr un gosb am feddwi ac ymladd ar y stryd yn Llanberis.[7] Parhau wnâi'r achosion, a doedd ambell dafarnwr ddim yn hollol ddi-euog chwaith. Yn 1861 cafodd tafarn ddi-enw yn Llanberis ei beirniadu am gynnal raffl[8] a chafodd Richard Roberts, y Castle Hotel ddirwy am gadw oriau anghyfreithlon ar y Sul.[9]

Ym mis Awst 1865 roedd Ynadon Caernarfon yn ystyried adnewyddu trwyddedau holl dafarndai Arfon; cyfanswm o 58 ohonynt. Fe'i hadnewyddwyd i gyd, gan ychwanegu pump o rai newydd, dwy ohonynt yn Llanberis, sef Thomas Thomas, Snowdon Valley Hotel a Richard Jones, Ynys Wen ym mhlwyf Llanrug, ond yn gwasanaethu ardal Coed y Ddôl.[10] Does ryfedd fod llythyr wedi ymddangos yn y wasg erbyn diwedd mis Medi yn cwestiynu y modd roedd trwyddedau'n cael eu caniatáu. Mae rhywun yn arwyddo'i enw fel E. G. W. yn cyfeirio at *'the alarming increase of public houses and consequently of immorality and crime...'*[11] Roedd cyfraith gwlad yn rhoi hawl i ynadon ganiatáu neu wrthod trwydded i gadw tafarn, a dadl E. G. W. oedd y dylai'r ynadon gymryd y cyfrifoldeb hwnnw yn fwy difrifol, gan wneud ymholiadau, nid yn unig i'r angen am dafarn ychwanegol mewn unrhyw le, ond hefyd i wrthwynebiadau lleol. Roedd yn ddyletswydd arnynt hefyd yn ôl E. G. W. i ystyried cymeriad y person a wnâi'r cais a chysidro addasrwydd yr adeilad i'w droi'n dafarn.

Diwrnod pwysig ym mhlwyf Llanberis ers cyn cof oedd y ffair flynyddol a gynhelid fis Medi yn y Nant Uchaf. Diddorol yw'r disgrifiad a roir ohoni yn 1866: *'... y mae yn perthyn i ffair Llanberis lawer o bethau y byddai yn dda cael gwared ohonynt. Y mae yn gyrchfa lliaws mawr nad oes ganddynt un rhith o esgus i ddyfod yno ond i yfed a pheri aflonyddwch... ac y mae wedi bod lawer gwaith yn hynod am ei hanfoesoldeb.'*[12] Ond mae'n ymddangos fod Methodistiaid Rehoboth *'ers llawer o flynyddoedd bellach'* wedi ceisio denu ieuenctid o gyfeddach y dafarn i'r capel ar noson y ffair, a hynny trwy gynnal cyfarfod cystadleuol. Tybed âi'r Washington Club fu'n gyfrifol am gychwyn yr arfer? O leiaf, roedd yn dal mewn bodolaeth, yn cynnal cyfarfodydd cyson ar nos Sadyrnau *'i dynnu ieuenctid i hepgor y dafarn a'r gyfeddach'*[13], *'ac wedi gwneud lles dirfawr'.*[14] Cyfeirir ato yn yr adroddiadau hyn fel Clwb Du Llanberis.

Yn 1869, ac o bosibl dan ddylanwad y 'Wine and Beerhouse Act' a basiwyd yn gynharach yn y flwyddyn, gwnaeth Edward Armsden gais am drwydded gwerthu cwrw yng Nghoed y Ddôl. Orlando Webb oedd yn gweithredu ar ei ran. Dywedir ei fod *'recently built a good house'.* Ond roedd gwrthwynebiad, a rhyw Mr Powell yn cynrychioli trigolion yr ardal *'who presented a large memorial signed by the inhabitants against it'.*[15] Gwrthodwyd cais Armsden.

Roedd y frwydr bellach yn poethi rhwng y dirwestwyr a'r rhai oedd am agor mwy o dafarnau. Yn sgil cais Armsden i agor tafarn yng Nghoed y Ddôl daeth sylwadau beirniadol: *'Chwith gweld enwau rhai y disgwyliem yn well ganddynt yn cefnogi cael tafarn yn ein cymdogaeth a rhoi gormod cyfleustra i wastraffu arian.'*[16] *'Meddwdod yw drwg mawr yr ardal hon. Achos holl anghysur a thlodi.'*[17]

Nid yn y pentref yn unig roedd yfed yn achosi problemau, gan fod hawl gwerthu alcohol wedi ei roi i'r 'gwesty' ar gopa'r Wyddfa, a'r tywyswyr yn gwneud cyflog boddhaol yn cario llwythi o boteli amrywiol ar gefnau eu merlod i fyny'r mynydd. Ceir disgrifiad o asyn trymlwythog yn cyrraedd y copa gyda llwyth o ddiodydd meddwol, a'r ymwelwyr *'yn dihysbyddu y potelau porter, brandy, whisky... gyda chyflymder annirnadwy'.*[18] Ond efallai nad oedd dirwestwyr Llanberis yn poeni'n ormodol am ymwelwyr meddw ar gopa'r Wyddfa.

1869 oedd y flwyddyn yr agorwyd y rheilffordd o Gaernarfon i Lanberis gan gynnig cyfle hwylus i drigolion godre'r Wyddfa deithio i'r dref. Roedd yn gyfle hefyd i chwarelwyr a gweithwyr eraill yr ardal fynychu tafarnau Caernarfon, yn enwedig ar nos Sadyrnau. Ddeufis cyn agor y rheilffordd yn swyddogol roedd deiseb wedi ei chasglu gan nifer o drigolion Llanberis yn cefnogi'r ymgyrch o blaid cael mesur seneddol i atal gwerthiant diodydd meddwol ar Y Sul, ac wedi ei chyflwyno i Love Jones-Parry, Aelod Seneddol Sir Gaernarfon.[19] Byddai'r ymgyrch hon yn parhau am y degawd a mwy nesaf. Dros yr un cyfnod hefyd byddai gweithwyr Llanberis yn dychwelyd o Gaernarfon ar y trên olaf ar nos Sadwrn; trên a ddaeth i enwogrwydd am y rhesymau anghywir fel y dengys y disgrifiad hwn:

Cymaint ydyw yr afreoleidd-dra a gymer le yn y trên

ddiwethaf a edy Gaernarfon am Lanberis ar nos Sadyrnau (yn enwedig nos Sadyrnau setlo) fel y mae wedi ennill iddi ei hun yr enw atgas "Trên Feddw Llanberis". Cafwyd enghraifft nodedig o briodoldeb yr enw hwn y nos Sadwrn diwethaf. Dywedir fod yr olwg anheilwng a geid yng ngorsaf Caernarfon, y geiriau geirwon a arferid, a'r pranciau a chwaraeid yn warth ar Gymru. Ar hyd yr holl ffordd i Lanberis yr oedd y trên fel rhyw Babel symudol – llefau yn cael eu dyrchafu, rhegfeydd yn cael eu bwrw allan a melltithion yn cael eu bytheirio, nes peri braw i galonnau personau llai caled.[20]

Mynych hefyd y byddai ymladdfeydd yn digwydd ar y trên olaf.

Ym mis Mai ceir adroddiad pur faith dan newyddion Llanberis ynglŷn â'r ymddygiad a'r arferion ofer a ddilynai 'nos Sadwrn tâl' yn y pentref. Gormod o arian yn llosgi ym mhocedi y chwarelwyr oedd y broblem, a'r arian yn cael ei wario ar ddiod feddwol, nes bo'r chwarelwyr *'o bob oedran, yn methu sefyll ar eu traed, ac yn clegar fel haid o wyddau, a rhegfeydd...'*[21]

Mae'n amlwg hefyd fod Armsden â'i fryd ar wneud cais arall am droi ei dŷ yn dafarn – a hynny gyferbyn â Chapel Gorffwysfa yng Nghoed y Ddôl. Does ryfedd i gais gael ei wneud gan aelodau'r capel am gefnogaeth i wrthwynebu y ceisiadau am ychwanegiadau i dafarndai'r ardal.[22] Cyn diwedd y mis Awst hwnnw roedd 'Un yn Teimlo' yn apelio yn y wasg am gynnal cyfarfod cyhoeddus yn Ysgol Dolbadarn i brotestio yn erbyn agor mwy o dafarndai. Holai a fyddai'n bosib cael offeiriad y plwyf yn llywydd y cyfarfod, ac yn annog gweinidogion lleol ac eraill o gefnogwyr dirwest i fod yn bresennol.[23]

Parhau'n broblem a wnâi meddwdod a goryfed – nid yn unig yn Llanberis, ond yn gyffredinol – ac erbyn 1872 roedd ynadon Sir Gaernarfon wedi penderfynu gweithredu, a chafodd oriau agor y tafarndai eu cwtogi. O hyn allan byddai'n rhaid i bob tafarn gael ei chau o ddeg yr hwyr hyd saith y bore yn ystod dyddiau'r wythnos, ac o hanner awr wedi dau bnawn Sul i unrhyw amser rhwng chwech a naw yr hwyr.[24]

Sefydlwyd 'The Independent Order of Good Templars', sef mudiad dirwest, yng ngogledd America, ac fe'i cyflwynwyd i Loegr yn 1869. Roedd wedi ei sefydlu yng Nghymru erbyn 1871. Ym mis Ionawr 1872 cafodd Cymdeithas Ddirwestol a Darbodus Capel Gorffwysfa ei sefydlu.[25] Efallai mai o'r gymdeithas hon y sefydlwyd y Padarn Lodge tua mis Mehefin; y gangen gyntaf o'r Temlwyr Da yn Llanberis. Bu aelodau'r gangen, ynghŷd â'u cyfoedion o Lanrug yn gorymdeithio ym Mangor ddiwedd Medi mewn torf o dros 700.[26] Ym mis Medi hefyd, ac er tegwch i'r chwarelwyr oedd yn cael eu beio am roi enw drwg i Drên Feddw Llanberis, aeth tua 600 o weithwyr chwarel John M. Jones, Bryngwyddfan ar sgyrsiwn trên i Borthmadog a doedd *'no cases of drunkenness as a result of their visit'*.[27] Erbyn mis Tachwedd y flwyddyn honno honnid fod gan gangen y Padarn Lodge 180 o aelodau a bod dwy 'gyfrinfa' arall – y Dinorwig Lodge a'r Peris Lodge, wedi eu sefydlu gyda tua 60 aelod yr un. Arweinydd y Padarn Lodge oedd J. V. Williams, Manchester House, a'r ysgolfeistr lleol, Abel Williams yn ysgrifennydd. Ym mis Tachwedd hefyd cynhaliwyd cyfarfod dirwestol yn y pentref gyda 600 yn bresennol.[28] Does ryfedd fod rhai'n honni fod diwygiad dirwestol ar droed.

Byddai'r frwydr yn poethi dros y blynyddoedd nesaf.

Ar y dydd Sadwrn olaf yn Awst 1873 roedd Ynadon Caernarfon yn cyfarfod i ystyried adnewyddu trwyddedau tafarnau. Yr Arglwydd Newborough oedd Cadeirydd y Fainc, a thafarn Ynyswen, Llanberis oedd yn cael y sylw pennaf. Derbyniwyd deiseb gan drethdalwyr yr ardal yn galw ar i'r drwydded beidio â chael ei hadnewyddu. Yr oedd unigolion lleol yn bresennol hefyd yn tystio nad oedd angen cyfleusterau yfed yn nhafarn Ynyswen – *'tŷ a roddai boen gwastadol i garedigion heddwch y gymdogaeth'*. Darllenodd y Cadeirydd lythyr oddi wrth 'wragedd Llanberis' yn cwyno am y dafarn ac yn dwyn cyhuddiadau yn ei herbyn – yn enwedig y ffaith fod diod yn cael ei werthu i feddwon a bod ymladdfeydd meddw aml yn digwydd yno. Gohiriwyd gwneud penderfyniad am dair wythnos.

Gwrandawyd ar y cais gohiriedig ar yr 20fed o Fedi, gyda John Bryn Roberts, Brynadda yn cynrychioli'r gwrthwynebwyr. Yr oedd y plismon lleol, Thomas, yn honni nad oedd y dafarn yn un afreolus. Mynnai'r Cadeirydd gael darllen llythyrau a dderbyniodd – gan Wallace Cragg, J. W. Jones, Bryngwyddfan a'r Parch. J. O. Jones, Capel Coch – pob un yn rhoi tystiolaeth am achos afreolaeth yn Ynyswen. Gwrthodwyd adnewyddu'r drwydded, ond rhoddwyd hefyd gerydd llym i'r plismon am fod yn absennol pan oedd achosion o ymladd yn digwydd yno.[29]

Apeliodd tafarnwr Ynyswen yn erbyn y dyfarniad, ac aethpwyd a'r apêl i Lys y Chwarter Sesiwn a gynhaliwyd ganol fis Hydref. Cyfreithiwr o'r enw Marcus Louis o Ruthun (Eglwyswr a Cheidwadwr) oedd yn cynrychioli'r tafarnwr. John Bryn Roberts, Brynadda (Blaenor Methodist a Rhyddfrydwr) oedd unwaith eto yn cynrychioli'r gwrthwynebwyr. Ond ar sail cyfreithiol, dadleuai Louis nad oedd hawl gan Roberts i gymryd rhan yn yr achos am mai apêl yn erbyn yr ynadon sirol oedd yn cael gwrandawiad, ac nad Roberts oedd eu twrnai. Ac yr oedd pob tyst a gyflwynai Louis – y tafarnwr a'i wraig, dau blismon a sarjant, yn honni fod tafarn Ynyswen yn 'dawel a heddychlon'. Er i ddeiseb yn gwrthwynebu'r drwydded – wedi ei harwyddo gan dros 350 o drigolion Llanberis – gael ei chyflwyno, deiseb arall gan drigolion Cwm-y-Glo a Llanrug, a phrotestiadau gan unigolion eraill, dyfarnodd yr Arglwydd Penrhyn fod penderfyniad yr ynadon fis ynghynt yn ddi-rym, ac adnewyddwyd trwydded Ynyswen.[30]

Byddai'n ddiddorol gwybod pwy oedd tu cefn i ymdrech lwyddiannus tafarnwr Ynyswen i fynd â mainc ynadon Caernarfon i gyfraith, a chyflogi cyfreithiwr o Ruthun i weithredu ar ei ran. Cyfreithiwr ifanc oedd John Bryn Roberts, Bryn Adda ar y pryd, ond un a fyddai'n aelod seneddol Rhyddfrydol dros Eifion erbyn 1885. A doedd saga drafferthus Ynyswen ddim eto ar ben.

Daeth 1873 i ben gyda gwrthdrawiad arall rhwng y ddwy garfan. Ychydig ddyddiau cyn y Nadolig cynhaliwyd cyfarfod dirwestol yn y Concert Hall, sef goruwchystafell y Neuadd Farchnad, ond yr oedd *'rhan isaf yr adeilad wedi ei osod i ddifyrrwch anghyfreithlon y raffl... Cableddus o beth yw meddwl fod llais y gweddïwr yn erfyn am fendith y nefoedd... yn cael ei foddi gan floeddiadau afreolaidd diotwyr yr ardal gyda'u hapchwarae melltigedig odditanodd.'*[31]

Parhau i fritho tudalennau'r wasg roedd hanes meddwon yr ardal, gyda chwarelwr o'r enw Hugh Parry Owen yn un enghraifft ble caiff ddirwy o bum swllt am fod yn *'helplessly drunk'*.[32] O ganlyniad i'r cynnydd mewn achosion o feddwi a arweiniai at ymladdfeydd, gwnaethpwyd cais am gael 'lock-up' yn y pentref, a'i gyflwyno i Lys y Chwarter Sesiwn ar yr ail o Orffennaf 1874. Erbyn mis Hydref 1875 byddai'r gontract o adeiladu Swyddfa Heddlu gan gynnwys 'lock-up' wedi ei gosod gan Lys y Chwarter Sesiwn i Owen Morris, Caernarfon am bris o £938, a'r gwaith eisoes wedi dechrau.[33]

Cawn wybod fod y Temlwyr Da yn ceisio sefydlu Templar

Fife Band, ond does wybod a fuont yn llwyddiannus.[34] Yn ystod 1874 hefyd bu'r dirwestwyr unwaith yn rhagor yn gwrthwynebu trwyddedau i ganiatáu gwerthu alcohol; y tro hwn yn erbyn Tap Room gwesty'r Royal Victoria. John Bryn Roberts, Bryn Adda, oedd unwaith eto yn cynrychioli'r gwrthwynebwyr. Safai'r Tap Room gryn bellter o'r Royal Victoria ar y llwybr a arweiniai am yr Wyddfa. Dadl y dirwestwyr oedd na allai trwydded y gwesty fod yn gymwys ar gyfer adeilad annibynnol gwahanol oedd ar draws ffordd gyhoeddus a thu hwnt i goedlan fechan oddi wrth y Victoria. Gwrthodwyd y drwydded.[35]

Daeth 1874 i'w therfyn gyda marwolaeth a fyddai unwaith yn rhagor yn codi amheuon ynglŷn ag addasrwydd Richard Jones i gadw tafarn Ynyswen. Ychydig ddyddiau cyn y Nadolig cafwyd corff Henry Jones, crydd lleol, wedi rhewi i farwolaeth yn y Gors Goch, rhwng Ynyswen a Choed y Ddôl. Roedd olion traed – meddw – yn yr eira yn arwain o'r Ynyswen i'r lle y darganfuwyd y corff. Cafwyd ar ddeall fod y crydd wedi bod yn yfed yn Ynyswen o hanner awr wedi tri y prynhawn hyd hanner awr wedi naw y nos, ond mai dim ond tri glasiad o gwrw a gafodd! Roedd hefyd wedi bwyta bara menyn a phennog coch.[36] O flaen yr ynadon sirol ddechrau Ionawr 1875 safodd Richard Jones ei brawf yn wynebu cyhuddiad o werthu diodydd meddwol i feddwon ac o ganiatáu meddwi o fewn ei dafarn. Cafodd ddirwy o £2 a gorchymyn i gofnodi y drosedd ar ei drwydded.[37] Gwrthodwyd adnewyddu y drwydded honno yn ddiweddarach yn y flwyddyn.

Diddorol yw nodi mai fel Ynyswen Inn y cofnodir y dafarn ar gyfrifiadau 1871 ac 1881, ond mai fel garddwr y mae Richard Jones yn rhoi ei alwedigaeth. Ac er gwaethaf y ffaith nad oedd ganddo drwydded, mae'n amlwg fod y garddwr yn parhau i werthu diod feddwol mor ddiweddar â 1877, ble ceir adroddiadau amdano o flaen ei well eto ym mis Chwefror, ac yn cael dirwy (ynghyd ag Ellen, ei wraig) o £1 ym mis Ebrill am werthu cwrw heb drwydded.[38]

Parhau gyda'u hymdrechion i wrthwynebu'r fasnach feddwol a wnâi'r dirwestwyr, ac ym mis Hydref 1875 cynhaliwyd cynhadledd aml-enwadol gan gapeli Môn ac Arfon i 'Ystyried Anghymedroldeb y Wlad'. Roedd y gynhadledd yn annog sefydlu cymdeithas ddirwestol ym mhob capel ym mhob enwad ledled y ddwy sir. Roedd y Parch. J. Evans Owen, Llanberis yn mynnu y dylid gwneud defnydd o bulpudau'r wlad gyda'r achos, a phenderfynwyd fod holl bregethwyr a gweinidogion Môn ac Arfon i draddodi o leiaf un bregeth y flwyddyn yn erbyn anghymedroldeb. Nid oes cofnodion i gadarnhau a ddigwyddodd hynny. Penderfynwyd hefyd i ymroi i geisio cau pob tafarn ar y Sul.[39]

Cychwynnodd 1876 gyda meddwyn arall o'r pentref – William Owen, yn cael ei ddedfrydu i ddau fis o lafur caled am ymosod tra'n feddw, ar y plismon lleol.[40] Yn Ionawr hefyd roedd Temlwyr Da Cyfrinfa Padarn a Chyfrinfa'r Wyddfa wedi cynnal cyfarfod i'w holl aelodau yn festri Capel Coch am ddau o'r gloch ar brynhawn Sadwrn, ble cafwyd lluniaeth, adloniant ac areithiau ar ddirwest. Pa well ffordd o dreulio pnawn Sadwrn?

Roedd yr ymgyrch i gau tafarnau ar y Sul yn parhau, ac yn cael ei hyrwyddo gan Gymdeithas Ganolog er Atal Gwerthu Diodydd ar y Sul. Mae'n amlwg fod dirwestwyr Llanberis yn rhoi cryn bwyslais ar yr ymgyrch honno. Roedd amheuaeth a oedd tafarnwyr Llanberis yn cadw'r gyfraith, a cheid honiadau eu bod yn gwerthu alcohol ar oriau anamserol. Mae gohebydd lleol yn holi a oedd gwragedd y tafarnwyr yn gwybod eu bod yn torri'r gyfraith trwy werthu i feddwon[41].

Mae'n amlwg hefyd erbyn hyn fod Edward Armsden wedi cael hawl i werthu cwrw o'i dŷ yng Nghoed y Ddôl, ac yr oedd bellach yn gwneud cais am droi'r tŷ hwnnw yn dafarn – y Prince of Wales. Aeth ymddiriedolwyr Capel Gorffwysfa ati i gasglu deiseb i wrthwynebu. Yr Arglwydd Newborough oedd Cadeirydd Brawdlys Sir Gaernarfon, ac er iddo geisio ymddiswyddo yn gynharach y flwyddyn honno fe'i perswadiwyd i aros yn y swydd – er mawr ryddhad i blaid y dirwestwyr. Pan ddaeth cais Armsden gerbron, yr oedd deiseb ac arni 389 o enwau wedi arwyddo yn gwrthwynebu. Gwrthodwyd cais Armsden ar y sail fod gormod o dai trwyddedig yn bod yn yr ardal yn barod.[42]

Parhau i gael enw drwg wnâi'r chwarelwyr ar sail eu hymddygiad ar y 'Drên Feddw', sef y trên wyth o'r gloch (yr olaf) am Lanberis ar nos Sadwrn. Ym mis Hydref, roedd nifer o chwarelwyr o Lanberis yn rhy feddw hyd yn oed i fynd ar y trên, ac wedi eu taflu i garchar Caernarfon am greu helynt ar blatfform yr orsaf ac ymyrryd â swyddogion y rheilffordd nes peri trafferthion. Buont yn y carchar tan fore Llun, cyn ymddangos o flaen yr ynadon a chael dirwy o bunt yr un a chostau.[43] Fis yn ddiweddarach ceisiwyd achub cam chwarelwyr Dinorwig gan honni mai dim ond dau gant a deg o feddwon oedd yn gweithio yn y chwarel – nifer bychan o gysidro fod y gweithlu dros dair mil.[44] Cafwyd ymateb – a chanlyniad – cyffelyb ar ddechrau'r flwyddyn ddilynol hefyd pan honnwyd mai dim ond 7% o chwarelwyr Dinorwig oedd yn feddwon, a bod angen cymharu'r ystadegau â gwahanol weithfeydd eraill.[45] Yn yr un papur, ychydig fisoedd ynghynt, adroddwyd fod chwarelwr a gâi ei gosbi yn Llys yr Ynadon am feddwdod yn derbyn cosb yn y chwarel hefyd.[46] Ac ym mis Tachwedd 1877 honnid fod chwarelwr yn cael ei ddiarddel o'i waith os câi ei ddirwyo am fod yn feddw am y pedwerydd tro.[47]

Fis yn ddiweddarach a chawn wybod fod Assheton Smith yn llym iawn ar chwarelwyr o feddwon yn Ninorwig: *'fod i bwy bynnag a brofid yn euog o flaen yr Ustusiaid yng Nghaernarfon o feddwdod ac afreolaeth, i gael eu troi ymaith o'i gwaith.'*[48] Ac yr oedd hyn eisoes wedi golygu fod 13 wedi colli eu gwaith.

Roedd y tafarnau a'u cwsmeriaid yn parhau dan lach y dirwestwyr, gyda'r sylw yn cael ei roi yn arbennig i'r hyn ddigwyddai ar y Suliau. Roedd y tafarndai *'yn llawn llwon, rhegfeydd ac iaith anweddus',*[49] a *'twrw dychrynllyd oedd ymysg cwsmeriaid y nos Sabothau diweddaf, wrth droi i'w cartrefi yn llawn o'r trwyth melltigaid'.*[50] Ateb y Temlwyr Da i'r broblem oedd cynnal darlithoedd i ddenu'r meddwon o'r tafarndai. Ond pwy tybed fyddai'n cefnu ar gwmni hwyliog y dafarn i wrando ar ddarlith megis un y Parch. Ishmael Evans, Bangor a fu'n traethu ar 'Niweidiau dychrynllyd Meddwdod ac anrhaethol fuddioldeb Dirwest'?[51]

Er hynny, mae'n ymddangos fod rhyw fath o gytundeb wedi ei wneud a bod y tafarnwyr wedi cytuno i gau ar y Sul neu gwtogi ar eu horiau agor – pob un ond y Castle. Daw cwyn am y dafarn mewn dau bapur ym mis Ebrill 1878. Roedd perchennog y Castle wedi ei osod i deulu o Gaernarfon, a heb fod yn ymwybodol fod y dafarn ar agor ar y Sul. *'Nid yw pob tafarnwr yn cadw at ei addewid i beidio agor ar y Sul.'*[52] Llai goddefgar yw'r adroddiad am Richard Pritchard, Caernarfon, perchennog y Castle, sy'n cael sylw *'am fod deugain o feddwon yno yn ymladd ar y stryd',* er gwaethaf addewid wedi ei roi ers blwyddyn i beidio ag agor ar y Sul.[53] Y Castle sy'n cael sylw eto ym mis Awst dan y teitl 'Meibion Syr John Heidden', a dau o gwsmeriaid y dafarn yn cael eu dirwyo am feddwi: Thomas Roberts *'am yfed i ormodedd a gwneud arddangosiad o'i hun – er difyrrwch i rai, a gofid i eraill'*. A beth am Evan Evans, eto'n euog o feddwi. *'Aberthodd efe lawer o'i amser yng nghwmni Syr John, ac offrymodd bunnau mewn dirwyon ar allor Bacchus. £1-11-6 oedd gwerth ei offrwm y tro hwn.'*[54]

Mae'n ymddangos fod pethau wedi gwella erbyn diwedd y flwyddyn, oherwydd roedd dau gant ychwanegol wedi ymuno â'r Temlwyr Da, *'llawer o ba rai oeddent feddwon cyhoeddus'*.[55] Yr oedd ambell un wedi sylweddoli hefyd nad oedd darlithoedd megis rhai'r Parch. Ishmael Evans yn debygol o ddenu neb o'r tafarnau, a cheir disgrifiad o ddwy noson o adloniant gan rhyw Hiodini a'i wraig yn y Neuadd, yn canu a gwneud campau: *'Y mae llwyddo i gadw pobl o'r tafarndai yn rhywbeth gwerth ymdrechu drosto'*, meddid, gan ychwanegu fod angen mwy o foddion difyrrwch ar gyfer y dosbarth hwn *'pe bai ond yn eu cadw o afael yr hyn sydd waeth'*.[56]

Yn 1878 roedd Deddf Cau Tafarnau ar y Sul wedi dod i rym yn Iwerddon, gyda chanmoliaeth mawr iddi yng Nghymru, yn enwedig gan aelodau seneddol Rhyddfrydol. Roedd gobaith cynyddol y gellid cael deddf gyffelyb yng Nghymru, a deisebau o blaid hynny yn cael eu dosbarthu ledled y wlad. Roedd 706 o drethdalwyr Llanberis wedi arwyddo deiseb o'r fath, gan gynnwys chwech o weinidogion a chwe thafarnwr.[57] Does ryfedd fod y mudiad dirwest *'wedi symud ymlaen dros yr hanner blwyddyn diwethaf'*, ac aelodaeth y Temlyddion Da dros 350.[58]

Daw dylanwad y Temlwyr Da i'r amlwg yn gwrthwynebu cais John Thomas, 1 Manchester Row, i gael gwerthu cwrw a seidr i'w cario allan o'i dŷ.[59] Erbyn mis Gorffennaf roedd wedi tynnu ei gais yn ôl, a hynny ar anogaeth y Temlwyr Da. Adroddodd ei fod am agor ei dŷ fel 'coffee a cocoa room', ac apeliodd am gefnogaeth y rhai oedd yn gwrthwynebu iddo werthu alcohol.[60] O'r un meddwl hefyd oedd rhyw

Robert Williams a fwriadai agor ystafell coffi a choco yn yr Alexandra Temperance.[61]

Nid pawb a ddaeth dan ddylanwad y dirwestwyr. Ym mis mai 1879 ymwelodd Seindorf Bres Llandinorwig â'r pentref, *'a chafodd Llanberis ei dianrhydeddu'* ganddynt. Bu'r aelodau yn yfed ym mhob tafarn, ond unwaith yn rhagor, y Castle sy'n cael y mwyaf o sylw. Cafodd y seindorf wahoddiad i chwarae eu cyrn y tu allan i'r dafarn, a diodydd meddwol yn cael eu cario allan iddynt. Cynhaliodd y Temlwyr Da gyfarfod brys a phenderfynwyd anfon llythyr at y seindorf yn gofyn iddynt beidio ymweld â Llanberis eto os na allent aros yn sobr.[62]

Parhau i wrthwynebu ceisiadau am drwyddedau a wnâi'r dirwestwyr, a hynny yn llwyddiannus. Gwrthodwyd i Joseph Hobley gael hawl gwerthu alcohol, ac aflwyddiannus oedd cais Moses Williams i wneud yr un peth o'i gaffi hanner ffordd i fyny'r Wyddfa. Mae'n anodd deall pam y rhoddwyd caniatâd i'r Snowdon Valley, y Prince of Wales a'r Glyn Peris i ymestyn eu horiau agor ar y ddwy noson y cynhaliwyd Eisteddfod Eryri yn Llanberis – tan hanner nos ar y nos Wener a hyd un o'r gloch fore Sul ar yr ail ddiwrnod. Roedd yr eisteddfod yn gorffen am naw o'r gloch y nos er mwyn caniatáu i gystadleuwyr a chefnogwyr ddal y trên olaf am Gaernarfon am hanner awr wedi naw.[63] Mae'n amlwg felly mai trigolion Llanberis fyddai'n manteisio ar yr oriau yfed ychwanegol.

Parhau hefyd roedd problemau goryfed ar nosweithiau tâl y chwarel: *'Golygfa dorcalonnus i'r eithaf oedd gweld chwech o wragedd; pump ohonynt a babanod yn eu breichiau, yn sefyll wrth ddrws tafarndy tua deg o'r gloch nos Sadwrn y cyfrif, yng nghanol glaw trwm, i ddisgwyl eu gwŷr o'r gyfeddach.'*[64] Roedd yr arfer o sleifio i ddrws cefn y dafarn yn cael ei feirniadu hefyd: *'Ofer yw meddwl am lwyddiant ar achos sobrwydd yn ardal Llanberis tra mae rhai o brif ddynion ein heglwysi – y rhai sydd yn proffesu rhoddi esiampl i'r to ieuainc – yn sefyll wrth gefn tafarndai.'*[65] Tybed pwy oedd rhai o'r prif ddynion hyn?

Un achos arbennig a fu'n cynhyrfu'r dyfroedd yn ystod 1880, ac unwaith yn rhagor roedd y Parch. William Edwards, Rheithor y Plwyf yn ddraenen yn ystlys yr Ymneilltuwyr dirwestol. Am y pedwerydd tro yn ei hanes roedd Edward Armsden wedi gwneud cais am droi ei dŷ – y Prince of Wales – o fod â hawl gwerthu cwrw, i fod yn dafarn. Roedd gwrthwynebiad cryf unwaith yn rhagor, yn enwedig gan aelodau Capel Gorffwysfa; y capel ar draws y ffordd i dŷ Armsden. Roedd 429 o drethdalwyr Llanberis yn gwrthwynebu cais Armsden, ond honnai ei gyfreithiwr mai deiseb wedi ei llofnodi gan blant yr Ysgolion Sul oedd. Yr oedd 30 o blaid cais Armsden. Ond o'i blaid hefyd yr oedd llythyr o gymeradwyaeth gan y Rheithor. Gwrthodwyd cais am ohirio'r achos, a phenderfynodd yr ynadon o blaid Armsden. Byddai angen i benderfyniad yr ynadon gael ei gadarnhau yn y Llys Trwyddedu Blynyddol yn ddiweddarach yn y mis, a chyn hynny cynhaliwyd cyfarfod cyhoeddus yn Llanberis er mwyn penderfynu a oedd cefnogaeth i wneud apêl yn y llys hwnnw. Roedd dau gyfreithiwr yn cynrychioli Llanberis yn yr apêl: un ar ran Capel Gorffwysfa, a'r llall ar ran y trethdalwyr a arwyddodd y ddeiseb yn erbyn. Gwrthodwyd cadarnhau penderfyniad yr ynadon.

Dangosodd yr achos fod rhwyg amlwg rhwng Ymneilltuwyr ac Eglwyswyr y pentref. Roedd y Parch. William Edwards wedi gwrthwynebu ceisiadau blaenorol am agor tafarndai, ond y tro hwn, wedi cefnogi Eglwyswr a Cheidwadwr. Roedd y 30 a arwyddodd ddeiseb o blaid rhoi trwydded i Armsden yn Eglwyswyr. Roedd y rhybudd fod y cais am drwydded i ddod gerbron yr ynadon wedi ei osod ar ddrws mewnol yr eglwys, fel na allai neb ond mynychwyr yr eglwys ar y Sul ei weld. Mae'n ymddangos felly fod ymdrech fwriadol wedi ei gwneud gan yr Eglwyswyr i gefnogi Armsden, a hynny yn groes i gydweithio blaenorol.[66]

A thra roedd ffrae leol yn cynhyrfu'r dyfroedd yn Llanberis, roedd ail ddarlleniad y mesur i gau tafarnau ar y Sul yng Nghymru yn mynd drwy Dŷ'r Cyffredin.

Er fod gwahanol gymdeithasau wedi bod yn hyrwyddo cymedroldeb a dirwest ers hanner can mlynedd, roedd meddwon ar y cyfan yn cael eu trin fel rhai oedd yn torri'r gyfraith yn hytrach na rhai oedd yn dioddef o salwch. Ond erbyn y 1870au roedd newid agwedd tuag at feddwon. Yn 1875 mewn cynhadledd gan y Gymdeithas Feddygol Brydeinig (BMA) trafodwyd *'The Control and Restraint of the Habitual Drunkard'*. Flwyddyn yn ddiweddarach a daeth galw am gyfraith i ddelio â'r meddwyn cynefodig. Roedd geiriad y drafodaeth feddygol wedi ei newid hefyd – *'The Necessity for Legislation for the Control and Cure of Habitual Drunkards'*. Ac ym mis Medi 1876 ffurfiwyd cymdeithas i hyrwyddo deddfu a fyddai'n rheoli a gwella meddwon. Roedd cynnwys y gair 'gwella' yn arwyddocaol. Yn 1879 pasiwyd 'The Habitual Drunkards Act', a daeth i rym ar y cyntaf o Ionawr 1880. Rhoddai'r Ddeddf yr hawl i feddwyn gyflwyno'i hun yn wirfoddol i sefydliad a fyddai'n gofalu am ei iechyd. Ond prin oedd sefydliadau o'r fath. Prin hefyd oedd y canllawiau ynglŷn â sut i'w hariannu. Flwyddyn wedi i'r ddeddf ddod i rym roedd y Gymdeithas Feddygol Brydeinig yn parhau i ymgyrchu, ac ym mis Ebrill 1881 roedd Bwrdd Gwarcheidwaid Caernarfon yn trafod llythyr ganddynt yn gofyn a fyddai'r Bwrdd yn fodlon derbyn pwerau a fyddai'n eu galluogi i gyfrannu'n ariannol tuag at gadw meddwon cynefodig mewn sefydliad arbennig er mwyn eu gwella. Roedd y Bwrdd yn bleidiol i dderbyn y fath bwerau; un o'r Byrddau Gwarcheidwaid cyntaf yng ngogledd Cymru i ddatgan hynny.[67] Does wybod a fu eu penderfyniad yn fodd i gynnig gwellhad i rai o feddwon yr ardal.

Yn 1881 daeth y Ddeddf Cau Tafarnau ar y Sul yng Nghymru i fod. Cyhoeddodd Major Clayton, Prif Gwnstabl Sir Gaernarfon fod y ddeddf i gael ei gweithredu ar ei hunion, sef mis Medi, a hynny er iddo gael ei herio gan gangen leol y Licensed Victuallers' Association. Er hynny, mae'n ymddangos mai ar gau yr oedd tafarnau Caernarfon a Llanberis ar y Suliau, er gwaethaf honiad nad oedd pob tafarnwr (na chânt eu henwi) wedi ufuddhau i'r ddeddf.[68]

Yn yr un mis hefyd cafodd John 'Lord Llanberis' Roberts, un o dywyswyr yr Wyddfa, ddirwy o ddeg swllt am fod yn feddw yn nhafarn y Snowdon Valley, gwrthod ymadael â'r dafarn ac ymosod ar y tafarnwr. Cafodd ei rwymo i gadw'r heddwch am dri mis, ond oherwydd nad oedd modd ganddo i dalu'r ddirwy, fe'i carcharwyd.[69] A pharhau i gael sylw roedd afreoleidd-dra Trên Feddw Llanberis, yn enwedig ar nos Sadyrnau tâl.

Roedd ennill y dydd ynglŷn â chael cau tafarnau ar y Sul wedi bod yn hwb sylweddol i ddirwestwyr y pentref, ac erbyn mis Ebrill y flwyddyn ddilynol roedd cangen o'r Blue Ribbon Army wedi ei sefydlu yng nghapel Gorffwysfa, a'r aelodau oll wedi arwyddo i fod yn llwyr-ymwrthodwyr.[70]

Erbyn hyn hefyd roedd yr Arglwydd Newborough wedi ymddeol o fod yn gadeirydd mainc ynadon Caernarfon; un a fu'n gefnogol i'r ymdrech i atal y cynnydd mewn trwyddedu tai tafarn yn yr ardal. Ofnid y byddai ei absenoldeb o'r fainc yn gyfle i'r bragwyr hybu mwy o unigolion i wneud cais am drwyddedau. Ond lleddfwyd yr ofnau hynny pan wnaeth Edward Armsden ei bumed cais am drwydded i droi y Prince of Wales House yn dafarn. Roedd eisoes yn berchen trwydded i werthu cwrw fel rhan o'i fusnes groser. Am y pumed gwaith, fe'i gwrthodwyd, gyda Syr Llewelyn Turner, Cadeirydd y Fainc yn datgan: *'the grocer... now applies for the grosser sort.'*[71] Ond byddai'r frwydr rhwng y tafarnwyr a'r dirwestwyr yn parhau.

Pennod 10

Iechyd Cyhoeddus – *'to give cholera a cordial welcome'*?

DA O BETH fyddai edrych ar hanes datblygiad yr ymdrech i sicrhau amgylchiadau iechyd boddhaol i'r boblogaeth, a gweld sut yr effeithiodd hynny ar drigolion Llanberis dros y bedwaredd ganrif ar bymtheg. Mae'n cynnwys dwy elfen: ymchwil i ddulliau effeithiol o sicrhau iechyd y boblogaeth, ac ymchwil i ddulliau o wrthsefyll afiechyd o fewn y boblogaeth honno.

Mae'r dulliau o ymgodymu â iechyd cyhoeddus yn dyddio i hanner cyntaf y bedwaredd ganrif ar bymtheg. Roedd yr ymdrechion cynnar yn ceisio sicrhau cyflenwad o ddŵr glân, tai diogel, bwyd maethlon, bwyd heb ei lygru (yn enwedig cigoedd), a charthffosiaeth. Y tlodion oedd yn dioddef fwyaf o ddiffygion fel rhain, ac yr oedd undebau lleol (a sefydlwyd yn 1834) oedd yn gyfrifol am y tlodion, eisoes wedi cychwyn penodi swyddogion meddygol. Ym mis Mehefin 1837 roedd Undeb Caernarfon yn hysbysebu am dri swyddog meddygol i fod yn gyfrifol am ardaloedd Caernarfon, Llandwrog a Llanrug (a gynhwysai blwyfi Llanrug, Betws Garmon, Llanfairisgaer, Llanddeiniolen a Llanberis), a hynny ar gyflog blynyddol o £40.[1]

Gŵr o'r enw Edwin Chadwick oedd yn ysgrifennydd y Poor Law Commission yn 1838, a chredai fod afiechydon yn cael eu hachosi gan awyr ddrwg yn cael ei greu o bydredd gwastraff dynol. Roedd yn argymell system i waredu carthion a gwastraff. Argymhellai hefyd i Fwrdd Iechyd gael ei sefydlu, gyda byrddau lleol i bob ardal drwy'r wlad a phob un gyda swyddogion meddygol i oruchwylio eu gwaith. O ganlyniad daeth Deddf Iechyd Cyhoeddus i fod yn 1848. Cafodd y byrddau iechyd lleol eu sefydlu, gyda swyddog meddygol yn goruchwylio'r gwaith o sefydlu system garthffosiaeth, archwilio cyflwr tai ac archwilio safonau bwyd. Bellach roedd cydnabyddiaeth swyddogol fod cysylltiad rhwng safon iechyd y boblogaeth a safon eu hamgylchiadau byw.

Yn ystod teyrnasiad Fictoria gwelwyd cyfnod o newid rhyfeddol a fyddai'n effeithio ar iechyd y cyhoedd yn gyffredinol, gan gynnwys darganfyddiadau gwyddonol, gwell dealltwriaeth o sut roedd y corff dynol yn gweithio, diwygio cyflwr tai, iechyd ac addysg. Byddai'r oll o'r rhain, yn eu tro, yn effeithio ar fywydau trigolion pentref newydd Llanberis.

Mae tueddiad wedi bod i edrych yn ôl ar safon byw y cyfnod hwn gan anwybyddu'r amgylchiadau echrydus yr oedd y mwyafrif helaeth o'r boblogaeth yn eu hwynebu. Mae Dewi Peris yn ei draethawd ar Waen Gynfi yn 1868 yn sôn am dai yr hen bobl: *'Yr oedd eu tai a'u dodrefniad yn brydferth... y defnyddiol yn hytrach na'r addurniadol oedd megys wedi ei gerfio ar holl ddodrefn eu tai.'*[2] Yn gynharach na hynny, mae rhywun o'r enw Eravon yn honni fod *'tai y chwarelwyr wedi eu dodrefnu mor harddwych a'u haddurno â phob math o lestri gwerthfawr, ac wedi eu tacluso oddi fewn ac oddi allan gyda llechau addurnedig... Cynhwysa y tai werth tua £30 o ddodrefn... maent yn arfer bwydydd ysgafn a sych… ac oll yn feinion, talion, sythion a heinif.'*[3]

Dyna olwg eithaf cadarnhaol ar amgylchiadau byw yr ardal. Ond gwahanol iawn yw barn y meddyg O. O. Roberts o Fangor mewn llythyr hirfaith i'r wasg ddiwedd Tachwedd 1847; flwyddyn cyn sefydlu y Ddeddf Iechyd Cyhoeddus. Mae'n sôn yn benodol am ardal y chwareli llechi, ac yn cynnwys dalgylchoedd chwarel y Penrhyn a Dinorwig. Mae'n hallt iawn ei feirniadaeth ar gyflwr tai yr ardaloedd hyn:

> *In most localities the houses are damply situated, badly planned, overcrowded, imperfectly ventilated, surrounded with filth and stagnant water, and utterly destitute of proper sewers, as well as those offices which the observance of common decency and due regard to the comforts of the inmates imperatively demand as an appendage to every dwelling.*

Ac er ei fod yn canmol safon y dodrefn a glanweithdra y dilladau, mae safon y tai yn *'miserably deficient in almost every requisite for preserving the health of the occupants'.* Mae'n argymell gwelliannau sylweddol – *'stringent sanitary measures are immediately required',* ac os na chaiff hyn ei wireddu, *'the circumstances at present are calculated to give to cholera or any malignant epidemic a cordial welcome.'*[4]

Tybed a fyddai'r pentref newydd oedd ar fin cael ei ddatblygu yn ateb galwadau'r meddyg o Fangor?

Bu'r cynnydd sylweddol a sydyn hwn yng Nghoed y Ddôl yn dod â phroblemau yn ei sgil, ac nid oedd amgylchiadau byw y trigolion yn ddelfrydol o bell ffordd, er eu bod yn byw mewn tai newydd sbon. Y brif broblem oedd carthffosiaeth, neu'n hytrach ddiffyg hynny. Mae'n ymddangos fod holl garthion a budreddi'r tai teras newydd hyn yn cael eu tywallt i un pwll ar y safle – mae'n anodd iawn gwybod ble'n union roedd ei leoliad – a bod drewdod ac afiechydon yn deillio ohono yn effeithio'n ddirfawr ar y trigolion druan.

Roedd 1866 yn flwyddyn ble lledaenodd yr afiechyd marwol colera drwy'r wlad, ac erbyn mis Awst roedd y llywodraeth wedi anfon gwybodaeth allan i bob un o Undebau Tlodion y wlad ynglŷn â gwarchod y rhai mwyaf bregus ac o ddefnyddio dulliau diheintio. Erbyn misoedd olaf y flwyddyn roedd y colera wedi cyrraedd Caernarfon. Ar ddechrau 1867 roedd 932 o boblogaeth y dref wedi dioddef o'r afiechyd ac 82 wedi marw.[5]

Cyrhaeddodd problemau carthion a budreddi Coed y Ddôl benllanw tua'r un cyfnod, ac o bosib fod Undeb Caernarfon wedi gweithredu rhag ofn i'r afiechyd sefydlu yma. Roedd Wilson Roberts eisoes yn pwyso ar i Ymddiriedolwyr Elusen Tlodion Rhuthun – drwy eu hasiant lleol – agor ffos o'r pwll carthion i Lyn Padarn er mwyn gwaredu'r budreddi o Goed y Ddôl. Gwrthodai'r Ymddiriedolwyr gan honni mai cyfrifoldeb y datblygwyr ar y safle oedd gwneud hyn a thalu'r gost. Ond cyfeiriwyd yr achos at swyddogion iechyd Undeb Caernarfon, a bu cryn lythyru gyda'r Ymddiriedolwyr.

Mewn cyfarfod Undeb Caernarfon ym mis Tachwedd darllenwyd llythyr gan yr Ymddiriedolwyr yn nodi: *'We are prepared to make the necessary drain... and furnish you with a plan and estimate, and guarantee payment...'* ar yr amod fod yr Undeb yn gwneud y gwaith! Ond dadleuai'r Undeb fod gan yr Ymddiriedolwyr asiant lleol a allai wneud y gwaith, gan nodi fod angen gwneud hynny ar frys oherwydd fod *'a large accumulation of putrid water in front of Goodman Street giving offensive and poisonous gases... and the risk of fever, cholera and other disease'*. Dyfynnwyd hefyd allan o adroddiad y Swyddog Iechyd, Dr Maugham: Coed y Ddôl *'is in a fearful bad state, and ought to be drained and improved at once, for there has been a great deal of fever and many deaths in that neighbourhood... and should a thing such as cholera come, it would be dreadful to fear what might be the consequence.'* Yr oedd copi o'r adroddiad hwn wedi ei anfon i Ruthun ers mis Mehefin, ond ni weithredwyd gan yr Ymddiriedolwyr, ac yn ôl Clerc yr Undeb roedd y cyfan yn *'useless correspondence, but no good practical result'.*[6]

Canlyniad hyn oedd i Undeb Caernarfon fynd â'r Ymddiriedolwyr i gyfraith, ac mewn achos llys ym mis Rhagfyr 1866 penderfynwyd mai Ymddiriedolwyr Elusen Tlodion Rhuthun oedd yn gyfrifol am agor y ffosydd angenrheidiol. Symudwyd ymlaen gyda chynllun a fyddai'n costio tua £300. Byddai dau lyn o ddŵr (cyfeirir atynt weithiau fel 'dwy ddyfrgist') yn cael eu cronni yn rhannau uchaf Coed y Ddôl, a dwy gwter yn arwain ohonynt i'r brif gwter a lifai i lawr yr allt gan arllwys allan i'r llyn. Roedd uchder y ddwy ddyfrgist a'r llethr eithaf serth yn golygu fod llif y dŵr yn ddigon nerthol i gario'r holl fudreddi o'r ardal. Roedd un amod ynghlwm wrth y cynllun, sef mai cyfrifoldeb perchennog pob tŷ oedd agor cwter o'u cartref i'r brif gwter. A bu lliniaru ar broblemau carthffosiaeth Coed y Ddôl am rai blynyddoedd.

Os oedd rhai o broblemau gwaredu carthion Coed y Ddôl wedi eu datrys am ryw hyd, anodd deall pam nad oedd ymdrech hefyd i geisio cyflenwad o ddŵr glân i'r gymdogaeth. Erbyn diwedd Hydref 1869 roedd afiechyd – na chaiff ei enwi – wedi effeithio ar 27 o deuluoedd yma, a naw wedi marw o'i effeithiau.[7] Roedd tir Elusen Tlodion Rhuthun yn parhau i gael ei gynnig ar gyfer adeiladu, gan ychwanegu at y broblem o gyflenwad dŵr a gwaredu carthion.

Prin yw'r dogfennau am hanes datblygu gwaith dŵr yn y pentref. Mae adroddiadau ar ddiwedd y ganrif yn sôn am waith yn cael ei sefydlu *'about twenty years ago'*, ac felly'n ei ddyddio i tua 1870-1880. Yn yr adroddiadau hyn mae gŵr o'r enw Owen Ellis Owen, 'painter and plumber' yn cael ei enwi, ac yn 1875 cafodd gŵr o'r enw hwn hawl gan Elusen Tlodion Rhuthun *'to construct and maintain a reservoir and pipes'*. Y gost arfaethedig oedd £3,750. Yn 1877 mae dogfen arall yn nodi fod Owen Ellis Owen wedi cael les am 60 mlynedd gan Stad y Faenol i godi gwaith dŵr gyferbyn â Gwesty Fictoria a chyflenwi ardal Pentre Castell, Bing a Blaen y Ddôl gan gynnwys yr orsaf rheilffordd.[8] Mae'n ymddangos felly fod Llanberis wedi cael cyflenwad dŵr mewn pibellau yn neupen y pentref erbyn blynyddoedd olaf degawd 1870.

Byrhoedlog fu cysylltiad Owen Ellis Owen â'r gweithfeydd dŵr, oherwydd erbyn 1879 roedd yn fethdalwr. Roedd yn byw yn Rotherham House, Llanberis, gyda gweithdy yn Stryd Goodman, ond gweithdy hefyd yn Bay View Terrace, Pwllheli, ble roedd hefyd yn cael ei gyflogi gan y Cyngor Tref fel 'waterworks contractor'. Yn y flwyddyn hon prynwyd y 'Llanberis Water Works' gan Capten Robert Roberts, Gwesty Dolbadarn am £1500.[9] Mae'n ymddangos mai'r gwaith yng Nghoed y Ddôl oedd yn ei berchnogaeth, ac erbyn 1885 roedd wedi cael les i ymestyn ei berchnogaeth o'r gwaith am 30 mlynedd ychwanegol.

Nid yw'n debygol fod cytundeb cyfreithiol rhwng Robert Roberts a thrigolion Coed y Ddôl, ac mai cytundeb answyddogol yn unig oedd rhyngddynt. Mae'n ymddangos hefyd mai ei frawd, yr adeiladydd D. Wilson Roberts, oedd yn gyfrifol am gasglu'r 'dreth ddŵr' oddi ar y trigolion. Ond yr oedd cwyno parhaus am safon a glendid y dŵr. Anodd gwybod ble roedd lleoliad y gronfa a gynlluniwyd gan Owen Ellis Owen, ond un bibell gyda thapiau arni oedd yn cyflenwi dŵr i Goed y Ddôl, ac yr oedd tair o ffermydd yn golchi eu defaid yn yr afon oedd yn llenwi'r gronfa!

Gwerthwyd y gwaith dŵr yn 1893 i Harry Harwood, perchennog Gwaith Nwy Llanberis, ac ail-enwyd y cwmni yn Llanberis Water and Gas Company Ltd. Harwood ei hun oedd y gwir berchennog, gydag aelodau o'i deulu a'i ffrindiau yn fân gyfranddalwyr. Un o Lundain yn wreiddiol oedd Harwood, ac wedi ymddeol o'r fyddin ar bensiwn, ond yn ennill cyflog fel masnachwr gwirodydd a gwinoedd. Roedd wedi setlo yng Nghaernarfon ers tua deng mlynedd ar hugain, ac yn byw yn Penrhyn Villa, Uxbridge Square. Buddsoddiad i wneud mwy o elw oedd pryniant Gwaith Dŵr Llanberis, ond byddai newidiadau yn ystod degawd olaf y ganrif yn creu problemau busnes iddo.

Roedd y cynghorau sir wedi eu sefydlu, ac fe'u dilynwyd gan y cynghorau dosbarth. Roedd deddfu ychwanegol wedi dod i rym ynglŷn â rheolaeth gweithfeydd dŵr, gyda phwyslais ychwanegol ar lendid. Bu'n rheidrwydd ar gwmni Harwood i wneud cais i'r Bwrdd Masnach am yr hawl i gynnal a darparu nwy a dŵr i'r ardal, ac roedd sefydlu cytundeb cyfreithiol rhwng y cwmni a'r cwsmeriaid yn rhan o'r cais. Er na ddatgelir prisiau, mae'n ymddangos fod y dreth a argymhellai'r cwmni yn ddrud iawn, a defnyddir y gair *'extravagant'* yn aml gan y rhai oedd yn gwrthwynebu'r cais.

Y Cynghorydd D. P. Williams oedd yn cynrychioli'r plwyf ar Gyngor Sir Caernarfon, ac ef oedd ei gadeirydd cyntaf. Galwodd am gynnal Festri Blwyfol Llanberis a'u hargymell i wrthwynebu cais Harwood i'r Bwrdd Masnach. Roedd y Cyngor Sir a Chyngor Dosbarth Gwledig Gwyrfai hefyd yn gwrthwynebu'r cais.

Mor gynnar â mis Mawrth 1895 roedd Cyngor Dosbarth Gwledig Gwyrfai wedi datgan diddordeb mewn prynu'r cwmni, ac yn fodlon talu'r pris a roddwyd amdano gan Harwood ddwy flynedd ynghynt. Roedd yntau'n gwrthod datgelu'r pris hwnnw. Roedd hefyd yn gwrthod datgelu pris y byddai'n fodlon ei dderbyn am y cwmni. Oherwydd hyn, ac yn enwedig o ganlyniad i'r *'extravagant rates'* honedig, roedd Cyngor Gwyrfai yn gwrthwynebu cais Harwood i'r Bwrdd Masnach.

Aeth y mater i Ymchwiliad, gyda'r naill ochr a'r llall yn gosod eu dadleuon. Bu'r Cynghorydd D. P. Williams dan lach cyfreithwyr Harwood a oedd yn awgrymu mai'r unig reswm oedd ganddo i wrthwynebu oedd y ffaith mai Sais oedd Harwood. Roeddent hefyd yn dadlau mai gwrthwynebu a wnâi oherwydd nad oedd ganddo gyfranddaliadau yn y cwmni.

Y prif ddadleuon gan y tri gwrthwynebwr (Festri Blwyfol Llanberis, y Cyngor Sir a'r Cyngor Dosbarth) oedd:

- Y dylai'r gwaith nwy a dŵr fod dan reolaeth gyhoeddus; un ai'r Cyngor Dosbarth neu'r Cyngor Sir, ac na ddylai'r cwmni gael ei gynnal er mwyn gwneud elw i leiafrif o unigolion ar draul pobl Llanberis.
- Fod y gwaith dŵr, fel ag yr oedd, yn rhy fychan ac anaddas ar gyfer gofynion pentref Llanberis. Cyflwynwyd tystiolaeth fod dwy fil a hanner o bobl a 620 o dai annedd yn ddibynnol ar y cyflenwad dŵr.
- Fod y dŵr yn aml yn llygredig, a hynny'n enwedig pan oedd y ffermydd uwchlaw'r gronfa yn golchi eu defaid.
- Fod y trethi a osodwyd gan y cwmni ar eu cwsmeriaid yn afresymol o uchel.

Ar y llaw arall, roedd Harwood yn dadlau fod y cwmni yn bwriadu gosod pibell 500 llath yn uwch i fyny'r mynydd na'r gronfa bresennol er mwyn osgoi'r posibilrwydd o lygru dŵr gan ddefaid yn cael eu golchi. I ateb gofynion ychwanegol y nifer o dai oedd am gysylltu â'r cyflenwad dŵr, bwriadai'r cwmni adeiladu cronfa fwy ar gost o £4,000. A dadleuai Harwood y byddai cost y bibell a chronfa ddŵr newydd yn cyfiawnhau codi'r dreth ddŵr.

Rhyw Colonel Yorke oedd Cadeirydd yr ymchwiliad ar ran y Bwrdd Masnach, ac yr oedd yn awgrymu y dylid codi cronfa a fyddai'n dal cyflenwad dau fis o ddŵr. Tystiodd nifer o drigolion Llanberis nad oedd angen ehangu'r gronfa o gwbl (ac felly'n arbed cost o £4,000 i'r cwmni, ac arbed codiad yn y dreth iddynt hwythau), oherwydd *'na fyddai Afon Goch byth yn rhedeg yn sych.'* A dyna'r cyfeiriad cyntaf at y ffaith mai o Afon Goch y deuai cyflenwad dŵr Coed y Ddôl.

Yn ddiweddarach yn ystod 1895 trafodwyd y mater yn Nhŷ'r Cyffredin, a phwysau'n cael ei roi ar i'r ddwy ochr ddod i ryw fath o gytundeb. Ond ym mis Hydref o'r un flwyddyn, bu farw Harry Harwood. Roedd marwolaeth prif gyfranddaliwr y Llanberis Water and Gas Company yn creu mwy fyth o broblemau – gan nad oedd penderfyniad ymchwiliad y Bwrdd Masnach wedi ei gyhoeddi. Gwerthwyd y cwmni ym mis Mawrth 1896 i'r Holyhead and North Wales Gas and Water Company, a hynny gwta fis wedi i Gyngor Gwyrfai dderbyn bil am £98-5-5 oddi wrth y Bwrdd Llywodraeth Lleol, sef cost yr ymchwiliad a gynhaliwyd flwyddyn ynghynt.

Mae'n ymddangos i'r Bwrdd Masnach ganiatáu cais Harwood, ac i'r gost ddisgyn ar Festri Blwyfol Llanberis, ond iddi gael ei chyfrif fel *'special expenses'* na achosodd unrhyw godiad yn y dreth blwyfol i drigolion y pentref. Ond o 1896 ac ymlaen i'r ganrif nesaf, cwmni preifat arall fyddai'n gyfrifol am gyflenwi dŵr i drigolion Llanberis.

Erbyn dechrau'r 1870au roedd pentref Llanberis, yn enwedig

y rhan a elwid yn Coed y Ddôl, wedi datblygu'n sylweddol. Yr oedd gwaith nwy yn cael ei sefydlu yma, er fod y trethdalwyr yn bryderus ynglŷn â'i leoliad, ac wedi erfyn (trwy ddeiseb) ar i Fwrdd y Gwarcheidwaid ymyrryd a chael y cwmni i adeiladu'r gwaith nwy mewn safle arall nad oedd mor agos i dai Coed y Ddôl – ond ofer fu hynny.[10] Yr oedd Swyddfa Bost wedi'i hagor, Bwrdd Ysgol wedi'i sefydlu, Banc Pugh, Jones a'i Gwmni, Pwllheli wedi'i agor, a chwmni wedi'i sefydlu i adeiladu Neuadd Farchnad gyda darllenfa a neuadd gyngerdd yn rhan ohoni. Dyma'r cyfnod hefyd pryd y dechreuwyd adeiladu capeli gan y Wesleaid a'r Bedyddwyr, ac ail-adeiladu Capel Coch. Ym mhen arall y pentref roedd sôn unwaith yn rhagor am gynllunio ac adeiladu rheilffordd i gopa'r Wyddfa. Yn sgil yr holl ddatblygiadau daeth cais hefyd ar i'r Prif Gwnstabl sefydlu Swyddfa Heddlu yma. Ond prin yw'r adroddiadau am gyflwr byw y trigolion.

Er fod Elusen Tlodion Rhuthun yn parhau i ryddhau tir ar gyfer adeiladu, a gweithwyr yn heidio yma, eto'i gyd ymddengys fod prinder tai ar gyfer y gweithwyr rheini. Os gwir yr adroddiad, roedd *'ym mwriad gwŷr ariannog i brynu tai yn y lle hwn, ac felly bydd yn rhaid i'r preswylwyr drigo mewn rhannau o dai pobl eraill yn lle cael bod ar eu haelwydydd eu hunain'*. Does dim eglurhad ar bwy oedd y *'gwŷr ariannog'* na pha dai y bwriedid eu prynu ganddynt. Ond yr oedd adeiladu yn parhau, *'fel y gobeithir y caiff trigolion y Llan fythynnod dedwydd i drigo ynddynt yn lle gorfod ymadael ar fyr-rybudd o'r naill dŷ i'r llall'*.[11]

Os oedd sefyllfa o'r fath yn bodoli, doedd fawr o gymorth i atal lledaeniad y Frech Wen pan ymwelodd â'r pentref ym mis Ebrill 1876. Ar ddechrau'r mis cyfarfu'r Gwarcheidwaid a chael adroddiad mai un o hen frodorion y pentref oedd wedi ei gario yma ar ei ddychweliad o'r

America.[12] Rhoddwyd rhybudd cyhoeddus i geisio atal lledaeniad y pla. Y pwyslais pwysicaf oedd ar lanweithdra pob tŷ, a gorchymyn i beidio mynychu gwylnos nac angladd os bu'r Frech Wen yn y tŷ hwnnw. Roedd cyngor hefyd i beidio defnyddio unrhyw gerbyd os cariwyd unrhyw un a fu farw o'r Frech Wen ynddo.[13] Erbyn mis Mehefin roedd Undeb Caernarfon yn honni mai yn nhŷ Ishmael Davies yr oedd y Frech Wen wedi torri allan, a bod camau cyfreithiol yn cael eu cysidro.[14]

Bu'n rhaid disgwyl hyd Ddeddf Iechyd Cyhoeddus 1875 cyn cael ystadegau a fyddai'n profi effeithlonrwydd neu ddiffygion y paratoadau ers 1848. Flwyddyn cyn y ddeddf roedd meddygon yn gorfod arwyddo tystysgrifau marwolaeth yn nodi achos y farwolaeth. Erbyn 1889 roedd angen iddynt roi gwybodaeth i Swyddogion Meddygol os oedd unrhyw afiechyd 'torfol' wedi torri allan. Nid oes llawer o'r cofnodion cynnar hyn ar gael, a rhaid disgwyl nes ffurfiwyd Cyngor Dosbarth Gwledig Gwyrfai yn 1895 a throsglwyddo cyfrifoldebau'r Byrddau Iechyd Lleol i'r cyngor newydd i gael gwybodaeth fanylach am gyflwr iechyd yr ardal.

Dangoswyd mai poblogaeth ifanc a berthynai i bentrefi'r chwareli llechi, ac yr oedd y raddfa marwolaeth mewn plant dan bymtheg oed yn annerbyniol o uchel. Roedd nifer o ffactorau yn cyfuno i achosi hyn: safonau byw isel, diffyg bwyd maethlon, tai sâl a gorboblogi, a diffygion amlwg mewn paratoadau am gyflenwad dŵr glân a charthffosiaeth.[15] Tybed âi'r raddfa uchel o farwolaethau a fu'n gyfrifol am i Lanberis benderfynu prynu hers blwyfol yn 1877? Roedd y Frech Goch ar ddechrau'r flwyddyn honno hefyd wedi achosi i'r ysgol leol gael ei chau dros gyfnod yr afiechyd.

Un o'r cwynion ynglŷn â phrinder tai oedd y ffaith nad

oedd Elusen Tlodion Rhuthun ond yn cynnig les o 50 mlynedd arnynt, ac yr oedd *'ugeiniau o dai yng Nghoed y Ddôl'* gyda dau deulu yn rhannu'r un tŷ.[16] Roedd tir ar werth hefyd yng nghefn y gwaith nwy. Roedd John Lane wedi cynnig £200 amdano, ac wedi cael ei wrthod ar ôl codi ei gynnig i £380. Y tebygolrwydd oedd y byddai'n gwerthu am £500. (O bosib mai Newton a brynodd y tir). Parodd y prisiau hyn i ohebydd *Y Genedl Gymreig* honni *'y byddai tlodion Rhuthun yn gyfoethogion enwog pan ddeuai holl brydlesoedd Coed y Ddôl i ben'.*[17]

Mae'n amlwg felly nad oedd Coed y Ddôl yn lle delfrydol i fyw ynddo, a bu blwyddyn 1877 yn nodedig am ddangos pa mor ddifrifol oedd safon byw yr ardal. Ym mis Ionawr y flwyddyn honno mae Alarch Gwyrfai yn nodi fod *'tai mor brinion yma fel y mae yn amhosibl i'r gweithiwr gael lle i letya...'* ac nad yw *'llawer o'r tai sydd yma yn deilwng i greadur rhesymol gysgu ynddynt, oherwydd y mae eu to yn garpiog a'u waliau'n dyllog'.*[18] Mae'n rhyfeddu na fyddai Assheton Smith o'r Faenol yn codi anheddau i'w weithwyr. Ym mis Ebrill, ceir sôn am y *'budreddi parhaus ag a geir yng ngwaelod y pentref'* gan ychwanegu ei fod *'yn llawer mwy ymlyngar wrthym nag ymwelwyr misoedd yr haf'.*[19] Erbyn diwedd y flwyddyn cafwyd storm *'na chafwyd gwaeth ers tua 90 mlynedd'.*[20] Llithrodd miloedd o dunelli o bridd a chreigiau ym Mwlch Llanberis, a chau'r ffordd. Bu difrod sylweddol o fewn y pentref oherwydd i Afon Goch orlifo, gan sgubo pont ymaith, a'r ffordd drwy'r pentref dan droedfedd o ddŵr. Roedd y rhannau o Goed y Ddôl oedd ar yr un lefel â'r llyn i gyd dan ddŵr, a lleithder a gwlybaniaeth yn effeithio ar y trigolion a'u hiechyd. Beirniadwyd adeiladwyr y tai newydd yn y cyffiniau hyn am osod sylfeini yn is na lefel y llyn, nes bod eu selerydd wedi llenwi â dŵr.

Cafodd y storm hon gryn effaith ar drigolion Llanberis, ac erbyn dechrau 1878 roedd galw, nid am wella safonau adeiladu, ond am ostwng lefel dŵr y llyn. Mor gynnar â mis Chwefror roedd yr awdurdodau wedi penderfynu mai dyfnhau Afon Rhythallt yng nghyffiniau Cwm-y-Glo oedd yr ateb i'r broblem, a chanmolir y penderfyniad:

> *Y mae hwn yn un o'r diwygiadau mwyaf hanfodol angenrheidiol i ni fel ardal, ac yn sicr i gyfrannu llawer at iechyd cyffredinol y gymdogaeth... gwna lawer iawn at wellhau Llanberis. Ceir yma waredigaeth o'r lleithder tawchllyd sydd yn wastad yn codi o'r llyn yn y gauaf gwlyb, a mwy na'r cwbl, ceir rhediad da i'r carthffosydd ydynt yn bresennol yn llenwi i fyny o ddiffyg agorfa* (i Lyn Padarn). *Y mae yr olwg ar un ohonynt yn ymyl y Concert Hall yn warth ei fod yn ymyl ffordd gyhoeddus, ac mor agos i dai yn cynnwys teuluoedd lluosog. Y mae y dŵr llonydd, drwg-sawrus a lleidiog yn rhwym o fod yn afiachus i breswylwyr y tai gerllaw.*[21]

Yn yr un adroddiad dywedir fod T. H. G. Winton, perchennog chwareli Cambria a Goodman, wedi prynu darn helaeth o dir yng Nghoed y Ddôl, ac yn bwriadu ei osod ar brydles o 90 mlynedd ar rent rhesymol. Fis yn ddiweddarach roedd yn hysbysebu fod y cynlluniau ar gyfer y llain tir wedi eu paratoi, ac i'w gweld yn Chwarel Goodman. Yr oedd tendrau ar gyfer *'Construction of Streets and Drains'* i'w hanfon at Mr Menzies, Caernarfon.[22] Dywedir hefyd fod bwriad gan aelodau Capel Gorffwysfa i brynu rhan o'r tir i adeiladu capel arall. Yr oedd hefyd ddarogan fod mwy o dai i'w hadeiladu, pedair o siopau helaeth a marchnadfa a fyddai'n cynnig nwyddau am brisiau fyddai'n cystadlu â siopau Caernarfon. Mae'n amlwg fod nifer o dai wedi eu hadeiladu yn ystod y flwyddyn, oherwydd erbyn diwedd y flwyddyn roedd *'prinder anheddau bron wedi diflannu'*.[23]

Ym mis Gorffennaf 1878 cyflwynodd Dr Rees ei adroddiad blynyddol am y flwyddyn flaenorol yn ardal wledig Caernarfon (oedd yn cynnwys Llanberis).

> *Houses, streets and villages have been built without any attempt at orderly arrangement, and without the slightest reference to sanitary conditions. Many houses and several rows of houses exist, which have no privies or ashpits... nuisances exist in great numbers, and in almost every instance the formation of drains result in removing a nuisance from one spot to become as great a nuisance in another.*[24]

Ac yn Llanberis bu hyn bron yn achos i ddyn golli ei fywyd pan achubwyd ef o bwll carthion rhwng Stryd Charlotte a'r Neuadd Gyhoeddus.[25] Mae'n amlwg hefyd nad oedd ymwelwyr yn ymwybodol fod holl garthion Coed y Ddôl yn cael eu tywallt i Lyn Padarn, oherwydd ceir argymhelliad fod *'bathing machines'* – pump neu chwech ohonynt, yn cael eu gosod ar hyd glannau'r llyn mewn paratoad ar gyfer tymor yr ymwelwyr.[26]

Er hynny, mae'n amlwg fod y Bwrdd Iechyd Gwledig yn cael peth effaith, er mai araf oedd y gwelliannau. Daeth tŷ ar werth yn Stryd Turner gyda'r broliant ei fod gyda pharlwr, cegin, cegin gefn, tair llofft, a'r unig dŷ *'with a portico'!* Ond yr oedd ganddo hefyd gyflenwad dŵr a nwy.[27] Disgrifir Stryd Newton *'fel un o'r heolydd harddaf yn Llanberis',* a'r tai yno yn cynnwys dwy gegin, parlwr a phedair llofft.[28] Yn ddiweddarach yn y flwyddyn hysbysebwyd fod carthffos gyda phibell naw modfedd yn cael ei gosod yn Stryd Newton.[29] Dair blynedd yn ddiweddarach bu'n rhaid anfon y swyddog iechyd cyhoeddus lleol i dŷ John Williams, Stryd Newton oherwydd yr honiad ei fod yn cadw 25 o ieir mewn gardd gefn oedd yn rhy fychan o lawer ar gyfer y fath nifer.[30]

Roedd gwahanol afiechydon yn parhau'n ymwelwyr cyson, ac ar ddechrau 1884 daeth y *'scarlet fever'* yma yn Ionawr, yn cael ei dilyn gan diptheria yn Chwefror. Ym mis Mawrth cafwyd cwynion fod rhai oedd yn dioddef o glefyd heintus yn cael eu hanfon i Ysbyty'r Chwarel tra bo'u tai yn cael eu di-heintio.[31]

Parhau i wella'n raddol a wnâi amgylchiadau'r trigolion. Yn ei adroddiad mewn cyfarfod o'r Bwrdd Iechyd Gwledig ar ddechrau 1884 dangosodd yr arolygydd fap o Lanberis i'r aelodau yn dangos lleoliad yr holl ddraeniau. Nododd fod nifer o strydoedd yn parhau'n amddifad o garthffos, a nifer o dai heb gysylltiad â charthffos. Yr oedd hefyd rai *'privies'* mewn cyflwr annigonol. Y broblem fwyaf yn ei farn ef oedd gwaredu carthion Coed y Ddôl o dan y rheilffordd ac allan i'r llyn. Cafodd awgrymiadau'r arolygydd ynglŷn â chreu draeniau ychwanegol eu cymeradwyo.[32] Mae'n amlwg i'r Bwrdd Iechyd Gwledig weithredu, oherwydd erbyn mis Mai roeddent yn hysbysebu am dendrau i waith agor traen am ganllath, gyda phibell chwe modfedd iddi yn Stryd Cambrian a Llwyn Eilian.[33]

Roedd yr ofnau am afiechydon heintus yn parhau, ac erbyn 1886 roedd y Bwrdd Iechyd Gwledig yn trafod y posibilrwydd o sefydlu *'Isolation Hospital'* o fewn Arfon gyda nyrsys arbenigol yn cael eu cyflogi. Ond cyflwr y cyflenwad dŵr, diffyg carthffosydd a chyflwr truenus tai oedd yn cael y prif sylw, gyda phentrefi Penygroes, Cwm-y-Glo a Llanberis dan lach yr arolygydd. Yn y tri lle roedd angen cael gwared â'r hen ddraeniau rwbel a gosod pibellau yn eu lle. Roedd Cwm-y-Glo a Llanberis hefyd yn cael eu beirniadu am gyflwr y tai: '*... houses, which owing to dampness, dilapidation, want of proper ventilation, and bad state of the sewage and surroundings, were unfit for human habitation. Such houses ought to be closed until* *the necessary structural improvements were carried out.'*[34]

Anodd gwybod a weithredwyd ar argymhellion yr arolygydd.

A chysidro fod carthion Coed y Ddôl i gyd yn cael eu harllwys i bwll rhwng Stryd Charlotte a'r Neuadd Gyhoeddus cyn gwagio i'r llyn, mae'n syndod y bu'n rhaid disgwyl hyd fis Mai 1887 cyn y penderfynodd y Bwrdd Iechyd Gwledig agor draen i waredu carthion Stryd Charlotte ei hun.

Roedd yn amlwg hefyd nad oedd rhai o drigolion y pentref yn ystyried glanweithdra yn bennaf blaenoriaeth ganddynt. O ganlyniad i dywydd poeth a sych yn ystod misoedd Mai a Mehefin 1889, a barodd i ddrewdod lenwi'r amgylchedd yng Nghoed y Ddôl, bu'n rhaid galw am i'r arolygydd iechyd ymweld. Os mai gormodedd o ieir oedd y broblem bum mlynedd ynghynt, y tro hwn, cadw moch o fewn llai na thair llath i ddrysau'r tai oedd y broblem. Ni cheir gwybodaeth pwy na ble'n union y digwyddai hyn.[35] Ond yr oedd y Bwrdd Iechyd Gwledig yn parhau i awdurdodi agor draeniau a gosod pibellau yn y pentref, gan gynnwys ceisio sychu rhai lleoedd gwlyb.

Cychwynnodd degawd olaf y ganrif gyda'r newyddion fod dros 300 o weithwyr Chwarel Dinorwig yn methu mynychu eu gwaith oherwydd salwch, ac mai ffliw oedd achos hynny.[36] Yn ddiweddarach yn y flwyddyn mewn cynhadledd Cymdeithas Feddygol Gogledd Cymru ym Mhorthmadog, adroddai Dr Roberts, Ffestiniog fod y chwarelwyr yn anadlu gormod o lwch llechi. Honnai Dr Lloyd Williams, Llanberis fod y creigwyr yn iachach na'r rhai oedd yn trin llechi, ond mai eu bai mawr oedd *'gwisgo gormod o wlanennau am eu cyrff'* a bod hynny yn creu syched a dwyn gwaeledd. Honnai hefyd eu bod yn yfed llawer gormod o de.[37] Anaml y byddai cyflwr byw cartrefi'r chwarelwyr yn cael sylw'r meddygon. Erbyn diwedd y flwyddyn roedd y Parch. J. Evans Owen yn galw ar i feddygon yr ardal gynnal cyfres o ddarlithoedd er gwella iechyd y chwarelwyr a'u teuluoedd.[38] Does dim tystiolaeth i ddangos a ddigwyddodd hynny.

Dychwelodd y ffliw yn 1891 – 'anwydwst' a 'tisianwst' oedd dau air a ddefnyddid i ddisgrifio'r salwch, ac mae'n sicr mai Ffliw Rwsia oedd hwn, a sgubodd drwy wledydd Ewrop: pandemig mwyaf y ganrif. (Awgrymodd meddygon diweddar mai math o goronafeirws oedd achos y 'ffliw'). Galwyd y Disianwst yn 'glefyd newydd', ac yn ôl un adroddiad roedd meddyg yn Llanberis gyda 280 o gleifion yn dioddef ohono.[39] Roedd yr anwydwst *'yn ymledu gyda chyflymder ofnadwy'* ac yr oedd 400 yn dioddef ym mhlwyfi Llanddeiniolen a Llanberis, a dau o'r un teulu wedi marw yn Llanrug.[40] Mae adroddiad arall yn honni ei fod yn *'ffynnu gyda graddau o ffyrnigrwydd'*, ond mai ychydig o farwolaethau a oedd hyd yma.[41] Yn yr un papur ddiwedd y mis, galwai hen wraig o Lanberis yr afiechyd yn 'influential' am ei fod yn gwagio'r capeli, teneuo'r marchnadoedd, cadw miloedd yn eu gwelyau a rhoi llawer yn y bedd.[42]

Mae'n syndod fod y galw am welliannau i safonau glendid y pentref yn cael eu gwneud, nid er mwyn gwella iechyd a chyflwr byw y trigolion, ond i ddenu mwy o ymwelwyr yma. Roedd sôn am sefydlu Cynghorau Plwyf a diddymu'r hen Awdurdod Iechyd Gwledig. *'Llanberis might be made more attractive to visitors if the condition of its public thoroughfares were improved, and if it were known that its sanitary arrangements were beyond reproach.'*[43] Dyna a wna rhywun yn galw ei hun yn 'Teithiwr' hefyd, drwy annog trigolion mwyaf blaenllaw Llanberis i ddefnyddio'r Ddeddf Iechyd Cyhoeddus i wella'r pentref – sef gwella'r ffyrdd a goleuo'r strydoedd. Galwai hefyd am *'promenade'* ar lan y llyn a sefydlu parc cyhoeddus.[44] Erbyn diwedd y flwyddyn roedd y Festri Blwyfol yn gwneud cais i'r Bwrdd Llywodraeth Lleol am yr hawl i gynnal a chadw strydoedd preifat y pentref.[45]

Flwyddyn yn ddiweddarach daeth y 'Private Streets Work Act' i rym, a rhoes Y Bwrdd Iechyd Gwledig yr awdurdod dros ei gweinyddu yn nwylo 'parochial committee' yn Llanberis, ond yn cadw'r hawl i syrfëwr trwyddedig arolygu'r gwaith.[46] Parhaodd y 'pwyllgor plwyfol' hwn am tua dwy flynedd, ac yn un o'u cyfarfodydd olaf, roedd yn dal i sôn am wella'r pentref er mwyn denu mwy o ymwelwyr. Rhai o'r syniadau a drafodwyd gan yr aelodau oedd defnyddio rwbel llechi o'r chwarel i greu 'parade' ar hyd glannau'r llyn, gosod seddi ar lannau'r llyn, ger y castell ac wrth raeadr y Ceunant Mawr, rhoi lampau ar y strydoedd a gofalu am eu glanhau, a lledu'r ffordd i fyny'r Wyddfa fel bod cerbydau'n gallu teithio am ddwy filltir i fyny o'r pentref.[47] Erbyn diwedd y flwyddyn roedd etholiadau ar gyfer y Cyngor Plwyf newydd yn digwydd, a diflannodd y 'pwyllgor plwyfol'. Cychwynnodd y Cyngor Plwyf newydd ar ei waith gyda dechrau adeiladu rheilffordd yr Wyddfa yn un pen i'r pentref a helynt y Gwaith Nwy a Dŵr yn y pen arall.

Pan gyflwynwyd adroddiad am Sefyllfa Iechyd Cyhoeddus Sir Gaernarfon am 1894, cofnodir fod bron i 700 o'r trigolion wedi marw o'r ddarfodedigaeth neu o anhwylderau'r ysgyfaint. Ond mae golygydd *Baner ac Amserau Cymru* yn feirniadol o'r ffaith na ddywed yr adroddiad *'ddim am gyfaddaster tai ar gyfer angen teuluoedd y dosbarth gweithiol'*, ac â ymlaen i nodi mai *'yn ardaloedd gweithfaol y sir, cyfyd gwŷr ariannog dai mor fychain ac anghyfleus fel y maent yn fwy o garcharau nag o gartrefi cysurus.'*[48]

Roedd problem mabwysiadu strydoedd y pentref

yn parhau. Gwrthododd Cyngor Gwledig Gwyrfai eu mabwysiadu oni bai eu bod yn 'ben-agored', hynny yw, fod ffordd drwodd, ac oherwydd hynny, roedd Cyngor Plwyf Llanberis yn gwrthod cynnal a chadw y llwybrau cyhoeddus! Cambrian Street a Snowdon Street oedd yr unig ddwy stryd a fabwysiadwyd gan Gyngor Gwyrfai yn y flwyddyn 1896.[49] Nid yn ardal Coed y Ddôl yn unig yr oedd problemau. Yn un o gyfarfodydd cyntaf y Cyngor Plwyf cafwyd adroddiad gan Dr Frazer, yr arolygydd iechyd ar sefyllfa anfoddhaus Cors y Castell yng nghyffiniau Castell Dolbadarn, ac y byddai cost *'y gwaith o sewrio y lle tua £40, ond na fyddai hynny yn symud ymaith yr arogl anhyfryd'.*[50] Awgrymai mai 'Cwmni Ffordd Haiarn y Wyddfa' ddylai fod yn gyfrifol am y gwaith ac yng nghyfarfod blynyddol y Cyngor Plwyf yn ddiweddarach, penderfynwyd anfon cais at Assheton Smith i ofyn iddo am gael agor ffosydd i sychu'r gors.

Yn 1876 dechreuodd y Brodyr Lever werthu sebon Sunlight am y tro cyntaf ar raddfa fasnachol, ac o fewn degawd roedd 40,000 tunnell o'r sebon yn cael ei werthu ym Mhrydain. Mae'n fwy na thebyg iddo gyrraedd Llanberis yn y cyfnod hwn, a diddorol nodi fod Cystadleuaeth Olchi wedi ei chynnal yn Sioe Flodau Llanberis ym mis Awst 1896 – a'r gwobrau wedi eu rhoddi gan gwmni Lever. Does dim manylion am beth oedd yn cael ei olchi yn y gystadleuaeth.

Roedd y trafod ynglŷn â mabwysiadu strydoedd hefyd yn parhau, ac ym mis Ebrill anfonwyd rhestr at Gyngor Gwledig Gwyrfai yn cynnwys Strydoedd Yankee, Thomas, Newton, Henry, Turner a Charlotte, Allt Goch, Pen y Graig, Stryd y Dŵr a Stryd y Ffynnon; gan ddangos eto yr angen am wella ardal Coed y Ddôl.

Ar ddiwedd 1897 mabwysiadwyd Deddf Golau Strydoedd gan y Cyngor Plwyf, ac erbyn mis Rhagfyr roedd y Cyngor mewn trafodaeth gyda Mr Saville, peiriannydd yr Holyhead and North Wales Gas and Water Company gyda gobaith o gael golau nwy ar y brif stryd cyn y Nadolig.[51]

Wedi trafferthion y Gwaith Dŵr, mae'n amlwg i Elusen Tlodion Rhuthun fel tirfeddianwyr fod dan bwysau, a chafwyd gwybod ar ddechrau 1897 eu bod am osod les o 21 mlynedd i adeiladu a chynnal pibell ddŵr newydd, 760 llath o hyd, drwy diroedd Bron Eryri, Cae'r Frân a Maenllwyd. Roedd hefyd yn rhoi hawl i godi argae ar Afon Goch a chreu cronfa na fyddai'n ddim mwy na 1210 llathen sgwâr.[52] Flwyddyn yn ddiweddarach, ac yr oedd Cyngor Plwyf Llanberis yn parhau i gwyno am safon y dŵr a'r ffaith fod rhwng 600 a 700 o ddefaid yn cael eu golchi mewn ffos oedd yn gwagio i'r gronfa ddŵr. Roedd galw ar i Gyngor Gwledig Gwyrfai ddod ag achos cyfreithiol yn erbyn y cwmni am dorri amodau y gontract ac *'achosi niwsans cyffredinol'*.[53]

Dychwelodd y ffliw ym mis Mawrth 1898, gydag adroddiadau am dros 1,000 o weithwyr Chwarel Dinorwig yn dioddef o'r anhwylder.[54] Nid yw'n ymddangos fod y penderfyniad a wnaed ugain mlynedd ynghynt i ddyfnhau Afon Rhythallt yng nghyffiniau Cwm-y-Glo wedi ei wireddu, oherwydd mae Cyngor Plwyf Llanrug yn cysylltu â Chyngor Gwledig Gwyrfai ac â'r Cyngor Sir yn galw arnynt i symud ymlaen gyda'r cynllun o ostwng lefelau Llyn Bogelyn yng Nghwm-y-Glo a Llyn Padarn yn Llanberis er mwyn gwella gwaredu'r carthffosydd.[55] Roedd y sefyllfa yn ddigon difrifol i Bwyllgor Unedig o Gynghorau Llanrug, Llanberis a Llanddeiniolen gael ei ffurfio a dwyn perswâd ar y Bwrdd Llywodraeth Lleol i addo ymchwiliad i'r gŵyn fod gorlif o'r llyn yn peri niwed i iechyd y trigolion lleol. Roedd Cyngor Gwledig Gwyrfai hefyd o'r farn fod tipio gwastraff llechi i'r llyn yn ei gulhau ac yn ychwanegu at y broblem. Galwyd unwaith yn rhagor am ddyfnhau Afon Rhythallt i geisio lleddfu'r broblem.[56]

Mewn cyfarfod o Gyngor Gwledig Gwyrfai yn 1898 honnid fod tai o ansawdd gwael yn cael eu codi yn Llanberis, ond ni roddir manylion.[57] O fewn llai na blwyddyn roedd Dr Frazer, yr Arolygydd Iechyd yn condemnio tai yn Gellihirbant fel rhai *'anghymwys i fyw ynddynt'*. Yn sgil y condemniad dywedir fod Assheton Smith a meddygon wedi ymweld â hwy, a'i bod yn fwriad gan Assheton Smith i godi tai newydd yn Hirbant a Phentre Castell. Roedd rhyw adeiladwr o'r enw Hugh Jones hefyd am gychwyn adeiladu rhes o dai ar ffordd Capel Coch.[58]

Daeth y ganrif i ben gydag adroddiad llawn gan Awdurdod Iechyd Sir Gaernarfon ynglŷn â chyflwr tai y sir – yn enwedig tai'r llafurwyr ar y tir, gan nodi fod cyfraith ynglŷn â glendid gwartheg godro, ond nid ar gyfer y rhai a ofalai amdanynt. Câi tai'r gweithwyr yn yr ardaloedd chwarelyddol a'r ardaloedd trefol hefyd sylw. Roedd argymhelliad i wella'r tai presennol neu eu chwalu'n gyfan gwbl ac adeiladu rhai newydd. Atal y ddarfodedigaeth oedd un o'r prif amcanion, ond yr oedd afiechydon heintus yn parhau'n fygythiad, ac yr oedd cyflwr tai y mwyafrif o'r boblogaeth yn *'veritable death traps'*. Ond yr oedd rhybudd hefyd na fyddai chwalu'r tai difrifol eu cyflwr o unrhyw les pe na bai tai gwell yn cael eu hadeiladu'n eu lle, a hynny oherwydd fod dau neu fwy o deuluoedd eisoes yn rhannu un tŷ mewn rhai llefydd.[59]

Ac yr oedd problem gordyrru o'r fath eisoes yn bodoli yng Nghoed y Ddôl.

Yn anffodus byddai diffyg cyflenwad o dai mewn cyflwr da, problemau dŵr glân a gwaredu carthion yn broblem am ddegawdau cyntaf y ganrif ddilynol yn Llanberis.

Pennod 11

Addysg: cyflwyno'r Gymraeg a Sloydeg

MAE WILLIAM WILLIAMS ym mhennod olaf ei lyfr ar *Hynafiaethau a Thraddodiadau Plwyf Llanberis a'r Amgylchoedd* a gyhoeddwyd yn 1892 yn sôn am ddechreuad ysgolion yn y plwyf, ac mai yn Eglwys y Plwyf yr oedd y rhai cynharaf yn cael eu cynnal. Dywed hefyd *'fod ysgol ddyddiol wedi ei chychwyn oddeutu y flwyddyn 1815 yn Capel Coch'*, ac mai'r athro oedd Ellis Thomas. Prin yw'r wybodaeth am yr ysgolion 'achlysurol' hyn, oherwydd mae'n amlwg fod eu parhad yn ddibynnol ar arhosiad yr athro yn y swydd yn hytrach nac unrhyw bwyllgor neu ymddiriedolwyr lleol. Bu Rees P. Griffith, gweinidog Capel Jerusalem yn cadw ysgol ddyddiol yn y capel am tua pedair blynedd o 1833 ymlaen. Bu ysgol hefyd yn Nhŷ Clwb yn cael ei chadw gan John Evans, Ceunant Coch.[1]

Yr oedd Ysgol Frytanaidd Capel Coch yn bodoli erbyn 1851 a Thomas Phillips yr athro yn cael canmoliaeth.[2] Dyma gyfnod cychwyn addysg 'ffurfiol' o ddifrif, er fod ysgolion Sul yr Ymneilltuwyr yn amlwg wedi bod yn llwyddiannus, a'r Eglwyswyr yn bur eiddigeddus. Yn 1853 roedd cefnogwyr lleyg yr Eglwys Wladol wedi cynnal cyfarfod i sefydlu Ysgol Sul Eglwysig: *'the Protestant Dissenters encourage them to the utmost, partly as training institutions for their chapel and partly as sects of secular*

Yn y Capel Coch gwreiddiol y cynhaliwyd ysgol gynnar

learning... a matter of regret that the Church should not be equally diligent and active.'[3]

Yn yr un flwyddyn roedd Côr Llanberis yn cynnal cyngerdd sanctaidd ym Mhorthaethwy i godi arian tuag at sefydlu Ysgol Genedlaethol yno.[4] Sonia William Williams hefyd fod bwriad wedi bod i sefydlu Ysgol Genedlaethol yn Llanberis, ond mae'n ymddangos nad felly y bu.[5]

Symudodd yr ysgol o Gapel Coch pan sefydlwyd Ysgol Frytanaidd Dolbadarn yn 1854 gyda 35 o fechgyn a 26 o enethod yn ddisgyblion. Nodir mai £45 y flwyddyn oedd cyflog yr athro mewn gofal, a bod cyfraniadau gwirfoddol gan y pentrefwyr yn £32. Roedd y disgyblion yn talu chwecheiniog y mis.[6] Mae'n amlwg fod cyfraniadau gwirfoddol yn bwysig tuag at gynnal yr ysgol. Cynhaliwyd cyngerdd yng Nghapel Coch, a'r elw tuag at yr ysgol.[7] Yn yr un flwyddyn roedd rhywun yn y pentref yn amlwg yn ddigon cefnog i dalu am addysg breifat i'w dri phlentyn, a cheir hysbyseb am *'Governess for three children... to teach English, French, Music and singing'*. Roedd y cyflog yn

£30 y flwyddyn a'r ceisiadau i'w hanfon i'r Swyddfa Bost.[8] Mae'n annhebygol fod Ffrangeg yn rhan o gwricwlwm Ysgol Dolbadarn!

O fewn pymtheng mlynedd i sefydlu Ysgol Frytanaidd Dolbadarn roedd 250 o ddisgyblion yno a 100 yn mynychu ysgol nos.[9] Yn gynharach yn y flwyddyn cafodd yr ysgol adroddiad ffafriol gan yr arolygwyr a grant ariannol o £84.[10] Mae'n amlwg fod cefnogaeth gref i'r ysgol a'r addysg a dderbynnid yno, oherwydd mae galw hefyd am sefydlu *'News Room'* yn y pentref fel y gallai'r trigolion ddarllen y newyddiaduron Cymreig *'ac ambell un Seisnig'*. Byddai hyn yn rhoi sylfaen dda i geisio cael Llyfrgell Rydd o fewn y pentref.[11]

Deuai Deddf Addysg 1870 â newidiadau pellach i'r ardal. Yr oedd rhai o drigolion y pentref eisoes wedi rhagweld y byddai'r drefn addysgol yn newid pan ddeuai'r ddeddf i rym. Ym mis Medi 1870 cynhaliwyd cyfarfod cyhoeddus yn nghapel Nant Padarn dan gadeiryddiaeth Thomas Davies, Mur Mawr. Eglurodd y Parch. John O. Jones, gweinidog y Capel Coch beth fyddai goblygiadau'r ddeddf newydd. Amcangyfrifid fod 600 o blant yn Llanberis bryd hynny ('Lower Llanberis' fel y'i gelwid), ac mai lle i 240 yn unig oedd yn yr ysgol bresennol. Penderfynwyd yn y cyfarfod fod Llanberis yn gwneud cais am yr hawl i sefydlu Bwrdd Ysgol.[12]

Ar yr wythfed o fis Chwefror y flwyddyn ddilynol cynhaliwyd cyfarfod cyhoeddus arall, yn agored i holl drethdalwyr y plwyf. Y Parch. David Oliver oedd y cadeirydd, a chynigiodd Hugh Lewis *'fod Bwrdd Ysgol yn cael ei sefydlu i holl blwyf Llanberis'*. Eiliwyd gan R. G. Jones, Nant Peris, a phasiwyd yn unfrydol.[13] Daeth y gorchymyn swyddogol yn rhoi hawl i sefydlu Bwrdd Ysgol Llanberis ym mis Mai.[14] O fewn mis roedd y Bwrdd Ysgol wedi ei benodi. Yr aelodau oedd R. Parry, Blue Peris; J. Davies, Dôl Peris; T. Thomas, Snowdon Valley Hotel; R. J. Griffith, Glyn Peris; a'r Parch. J. O. Jones, Capel Coch.[15]

Y Bwrdd Ysgol a fyddai bellach yn gyfrifol am benodi athrawon. Does wybod beth yn union oedd sefyllfa yr athrawon hynny oedd eisoes yn yr ysgol cyn sefydlu'r Bwrdd, ond ym mis Mehefin 1872 mae'r Bwrdd Ysgol yn hysbysebu am athrawes drwyddedig i fod â gofal am yr 'Infant School' ar gyflog o £40 y flwyddyn. Roedd angen anfon y ceisiadau at y Parch. David Oliver, Clerc y Bwrdd Ysgol.

Yr hyn sy'n taro'n chwithig braidd yng nghyfnod dechreuad y Bwrdd Ysgol yw'r cyfeiriadau at ddwy ysgol garpiog ('*ragged schools*') o fewn y pentref. Daw'r cyfeiriad cyntaf ym mhapur y Methodistiaid – *Y Goleuad* – a hynny yn 1872; a'r Bwrdd Ysgol eisoes wedi ei sefydlu. Mae'r cyfeiriad yn honni fod yr ysgolion carpiog hyn wedi eu sefydlu yn 1870: *'Dwy flynedd yn ôl... a nifer y plant yn cael eu gadael gan eu rhieni yn hollol ddiaddysg a dioruchwyliaeth, daeth i feddwl ychydig o gyfeillion crefyddol eglwysi Gorphwysfa a Capel Coch... sefydlu dwy Ragged School, y rhai sydd eisoes wedi gwneud mwy o ddaioni nag a ellir ei draethu.'* Cafodd y plant de a bara brith ym mis Rhagfyr a rhodd o oren bob un.[16] Daw'r ail gyfeiriad am Ysgol Garpiog Blodau'r Oes yn perthyn i Gapel Gorffwysfa, a hynny eto yn ystod mis Rhagfyr a dathliadau'r Nadolig. *'Yr oedd cyfeillion Gorphwysfa wedi trefnu i gael cyfarfod difyrrus iawn i aelodau Blodau'r Oes yn y capel... ac i Ysgol Garpiog Tan y Graig.'*[17] Cyfeiriad at fudiad ar ran yr ysgolion Sul sydd yma, ac mai ar gyfer plant y tlodion y sefydlwyd hwynt. Ceir cadarnhad o hynny gan y Parch. John Owen yn ei gyfrol yn dathlu canmlwyddiant Capel Gorffwysfa: *'Tua 1870... tyfodd y syniad o gael ysgol ar gyfer plant tlodion mewn rhan o'r gymdogaeth... penderfynwyd cymryd tŷ ym mhen uchaf*

Heol Goodman am rent o swllt y mis… llwyddodd yr arbrawf a deuai 70-80 o ysgolheigion yno o Sul i Sul.'[18] Tan y Graig oedd enw'r tŷ ble cynhelid yr ysgol hon. Sefydlu'r ysgol hon ym mhen uchaf Coed y Ddôl fu'n gyfrwng i sefydlu Capel Preswylfa'n ddiweddarach. Does wybod am faint o amser y parhaodd yr ysgolion carpiog. Mor ddiweddar â 1888 roedd budd-gyngerdd yn cael ei gynnal er mwyn codi arian at yr un yng Nghapel Coch.[19]

Erbyn 1874 yr oedd aelodaeth Bwrdd Ysgol Llanberis wedi newid, ac nid oedd yr un o'r hen aelodau gwreiddiol yn parhau. Yr oedd y Bwrdd gwreiddiol wedi gwario cryn dipyn o arian er gwella cyflwr Ysgol Nant Peris ac Ysgol Dolbadarn. Mae'n ymddangos fod tua £2,000 wedi ei wario, ac y byddai angen i'r trethdalwyr dalu'r swm yn ôl i'r llywodraeth (gan gynnwys llog) o fewn hanner can mlynedd. Ond nid oedd beirniadaeth am wario'r fath arian: nid oedd *'wedi gwario dim ceiniog o arian y plwyf yn afreidiol, ond yn hollol i'r gwrthwyneb; cyflawnasant waith mawr, ac adeiladasant ac adgyweiriasant yr ysgolion yn y ddwy nant… yn y fath fodd ag y bydd yn wiw gan oesau a ddel…'*[20] Cynllunydd ysgol newydd Dolbadarn oedd G. Tecwyn Parry (ni chyfeirir ato fel gweinidog Gorffwysfa) a'r adeiladwr oedd David Williams (Dewi Môn), y ddau o Lanberis. Yr oedd bellach le i 500 o blant yn yr ysgol newydd. Aelodau newydd y Bwrdd Ysgol fyddai'r Parch. H. Jones, Rheithor y Plwyf, G. D. Griffith, Llwyn Padarn; D. P. Williams, Medical Hall; W. Parry-Jones, Bron y Wyddfa; a Thomas Ingham, Denbigh House. Ysgrifennydd y Bwrdd Ysgol oedd y Parch. J. O. Jones, Capel Coch. Ar wahân i'r Rheithor, roeddent oll yn Ymneilltuwyr.

Ar y noson olaf o fis Awst 1874 cynhaliwyd cyfarfod yn ysgol newydd Dolbadarn i amlinellu yr hyn oedd eisoes wedi ei gyflawni. Pwysleisiwyd hefyd y pwysigrwydd a'r cyfrifoldeb ar y rhieni i anfon eu plant yn gyson i'r ysgol – hynny er mwyn arbed costau mesurau gorfodol ac er mwyn cyllid yr ysgol. Gyda chydweithrediad y rhieni a'r Bwrdd Ysgol, roedd yr Ysgrifennydd yn sicrhau *'na bydd y dreth addysg ar y trethdalwyr, er cymaint yw y costau adeiladu ac atgyweirio, yn ddim uwch na dwy geiniog y bunt'.*[21]

Faint o'r rhieni hynny a wrandawodd ar apêl yr ysgrifennydd, tybed? Dros y blynyddoedd canlynol byddai'n rhaid i'r Bwrdd Ysgol fynd i gyfraith sawl gwaith. Ym mis Medi 1877 er enghraifft, roedd y Bwrdd yn gwysio rhieni am beidio anfon eu plant i'r ysgol, ac ym mis Hydref dirwywyd tri rhiant o bum swllt yr un am y drosedd.[22] Ar ddechrau'r flwyddyn honno roedd Arolygwyr y Llywodraeth wedi ymweld â'r ysgol a chafwyd adroddiad arbennig o dda yn nodi mai Bwrdd Addysgu oedd gwir bwrpas y Bwrdd Ysgol. Canmolwyd yr adeilad newydd – wedi ei rannu ar gyfer bechgyn, genethod a babanod – a lle i 600 fod yn bresennol. Yr oedd y tair adran a'u hathrawon yn cael canmoliaeth uchel. Roedd adran y babanod a'u hathrawes Miss E. Edwards yn *'very satisfactory infant department'*. Yr athrawes â gofal am y genethod oedd Alice Gray Jones (Ceridwen Peris) – *'well conducted with good results'*. Roedd llwyddiant yr adran mewn arholiadau wedi cynyddu 15% mewn blwyddyn, ac yn sefyll ar 87% o'r holl enethod. Roedd adran y bechgyn hyd yn oed yn well, gyda llwyddiant o 95% yn yr arholiadau. Cafodd yr athro, Abel Williams, ganmoliaeth uchel gan yr arolygwyr, a'i fod yn *'thoroughly satisfactory'*. Yr oedd 12 o ddisgybl-athrawon hefyd wedi llwyddo yn eu arholiadau.[23] Pa reswm felly oedd i rieni beidio ag anfon eu plant i ysgol o safon mor ganmoladwy?

Er hynny, parhau a wnâi'r chwarae triwant. Mae rhieni'n parhau i gael eu galw o flaen y llys am esgeuluso anfon eu plant i'r ysgol yn 1878 hefyd er fod adroddiad ar lwyddiant arholiadau'r ysgol yn adrodd fod y presenoldeb wedi gwella.[24] Mae'n ymddangos mai yn ystod misoedd yr haf yr oedd y chwarae triwant ar ei waethaf, a bod nifer o blant yn colli'r ysgol i arwain dieithriaid ar lwybr yr Wyddfa neu hyd yn oed i fegera oddi ar ymwelwyr.[25] Anfonwyd llythyr i un o'r papurau newyddion lleol yn cwyno am yr arferiad, a bod y plant yn rhegi'r ymwelwyr os oeddent yn cael eu gwrthod.[26] Efallai fod a wnelo hyn â phrinder gwaith yn y chwarel, (roedd yn wythnos waith dri diwrnod o ddechrau'r flwyddyn) oherwydd ceir adroddiad am chwarelwyr ifanc yn gofyn am gael mynychu'r ysgol ar ddydd Iau a dydd Gwener oherwydd nad oedd gwaith iddynt.[27] Anodd cadarnhau a gawsant eu dymuniad.

Roedd y diwrnod gwobrwyo yn ddigwyddiad o bwys, ac yn golygu dau gyfarfod – un yn y prynhawn a'r llall gyda'r nos – nid yn yr ysgol ei hun, ond yn y Neuadd Gyhoeddus. Dyma ddisgrifiad o'r cyfarfod a gynhaliwyd ym mis Chwefror 1879:[28]

Yn y cyfarfod byddai tystysgrifau'n cael eu cyflwyno am bresenoldeb yn yr ysgol a medalau am lwyddiant yn yr arholiadau. Cyn y cyfarfod roedd y plant yn gorymdeithio o'r ysgol ar hyd y stryd fawr i'r Neuadd, a'r cyfarfod yn cychwyn gyda'r dôn 'Bydd Myrdd o Ryfeddodau'. Yn dilyn anerchiad byr gan Gadeirydd y Bwrdd Ysgol âi'r cyfarfod yn ei flaen: cân gan y babanod 'Jolly Little Clacker' ac yna cyflwyno tystysgrifau a llyfrau yn wobrau i'r babanod a'r dosbarth 1af. Y bechgyn yn canu 'Safe in the arms of Jesus' cyn i fechgyn a genethod yr 2il ddosbarth dderbyn eu tystysgrifau a'u llyfrau. Canodd y babanod unwaith yn rhagor cyn i'r bechgyn ganu 'The Fox'. Dilynwyd y gân gan y Parch. G. Tecwyn Parry yn rhoi anerchiad byr. Yna cafwyd cân arall gan y babanod a'r côr o fechgyn yn canu

'Hurrah for England'. Eglurodd y Cadeirydd pam nad oedd rhai plant wedi derbyn tystysgrif oherwydd nad oedd eu presenoldeb yn haeddu hynny, ond fod y Bwrdd Ysgol wedi penderfynu cyflwyno cerdyn addurnedig iddynt er mwyn dangos pa mor bwysig oedd mynychu'r ysgol yn rheolaidd er mwyn llwyddiant yn yr arholiadau. Daeth y babanod ymlaen i ganu 'The Clock', a hynny mor effeithiol fel y gofynnwyd iddynt ei chanu eto. Daeth cyfarfod y prynhawn i ben gyda'r holl blant yn canu 'We Hail the Winter King'.

Cychwynnodd cyfarfod y nos gyda'r holl blant yn canu 'The Fire Brigade'. Croesawyd y rhieni gan y Cadeirydd a diolchodd iddynt am eu diddordeb yn addysg eu plant. Adroddodd fod yr ysgol wedi gwella'n sylweddol dros y flwyddyn ddiwethaf, a hynny'n bennaf oherwydd fod presenoldeb wedi gwella. Yr oedd bechgyn a genethod ieuanc bellach yn cyrraedd safon rhai oedd ddwy flynedd yn hŷn ychydig flynyddoedd yn ôl. Rhoddodd yr ystadegau canlynol i brofi hynny. Yn 1877 ugain yn unig o fechgyn oedd wedi cyrraedd y safon angenrheidiol. Yn 1878 roedd yn 31 ac yn 1879 roedd yn 65. Yn achos y genethod, dim ond 13 gyrhaeddodd y safon yn 1877. Cynyddodd i 27 yn 1878, ac yn 1879 roedd yn 50.

Daeth Ysgrifennydd y Bwrdd Ysgol, y Parch. J. O. Jones i gyflwyno'r daflen ariannol – a oedd eisoes wedi ei chyhoeddi a'i rhannu i'r rhieni a'r trethdalwyr. Yr oedd canmoliaeth i'r tri athro: Mr Abel Williams, Miss Alice Gray Jones a Miss E. Edwards. Cafwyd cân 'The Cobbler' gan y bechgyn yn cael eu dilyn gydag anogaeth eto gan y Cadeirydd am i'r rhieni ofalu am bresenoldeb eu plant. Cyflwynwyd tystysgrifau a llyfrau i fechgyn a genethod y 3ydd dosbarth. Anerchiad byr ar ddisgyblaeth gan Griffith Davies, aelod o'r Bwrdd Ysgol. Cân gan y genethod – 'Clychau Aberdyfi'. Anerchiad arall gan aelod o'r Bwrdd

Ysgol a chân gan y bechgyn cyn cyflwyno tystysgrifau a llyfrau i blant y 4ydd dosbarth. Anerchiad gan aelod arall o'r Bwrdd Ysgol. Cân 'May Comes Laughing' gan y genethod. Cyflwyno'r dosbarthiadau uwch gyda'i tystysgrifau a'u llyfrau. Cân gan y bechgyn – 'Let Us Sing'. Anerchiad gan Mr Roberts, y swyddog a ofalai am bresenoldeb, yn rhyfeddu at rai esgusodion a dderbyniai gan rieni – roedd cario dŵr yn esgus cyffredin iawn. Cafwyd anerchiadau pellach gan y Parchedigion G. T. Parry, R. Hughes a T. Ingham, ac adroddwyd barddoniaeth gan Alarch Gwyrfai. Diolchodd Mr Abel Williams ar ran yr ysgol.

Yr oedd pob anerchiad yn y cyfarfod hwn yn pwysleisio yr angen am bresenoldeb cyson y plant.

Yn dilyn y cyfarfod uchod cyhoeddwyd llythyr gan 'Drethdalwr' yn holi am fanylder (neu ddiffyg manylder) y daflen ariannol. Holai am gyflogau unigol yr athrawon yn hytrach na chyfanswm y cyflog. Roedd hefyd yn awyddus i gael gwybod faint o daliadau misol a dderbyniwyd gan y plant. Efallai mai'r taliadau hyn oedd yr achos fod cymaint o bwyslais ar bresenoldeb.[29]

Yr oedd pryder hefyd ynglŷn â'r ffaith fod y disgybl-athrawon yn cosbi plant yn gorfforol, ac ym mis Medi penderfynodd y Bwrdd Ysgol mai dim ond yr athrawon oedd â'r hawl i geryddu.[30] Yn yr un cyfarfod penderfynodd y Bwrdd y byddai'n cyhoeddi rhestr o enwau plant oedd yn debygol o fethu'r arholiadau oherwydd diffyg presenoldeb.[31]

Yn ystod mis Ebrill 1880 lledodd y frech goch yn gyflym drwy'r ardal a bu'n rhaid cysidro cau'r ysgol am gyfnod i geisio atal yr haint rhag lledaenu.[32] Bu'n rhaid i Glerc y Bwrdd wneud ymholiadau i ddarganfod a oedd hyfforddiant mewn sol-ffa yn ogystal â hen nodiant i'w gynnwys fel rhan o addysg y plant.[33]

Yr oedd presenoldeb yn parhau yn broblem, ac yn amlwg yn ddraenen yng ngweithrediad y Bwrdd Ysgol. Penderfynwyd fod dros ddau ddwsin o rieni i gael llythyr yn eu hysbysu o ddiffyg presenoldeb eu plant, ac os na fyddai'r sefyllfa'n gwella yna byddai'r Bwrdd yn cymryd camau gorfodol.[34]

Gan fod catrawd o wirfoddolwyr yn Llanberis nid yw'n syndod fod Sarjant Walters, eu prif swyddog wedi cael gwahoddiad i *'ddisgyblu'r plant yn y dull milwrol'*.[35] O ddarllen adroddiad arall, mae'n amlwg mai rhyw fath o ymarfer corfforol ar ffurf 'drill' oedd hwn mewn gwirionedd.[36] Ar gyfer gweithgaredd o'r fath roedd angen lle, ac mae'n amlwg nad oedd buarth yr ysgol yn ddigon mawr. Gwnaethpwyd cais i Assheton Smith am dir ychwanegol i ehangu buarth y bechgyn, ond cafodd ei wrthod.[37] Yn yr un adroddiad dywedir fod 791 o blant dan 13 oed yn Llanberis, a bod 314 ohonynt o dan bump oed. Does ryfedd fod y Bwrdd Ysgol yn awyddus am fwy o dir er mwyn ymhelaethu'r buarth.

Dyma'r flwyddyn hefyd y daeth cyfnod Alice Gray Jones i ben fel athrawes â gofal am y genethod, a hynny wedi saith mlynedd yn y swydd. Roedd yn priodi gyda'r Parch. William Jones ac yn symud i Fourcrosses i fyw. Byddai Ysgol Dolbadarn a phentref Llanberis yn colli un a fu'n weithgar iawn yn y gymuned.

Yng Nghyfarfod Gwobrwyo 1883, a gynhaliwyd unwaith yn rhagor yn y Neuadd Gyhoeddus – gyda dau gyfarfod, bnawn a nos – adroddwyd fod 168 o ddisgyblion yn adran y bechgyn, 125 yn adran y genethod a 181 yn adran y babanod. Yn ôl llwyddiant arholiadau a phresenoldeb, derbyniwyd y grantiau canlynol gan y Llywodraeth: adran y bechgyn £118, adran y genethod £83 ac adran y babanod £99. Adroddwyd hefyd fod disgyblion ysgolion Dolbadarn a Nant Peris yn talu mwy am eu haddysg na'r ysgolion cylchynol, ond ni roddir gwybodaeth am y swm. Credai'r Clerc na fyddai'n gwneud ond ychydig o wahaniaeth pe bai'r taliadau'n cael eu dileu'n gyfan gwbl – pe gellid gwella'r presenoldeb, ac felly gynyddu'r grant gan y Llywodraeth. Yr oedd dull newydd o benderfynu grantiau'n cael ei ystyried, a chredai'r Clerc y byddai'n fwy ffafriol na'r hen un.[38]

Roedd 1883 hefyd yn flwyddyn lle roedd angen cynnal etholiad i benderfynu aelodaeth y Bwrdd Ysgol am y tymor i ddod. Pum sedd oedd ar y Bwrdd, a chwech ymgeisydd. Mae'n ymddangos y gallai fod yn frwydr rhwng yr Ymneilltuwyr a'r Eglwyswyr; rhwng y Torïaid a'r Rhyddfrydwyr, a hyd yn oed rhwng enwadau. Dau yn unig o'r hen Fwrdd oedd yn sefyll sef y Parch. J. Evans Owen (Gweinidog yr Annibynwyr a Rhyddfrydwr) a Mr D. Pierce Williams (Fferyllydd, Methodist a Rhyddfrydwr). Yr ymgeiswyr eraill oedd Mr John Davies (Goruchwyliwr Chwarel Dinorwig, Eglwyswr a Thori), y Parch. John O. Jones (Gweinidog y Capel Coch, Methodist, Rhyddfrydwr a chyn Glerc y Bwrdd Ysgol), Mr R. J. Griffith (Groser, Methodist a Rhyddfrydwr), a Mr T. Thomas (Tafarnwr, Eglwyswr a Thori).

Yr oedd R. J. Griffith yn sefyll i lenwi lle W. P. Jones, y cyn-aelod oedd yn cynrychioli'r Nant Uchaf ar y Bwrdd. Byddai'n weddol sicr o bleidlais trethdalwyr Nant Peris er mwyn cael llais dros yr ysgol yno ar y Bwrdd.

Cyhoeddwyd llythyr maith yn *Y Genedl Gymreig* ychydig cyn yr etholiad ble roedd 'Cymedrolwr' yn trafod yr ymgeiswyr. Mae'n gosod allan y rhesymau pam fod ambell un yn sefyll ac yn trafod y dadleuon o blaid ac yn erbyn y gwahanol ymgeiswyr. Am John Davies dywed: *'daw ymlaen fel cynrychiolydd ei feistr yn unig, ac nid yw yn proffesu mwy na gwylio dros ei feddiannau ef.'* Roedd y Parch. J. O. Jones yn sefyll ar ran Methodistiaid Capel Coch, i lenwi sedd y cyn is-gadeirydd ar y Bwrdd: *'dadleuir mai gan yr un corff o bobl y mae hawl i lanw y gadair wag.'* Deuai T. Thomas allan *'fel olynydd dewisiedig Mr Edwards, periglor y plwyf'*. Roedd y Parch. J. Evans Owen a D. Pierce Williams yn sefyll ar gais y trethdalwyr yn dilyn dau gyfarfod cyhoeddus.

Yr oedd pedwar Ymneilltuwr yn sefyll (tri ohonynt yn Fethodistiaid) a dau Eglwyswr. Dadleuai'r Eglwyswyr yn erbyn yr hawl i'r Methodistiaid gael tair sedd ar y Bwrdd. Golygai hynny mai hwy fyddai'n rheoli'r Bwrdd Ysgol. Dadl y Methodistiaid oedd fod ganddynt hawl i dair sedd oherwydd fod mwyafrif y trethdalwyr yn Fethodistiaid. Mae 'Cymedrolwr' yn crynhoi'r ddadl: *'Cael un o'r Methodistiaid i'r gors yw gweddi yr Eglwyswyr; cael un o'r Eglwyswyr i'r ffos yw penderfyniad y Methodistiaid.'*[39]

Canlyniad yr etholiad oedd a ganlyn: D. Pierce Williams – 608. Parch. J. O. Jones – 518. Parch. J. Evans Owen – 493. John Davies – 481. R. J. Griffith – 407. T. Thomas – 397. Atebwyd gweddi'r Methodistiaid, ac aeth T. Thomas yr Eglwyswr *'i'r ffos'* o ddeg pleidlais yn unig.[40]

Gwaith olaf yr hen Fwrdd Ysgol oedd penodi Miss Selina Rowlands yn brifathrawes ar Adran y Babanod.[41]

Erbyn canol y degawd hwn roedd y ddadl ynglŷn â'r Gymraeg o fewn addysg elfennol yn cael cryn sylw. Ar ddiwedd y 1870au, ar wahân i 'Clychau Aberdyfi' roedd pob cân yn y Cyfarfod Gwobrwyo Blynyddol yn Saesneg, gan gynnwys 'Hurrah for England'. Yn 1885 cyhoeddwyd adroddiad gan y Cymmrodorion ynglŷn â dysgu'r Gymraeg yn yr ysgolion elfennol – *'to compel the children who attend our National and Board Schools to pore over the grammar of the Welsh language for several hours every week would not only be a waste of time, but a positive injury and loss.'*[42] Ymateb prifathro Ysgol Dolbadarn, Mr Abel Williams oedd:

'There is no need to teach Welsh reading in schools. It is done successfully in Sunday Schools.'[43] Mewn cyfarfod yn y Club Room ddiwedd y flwyddyn flaenorol roedd T. Edwin Jones, ciwrat Llanberis yn dadlau *'fod yr iaith Gymraeg yn marw'*, ac y dylid *'rhoi anogaeth i ddarllen llyfrau Saesneg am mai dyna'r iaith a arferir fynychaf y dyddiau hyn'*.[44] Canwyd 'God Save the Queen' i ddiweddu'r cyfarfod hwnnw.

Nid ym myd addysg yn unig roedd mater yr iaith yn cael sylw. Pan fu farw Major Clayton, Prif Gwnstabl Heddlu Sir Gaernarfon ar ddechrau 1886, cafwyd cynnig yn nhrafodaethau gwarcheidwaid Bangor mai Cymro Cymraeg ei iaith ddylai gael ei benodi i'r swydd, a'u bod yn argymell hynny i'r Ynadon. Cafodd y cynnig ei eilio, a derbyn cymeradwyaeth neb llai na Capten Stewart, asiant Y Faenol. Un rheswm dros gymeradwyo'r cynnig oedd gwaith Sarjant Rowlands, Llanberis (Cymro Cymraeg ei iaith) yn cadw heddwch yn ystod y terfysg oherwydd y cloi allan yn Chwarel Dinorwig. Cydnabyddid y gallai pethau fod yn llawer gwaeth pe bai'r Major Clayton ei hun wedi ymyrryd. Adroddai Capten Stewart ei fod eisoes wedi awgrymu penodi Cymro Cymraeg i swydd y Prif Gwnstabl, ond fod Cadeirydd yr Ynadon (Mr Lloyd-Edwards) wedi barnu'n wahanol.[45]

Yng nghyfarfod gwobrwyo ysgolion dyddiol Llanberis yn 1887 roedd anerchiad y Cadeirydd, D. Pierce Williams yn trafod y newidiadau a'r gwelliannau sylweddol a ddigwyddodd ers Deddf Addysg 1870, nid yn unig yn Llanberis ond yn genedlaethol. Cyfeiriodd yn benodol at y Ddirprwyaeth Freiniol ar Addysg a'u hargymhellion, gan ddatgan yn glir y dylai pob ysgol elfennol gael ei llywodraethu gan bersonau wedi eu dewis gan y bobl o fewn eu dalgylch. Roedd hefyd yn gobeithio y deuai'r Gymraeg i gael ei rhan yn y gyfundrefn addysg *'yr hyn sydd yn gyfiawn a theg i ni fel cenedl'*.[46]

Ymddengys fod yr iaith wedi cael ei chyflwyno yn Ysgol Dolbadarn yn fuan wedyn, oherwydd mewn cyfarfod o Fwrdd Ysgol Caernarfon ym mis Mawrth 1888 cafwyd cynnig fod *'y Gymraeg i gael ei mabwysiadu fel pwnc arbennig ym mhob ysgol dan reolaeth y bwrdd... a bod yr iaith wedi ei mabwysiadu i raddau yn ysgol Llanberis'.*[47] Felly, gwta bedair blynedd wedi i brifathro'r ysgol ddweud mai gwaith yr ysgolion Sul oedd dysgu'r Gymraeg, ac i giwrat y plwyf ddweud fod yr iaith yn marw, roedd y Gymraeg yn cael ei lle yn yr ysgol. Roedd Abel Williams erbyn hyn wedi ymadael, a T. Morgan Jones wedi ei benodi yn brifathro.

Eto i gyd, mae'r adroddiad am y Cyfarfod Gwobrwyo blynyddol a gynhaliwyd ym mis Mawrth 1889 yn datgan mai 'Nos Galan' oedd yr unig gân Gymraeg i'w chanu, a does dim cyfeiriad at yr iaith yn adroddiad Arolygwr yr Ysgolion: *'English and geography'* oedd yn cael canmoliaeth yn adran y bechgyn, ac *'English and needlework'* yn adran y merched. Roedd canmoliaeth i'r prifathro, T. Morgan Jones a phrifathrawes y genethod, Miss M. A. Davies.[48]

Unwaith yn rhagor roedd tymor aelodaeth y Bwrdd Ysgol yn dirwyn i ben. Nid oedd D. Pierce Williams y Cadeirydd, ac aelod ers 15 mlynedd, yn bwriadu sefyll. Felly hefyd y Parch. J. O. Jones, aelod ers deunaw mlynedd, y Parch. J. Evans Owen, R. J. Griffith (aelod dros Nant Peris) nac E. G. Roberts. Ar ddiwrnod yr etholiad, y rhai a enillodd bleidlais y trethdalwyr oedd Y Parch. D. F. Williams (gweinidog Rehoboth, Nant Peris), y Parch. G. Tecwyn Parry, a'r Meistri Hugh Owen, Hafod Uchaf; William Williams, Min y Don; a J. C. Williams Tŷ Gwyn.

Tybed ai'r aelodau newydd hyn a argymhellodd i'r prifathro ymddiswyddo? Daw'r awgrym ym mis Mehefin, yn dilyn ethol y Bwrdd Ysgol newydd: *'Deallwn fod Mr T. Morgan Jones... wedi cael ei argymell i ymddiswyddo o wasanaeth y Bwrdd, â'r hyn y cydsyniodd, ac yr anfonodd ei ymddiswyddiad i mewn yr wythnos diwethaf.'*[49] Mae'n ymddangos mai diffyg cytundeb rhwng y prifathro a'r Bwrdd oedd yr achos, ond gan fod teimlad cryf yn y pentref o blaid y prifathro, *'y mae yn bosibl y llwydda y Bwrdd i ddod i ail gytundeb â Mr Jones, canys y gred yw y gallem fod am lawer blwyddyn faith cyn taro ar brifathro o'i gymhwyster ef.'*[50] Ac felly y bu, a pharhaodd T. Morgan Jones yn ei swydd, ond nid yn hir iawn. Erbyn degawd olaf y ganrif byddai D. W. Thomas yn brifathro Ysgol Dolbadarn.

Mae'n amlwg fod rhyw anghydfod wedi bod ynglŷn ag aelodaeth y Bwrdd Ysgol. Pam tybed y penderfynodd D. Pierce Williams a'r Parch. J. Evans Owen beidio sefyll yn etholiad 1889, dau aelod â blynyddoedd o wasanaeth a phrofiad? Mae'n amlwg hefyd fod y cais i'r prifathro ymddiswyddo – yn groes i ddymuniadau'r pentrefwyr, mae'n ymddangos – ac yna dderbyn ei swydd yn ôl, wedi creu cryn anniddigrwydd. Parhaodd D. Pierce Williams i frwydro dros addysg. Yn 1890 roedd yn annerch yng Nghynhadledd Addysgol Gogledd Cymru yn Y Rhyl, ac yn edrych ymlaen at newidiadau fyddai'n digwydd ym myd llywodraeth leol. Yn y Gynhadledd honno rhoddodd gynnig gerbron y dylai ardaloedd y Byrddau Ysgol (oedd eisoes yn bodoli) gyd-fynd â therfynau y Cynghorau Dosbarth a oedd ar fin cael eu sefydlu.[51]

Pan ddaeth yn amser ethol Bwrdd Ysgol Llanberis yn 1892 cafodd D. Pierce Williams a'r Parch. J. Evans Owen eu hethol yn ôl ar y Bwrdd, ynghyd â Dr J. Lloyd Williams, R. E. Jones, a Hugh Owen, yr unig un o'r Bwrdd blaenorol i gael ei ail-ethol.[52] J. Lloyd Williams a etholwyd yn gadeirydd y Bwrdd newydd, gyda D. Pierce Williams yn is-gadeirydd.[53]

Roedd yr ysgol nos yn parhau, a thros gant yn mynychu

Dosbarth o fechgyn yn Ysgol Dolbadarn 1895

ddechrau Ionawr.[54] A daeth llwyddiant i 34 ohonynt mewn arholiadau yn ôl adroddiad yr Arolygwr.[55] Fis ynghynt cafwyd arddangosiad ar sut i wneud menyn gan rhyw Miss Ellis, a oedd yn fuddugol mewn cystadleuaeth a gynhaliwyd gan y Bangor Dairy School. Addawyd fod cyfres o wersi i ddilyn.[56]

Ar ddechrau 1893 cafwyd athro newydd i'r ysgol. Penodwyd A. E. Larkman o'r Porth, Sir Forgannwg yn athro cynorthwyol, ond bu'n rhaid cau'r ysgol am wythnos oherwydd achos difrifol o'r frech goch.[57] Cyfarfu'r Bwrdd Ysgol hefyd ym mis Chwefror, a diddorol nodi fod is-athrawon yn cael eu gwahardd rhag gweinyddu cosb gorfforol, a bod y Bwrdd yn ystyried diddymu cosb gorfforol yn gyfan gwbl oni bai am droseddau a chamymddwyn neilltuol – ond ni roddir enghreifftiau o hynny. Roedd rheidrwydd hefyd i gofnodi pob cosb gorfforol yn Llyfr Log yr ysgol. Cafwyd rhybudd gan D. Pierce Williams y byddai'n rhoi cynnig gerbron i hyrwyddo dysgu bechgyn a genethod gyda'i gilydd, a gosod yr ysgol (yn hytrach na'r bechgyn) dan un prifathro.[58] Erbyn diwedd y flwyddyn roedd ysgol yng Nghaernarfon (ni roddir ei henw) hefyd yn cysidro dysgu'r bechgyn a'r genethod gyda'i gilydd.[59] Erbyn hyn yr oedd D. W. Thomas, prifathro Dolbadarn yn hyfforddwr mewn dosbarthiadau yng Nghaernarfon i hyfforddi athrawon elfennol.[60]

Erbyn hyn, efallai oherwydd penodiad D. W. Thomas yn brifathro, roedd y Gymraeg yn cael lle ym mywyd addysgol yr ysgol. Yn y Cyfarfod Gwobrwyo i'r babanod a gynhaliwyd ar nos Fercher, adroddwyd a chanwyd nifer *'o ddarnau prydferth yn y Gymraeg a'r Saesneg'*. Roedd Cyfarfod Gwobrwyo y bechgyn a'r genethod yn cael ei gynnal ar y nos Wener yn cael ei ddilyn gan ddarluniau'r 'magic lantern' a the ar y ddôl o flaen y llyn i ddilyn i'r oll o 453 o blant yn yr ysgol.[61]

Prin fyddai'r newyddion am Ysgol Dolbadarn hyd ddiwedd y ganrif, oherwydd y mudiad i sefydlu ysgol uwchradd yn yr ardal fyddai'n hawlio'r holl sylw, a Llanberis yn anfoddog iawn fod y safle wedi ei bennu ym Mrynrefail.

Erbyn 1895 roedd cynrychiolaeth ar y Bwrdd Ysgol wedi gweld cynnydd o ddau, a saith bellach yn penderfynu ar addysg elfennol yr ardal. Daeth cyfnod Miss Rowlands fel athrawes y genethod i ben hefyd wedi 12 mlynedd yn y swydd.[62] Daeth Miss Thomas i gymryd ei lle, ond yr oedd athrawes goginio hefyd wedi ei phenodi – Miss Bannerman, a chafwyd arddangosfa goginio gan y genethod, wedi ei noddi gan Mr Greaves, Glangwna, Caeathro.[63] Yr oedd gwersi coginio eisoes wedi cychwyn flwyddyn ynghynt. Peth newydd yw *'dysgu'r plant i drin bwyd'*.[64]

Ym mis Ionawr 1897 gwireddwyd cynnig D. Pierce Williams bedair blynedd ynghynt, a daeth y bechgyn a'r genethod dan ofal un prifathro. Penderfynwyd hefyd, eto ar gynnig D. Pierce Williams, fod genethod dros 10 oed yn cael gwersi mewn *'gwaith laundry'* a'r bechgyn mewn gwaith llaw. Yr oedd hyrwyddo addysg yn un o flaenoriaethau D. P. Williams, ac yn amlwg, roedd gan Fwrdd Ysgol Llanberis bob ymddiried ynddo gyda'i gynlluniau i wella cyfleusterau addysg yr ardal. Daeth gair newydd i fyd addysg Cymru: 'Sloydeg', a chafwyd diffiniad ohono yn *Y Werin*.

> *Baich pryder rhieni Cymru yn yr amser gynt oedd cael 'rhywbeth i bennau' y plant. Daeth tro ar fyd a'r betws; o hyn allan ni phaid rhieni a theimlo fod disgyblu'r llaw a'r llygad yr un mor angenrheidiol... Celfyddyd yw ei thiriogaeth: dysgir y llaw a'r llygad i drin coed a haearn, clai a pheirianwaith, arlunwaith a phlethwaith, cerfwaith a brodwaith, coginiaeth a dilladwaith; y gelfyddyd o gadw tŷ a'i addurno. Ni raid wrth nemor drafferth i argyhoeddi y deallus fod Sloydeg yn gyfundrefn o'r gwerth mwyaf i blant o bob gradd.*[65]

Ac yr oedd rhai o argymhellion y dull newydd hwn eisoes wedi eu cyflwyno i ddisgyblion Dolbadarn ar anogaeth D. P. Williams.

Ond nid mewn ystafell ddosbarth gyffredin y gellid cyflwyno'r dulliau newydd hyn. Amcangyfrifid fod angen tua £3,500 i adeiladu estyniad neu adeilad ychwanegol i'r ysgol, ac aeth D. P. Williams ati'n ddiymdroi i chwilio am arian. Derbyniwyd grant ariannol gan Ymddiriedolaeth Tate (Tate Trust Fund), ond nid oes sicrwydd faint yn union a dderbyniwyd. Adroddir fod Mr William Rathbone a Mr Thomas Gee wedi anfon £50 yr un ar ran yr Ymddiriedolaeth, ac mai yn Llanberis fyddai'r *'only purely technical institute attached to an elementary school in the Principality. It is intended to teach the boys manual instruction and Sloyd, and the girls cookery, laundry work, cutting and sewing.'*[66]

Gydag Ysgol Sir newydd ar fin cael ei hagor ym Mrynrefail, roedd addysg yr ardal mewn dwylo da.

Pennod 12

Diwylliant: cerdd, drama a chicio gwynt

PRIN YW'R WYBODAETH am weithgareddau trigolion yr ardal yn y cyfnodau cyn dyfodiad Methodistiaeth i'r fro. Roedd y pwyslais ar gryfder a champau corfforol y brodorion, gydag enwau fel Ffowc Tŷ-du, Cadi'r Cwmglas a Marged uch Ifan yn cael cryn sylw. Ac yr oedd y gweinidogion Ymneilltuol cynnar yn ddigon parod i feirniadu diffyg moesau'r trigolion, a diffygion yr eglwys wladol i roi arweiniad i'w phlwyfolion. Yn ôl y Parch. Robert Ellis, Ysgoldy, un gwasanaeth a gynhelid ar y Sul yn Eglwys Llanddeiniolen, ac ar ddiwedd y gwasanaeth hwnnw byddai'r clochydd yn cyhoeddi amser a lle gwahanol fathau o ddifyrrwch.

Yr oedd ysgol yn cael ei chynnal gan John Morgan y ciwrat, yn Eglwys Llanberis, a bu Abram Williams a Dafydd Ddu Eryri yn ddisgyblion yno, gyda Dafydd ei hun yn rhoi tymor fel athro yn ddiweddarach, gan rannu ei amser rhwng Llanberis a Llanrug dan nawdd y Parch. Peter Bailey Williams, Rheithor y ddau blwyf. Eto, yn ôl y Parch. Robert Ellis, roedd Rhisiart Morris, Penllyn (gŵr Marged uch Ifan) yn ŵr diwylliedig; yn delynor ac yn meddu ar lyfrgell helaeth.

Er i Dafydd Ddu fod yn gyfrwng i ddysgu barddoniaeth

i'w 'gywion', ni chafodd fyw i weld sefydlu Cymdeithas Gymreigyddion Nant Padarn ar Fehefin 17eg 1825 yn nhafarn y New Inn (Dolbadarn). Roedd y gymdeithas hon eisoes yn bodoli; wedi ei sefydlu yn Llundain yn 1794 gyda'r bwriad o drafod materion o bwys yn Gymraeg, ac fel arfer, yn cynnal eu cyfarfodydd mewn tafarnau. Roedd hefyd yn esgus i fwynhau'r gyfeddach! John Williams, brodor o Fetws Garmon, oedd yn cadw tafarn y Dolbadarn ar y pryd, ac yr oedd yno ers 1824 pan gafodd y dafarn ei hadnewyddu[1]. Roedd y Cymreigyddion eisoes wedi cynnal Eisteddfod Gŵyl Ddewi yng Nghaernarfon flwyddyn cyn sefydlu cangen Nant Padarn, a Gwilym Padarn yn bresennol. William Edwards, brodor o blwyf Llanberis oedd Gwilym Padarn, ac mae'n debyg mai ef fu'n gyfrifol am hyrwyddo sefydlu'r gangen o'r Cymreigyddion yma. Jeremiah Williams, asiant yng ngwaith copr Nant Peris oedd y llywydd, a Gwilym Padarn oedd eu bardd swyddogol. Roeddent i gyfarfod yn fisol, ond does dim gwybodaeth i brofi a ddigwyddodd hynny, ond roedd cyfarfod arall wedi ei gynnal flwyddyn yn ddiweddarach ar Ddydd Gŵyl Ddewi. Dyma, o bosibl, y cofnodion cyntaf am unrhyw fath o gymdeithas ddiwylliannol yn cael ei chynnal yn Llanberis.

Tua'r un cyfnod hefyd ceir cyfeiriad at Gymdeithas Cantorion Llanberis.[2] Mae'n bosibl mai cyfeiriad sydd yma at Gôr Eglwys y Plwyf, ond nid oes sicrwydd o hynny. Roedd Côr Eglwys eisoes yn bodoli cyn hyn yn Llanrug, ac efallai mai dylanwad y Rheithor a fu'n achos i sefydlu côr yn Llanberis hefyd. Ond dyfalu yn unig yw hynny.

Er hynny, yr oedd Côr Eglwys yn bodoli ym mhlwyf Llanberis erbyn o leiaf 1854. Ym mis Mehefin y flwyddyn honno roedd y côr, ynghyd â Chôr Bangor yn cynnal cyngerdd o 'gerddoriaeth sanctaidd' ym Mhorthaethwy, a hynny er mwyn codi arian tuag at ysgolion Cenedlaethol Llantysilio yn y pentref. Mr Hayden o Gaernarfon oedd yn arwain y corau ac yn cyfeilio ar yr harmoniwm. Rheithor Llantysilio a Deon Bangor oedd yn llywyddu, felly mae'n amlwg mai digwyddiad eglwysig oedd hwn. Edward Humphreys (genedigol o Borthaethwy) oedd yn cadw'r Dolbadarn yn Llanberis erbyn hyn, ac ef a fu'n gyfrifol am dalu costau y ddau gôr. Eglwyswr oedd yntau hefyd.[3]

Ddwy flynedd yn ddiweddarach roedd Côr Llanberis yn Llanrwst mewn cyfarfod cystadleuol (nid yw'n cael ei ddisgrifio fel 'eisteddfod'). Roedd yn cael ei gynnal ar ddydd Llun y Sulgwyn yng nghapel y Methodistiaid, o bosibl oherwydd ei fod yn ddigon mawr i gynnal y fath achlysur. Dau gôr oedd yn perfformio ac yn cystadlu: Côr Betws y Coed a Chôr Llanberis. Dyfarnwyd gwobr o bunt i Gôr Llanberis am ganu anthem angladdol yng nghyfarfod y bore, a hefyd am anthem arall yn y pnawn, a chawsant gymeradwyaeth frwdfrydig am ganu rhan o'r 'Hallelujah Chorus'. Does dim sicrwydd ai côr eglwys oedd hwn, ond mae'r ffaith mai canu anthemau yn unig oeddent (a Chôr Betws y Coed hefyd) yn awgrymu hynny.[4]

Yn yr un flwyddyn hefyd roedd dau gôr yn cystadlu mewn cyfarfod yn y Capel Coch, Llanberis – Côr y Waunfawr a Chôr Rehoboth – ond dim un o'r pentref ei hun.[5]

Erbyn hyn yr oedd Cymdeithas Lenyddol wedi ei sefydlu. Ei henw'n swyddogol oedd 'Cymdeithas Lenyddol Dinorwig a Llanberis'. Mae'n anodd darganfod a oedd y gymdeithas yn cyfarfod yn rheolaidd, yntau enw ar eisteddfod flynyddol a gynhaliwyd ar yn ail yn Ninorwig a Llanberis ydoedd. Gallai gynnwys ardal ehangach na Dinorwig, ac yr oedd Nant Peris yn rhan o'r gymdeithas hefyd. Yn Ninorwig y cynhaliwyd cyfarfod 1859, a hynny ar ddydd Sadwrn ym mis Tachwedd. Eitemau arferol eisteddfodol oedd ar y rhaglen – canu, adrodd, darllen ar y pryd, llawysgrif, gwaith llaw ac adran lenyddol, yn cynnwys cyfieithu o'r Saesneg. Roedd dau gyfarfod – pnawn a hwyr, ac ar ddiwedd cyfarfod y pnawn *'aeth pawb i ymofyn ymborth i'r corff'*. Ble yn Ninorwig roedd hwnnw i'w gael tybed, yntau a oedd y rhai o Lanberis a'r Nant yn dychwelyd am adref, cyn dringo'n ôl ar gyfer cyfarfod yr hwyr? Mae rhai o'r testunau'n swnio'n ddigon sych a di-ddychymyg erbyn heddiw: pryddest ar 'Atgyfodiad Lasarus', traethawd ar 'Anonestrwydd' ac un arall ar 'Y pwysigrwydd i'r dosbarth gweithiol iawn ddefnyddio eu oriau hamdden'. Ond yr oedd traethawd arall yn gofyn am 'Llanberis, ei hynodion a'i hynafiaethau'. Rhywun o'r enw Evan Hughes enillodd, a byddai'n ddiddorol cael gweld copi o'r traethawd buddugol hwnnw.[6]

Ddwy flynedd yn ddiweddarach, ac yn y Capel Coch yn Llanberis y cynhaliwyd cyfarfod y gymdeithas. Dau gyfarfod oedd y drefn eto: pnawn a nos, a hynny ar y Sadwrn. Cawn wybod fod y pris mynediad yn hanner coron, swllt, a chwecheiniog. Gwnaethpwyd elw o drigain punt wrth y drws. Diddorol nodi mai Gayney Griffith, Weirglodd Ddu, Nant Peris ddaeth yn fuddugol ar yr unawd; enw a ddaeth yn gyfarwydd ledled Cymru yn ddiweddarach. Anerchwyd cyfarfod yr hwyr gan Gwyneddon, a oedd yn annog aelodau'r gymdeithas i gefnogi 'Eisteddfod Fawr Caernarfon' a fyddai'n cael ei chynnal y flwyddyn ddilynol.[7]

Cawn gadarnhad o ddalgylch yr eisteddfod yn 1862. Roedd yn agored i drigolion holl blwyf Llanberis, ardal Dinorwig a'r Fachwen.[8] Mae'n amlwg hefyd i'r cyfarfodydd hyn fod yn fodd i feithrin talentau lleol. Nid Gayney Griffith oedd yr unig un i gael sylw'r wasg genedlaethol. Erbyn 1864 roedd merch fach o Lanberis yn teithio gogledd Cymru yng nghwmni Owain Alaw (John Owen), ei hathro cerddorol.

Deuddeg oed oedd Jane Owen pan ymddangosodd mewn cyngherddau yng Nghorwen a Wrecsam, yn cael ei disgrifio fel *'the juvenile Welsh songstress'*.[9]

Ym mis Awst 1865 y sefydlwyd John Roberts (Ieuan Gwyllt) yn weinidog ar Gapel Coch. Cwta dair blynedd fu ei arhosiad yn y pentref cyn symud i ardal Llanfaglan, ond bu ei effaith ar ganu a dysgu'r sol-ffa yn gaffaeliad i lawer. Fel hyn y mae Ceridwen Peris yn cofio am ei ddyfodiad: *'Crëwyd cyfnod newydd yn hanes yr ardal drwy ddyfodiad Ieuan Gwyllt... Byddai ganddo ddosbarthiadau sol-ffa yn yr Ysgol ddyddiol yn yr hwyr. Pob oedran yn dod iddynt, arweinwyr canu y capelau, pobl ieuanc a phlant.'*[10] O fewn chwe mis i'w ddyfodiad i'r ardal yr oedd sôn am sefydlu 'Côr Mawr', sef ffurfio côr o gynulleidfaoedd gwahanol gapeli enwadol y cylch, gyda Ieuan Gwyllt yn hyfforddwr ac arweinydd. *'Dyma beth newydd yn y rhan yma o'r byd... ond rhaid i ni fyw yn gynnil ar yr hanes hyd nes y cawn weled ei enedigaeth.'*[11] Does dim sicrwydd pendant a gafodd côr o'r fath ei ffurfio. Ond yr oedd corau yn ymddangos mewn cyfarfodydd cystadleuol a chyngherddau yng ngwahanol gapeli'r pentref.

Mae'n amlwg fod yr holl wersi sol-ffa wedi bod yn llwyddiannus. Flwyddyn wedi i Ieuan Gwyllt ymadael â Llanberis cafwyd peth trafferth yng nghyfarfod Cymdeithas Lenyddol Dinorwig a Llanberis. Un gystadleuaeth oedd canu alaw ar y pryd, a honno mewn sol-ffa. Daeth pump o fechgyn bychan i gystadlu, a methodd y beirniad â'u gwahanu. *'Gohiriwyd y mater hyd gyfarfod yr hwyr, er mwyn i'r beirniad gael amser i chwilio am un anoddach.'* Yng nghyfarfod yr hwyr, profodd yr un mor anodd i'r beirniad, gan osod dau fachgen yn gydradd gyntaf a dau arall yn gydradd ail.[12] A Chôr Sol-ffa Dinorwig gipiodd dair o'r gwobrau corawl.

Ond os oedd ffynnu ar ganu yn dilyn hyfforddiant sol-ffa, doedd dyfodol yr Undeb Llenyddol ddim mor sicr. Doedd Capel Rehoboth, Nant Peris ddim am barhau, ac yr oedd Annibynwyr Jerusalem a'r Eglwyswyr eisoes wedi tynnu allan. Doedd Annibynwyr Nant Padarn chwaith ddim mor gefnogol ag arfer. Roedd *'y gweddill o'r cynghreiriaid yn Dinorwig a Llanberis yn ymddangos yn selog am fyned ymlaen eto gyda'r Undeb'.*[13] Ond cywirwyd y camargraff hwn bythefnos yn ddiweddarach, gan sicrhau fod Nant Padarn, Jerusalem a'r Eglwyswyr yn parhau'n gefnogol.[14]

Roedd pentref Llanberis yn byrlymu o wahanol weithgareddau erbyn 1870. Roedd yr ymgyrch ddirwest ar ei hanterth. Cysegrwyd yr eglwys newydd, a chychwyn ar waith i gael adeiladu festri ynghlwm â hi. Agorwyd Capel y Bedyddwyr. Cychwynnwyd yr achos Wesleaidd pan symudodd Thomas Ingham o Fanceinion yma i agor masnachdy esgidiau. Sefydlwyd y Parch. Tecwyn Parry yn weinidog Gorffwysfa, a'r Parch. John Owen Jones yn weinidog Capel Coch wedi ymadawiad Ieuan Gwyllt. Agorwyd cangen o fanc Pugh, Jones & Co., Pwllheli yma, ac yr oedd Cymdeithas Adeiladu Nant Padarn yn ffynnu'n ariannol. Sefydlwyd Bwrdd Ysgol Llanberis yn dilyn Deddf Addysg 1870. Ymunwyd y rheilffordd o Lanberis i Gaernarfon â rheilffordd Caernarfon-Bangor. Roedd hi bellach yn bosib teithio oddi yma ar y trên ar draws gogledd Cymru ac ymlaen i Loegr, a hefyd i lawr arfordir y gorllewin tuag Aberystwyth. I ddathlu hynny, ac o fewn mis i'r cysylltiad gael ei wneud, aeth rhwng 300 a 400 o chwarelwyr a'u teuluoedd ar bleserdaith i Benbedw a Lerpwl. Roedd Gwaith Nwy ar fin cael ei sefydlu.

Cynhaliwyd hefyd gyfarfod cyhoeddus yn Ysgol Dolbadarn gyda'r golwg ar sefydlu Marchnadfa neu Neuadd Farchnad. Byddai i adeilad o'r fath dri phwrpas: lle i werthu llysiau, ffrwythau a chigoedd; darllenfa, a neuadd gyhoeddus ble gellid cynnal gwahanol gyfarfodydd.[15] Sefydlwyd pwyllgor a sicrhaodd safle i adeiladu *'mewn lle cyfleus wrth ochr y ffordd haiarn'*.[16] Amcangyfrifid y byddai'r gost tua £750 a sefydlwyd cwmni gyda chyfranddaliadau fesul £1 hyd at £1,000. O fewn pedair awr ar hugain gwerthwyd 200 o gyfranddaliadau.[17] Un abwyd a ddefnyddiwyd i ddenu prynwyr oedd yr hawl i ddefnyddio'r ddarllenfa am ddim am flwyddyn.

Roedd y fenter yn llwyddiant, ac erbyn cynnal Cyfarfod Blynyddol y 'Llanberis Market Hall and General Improvement Company Ltd' ddechrau fis Mawrth 1872, gallai'r cadeirydd, Wallace Cragg ddatgan fod digon o elw wedi ei wneud i dalu 'dividend' i'r cyfranddalwyr. Ond roedd y cyfarwyddwyr yn argymell cadw'r elw yng nghyfrif y cwmni am y flwyddyn i ddod, a chytunwyd yn unfrydol ar hynny. O fewn blwyddyn weithredol gyntaf yr adeilad, roedd digon o ddefnydd wedi ei wneud o'r ddarllenfa a'r neuadd gyhoeddus (neu'r 'Concert Hall' fel y caiff ei galw) i wneud elw eithaf sylweddol.

Byddai'r ddarllenfa yn rhoi cyfle i drigolion y pentref ddilyn y newyddion diweddaraf o ddarllen y papurau dyddiol ac wythnosol a oedd ar gael yno. A byddai'r 'Concert Hall' yn gyfrwng i gynnal gwahanol weithgareddau, nid yn unig gan y pentrefwyr eu hunain, ond hefyd i wahodd darlithwyr a diddanwyr o ardaloedd eraill. Ond fu sefydlu 'Concert Hall' anenwadol ddim yn ddigon i atal yr anghydfod rhwng yr Eglwyswyr a'r Ymneilltuwyr. Ym mis Ionawr 1872 cynhaliwyd cyngerdd yn y 'Concert Hall' gan yr Eglwyswyr, a hynny yn ystod wythnos weddi yr Ymneilltuwyr. Cafwyd sylwadau yn y Wasg – hyd yn oed dan newyddion Dinorwig. *'Credai llawer fod perygl i wrthryfel cartrefol gyfodi yn y lle... ond gobeithio y ceir heddwch rhag tywallt gwaed.'*[18] Ddwy flynedd yn ddiweddarach ac yr oedd gwrthdaro eto rhwng digwyddiadau'r 'Concert Hall' a'r capeli. Ym mis Medi 1874 cynhaliwyd dwy noson o adloniant gan ddiddanwyr teithiol y 'Christy Minstrels' a rhyw ddeuawd o'r enw 'Sophia and Annie', a hynny tra roedd cyfarfodydd pregethu yn cael eu cynnal. Ond o gredu'r adroddiad ym mhapur enwadol y Methodistiaid *'roedd y capel yn orlawn a'r neuadd yn rhannol wag.'*[19]

Mor gynnar â Medi 1872 roedd yr Aelod Seneddol, Jones-Parry yn y 'Concert Hall' yn rhoi adroddiad ar weithgareddau'r Senedd dros y tymor, ac yn annerch ei gynulleidfa yn Gymraeg.[20] Mae'n bosib mai dyma'r achlysur cyntaf i unrhyw aelod seneddol Sir Gaernarfon gynnal y fath gyfarfod i drosglwyddo adroddiad am weithgareddau'r Senedd i'w etholwyr.

Dyma'r flwyddyn hefyd y sefydlwyd Undeb Cerddorol yma. William Owen, Blaen y Ddôl ac Eos y Ceiri fu'n bennaf gyfrifol am ddod â chorau'r ardal at ei gilydd.[21] Efallai mai'r bwriad oedd cystadlu yn Eisteddfod Gadeiriol Eryri a oedd i'w chynnal yn Llanberis dros y Pasg y flwyddyn ddilynol. Tybed ai'r un côr yw hwn a'r Llanberis Glee Society: *'côr newydd danlli dan arweiniad Mr Robert Phillips'*? Bu ei ymddangosiad cyntaf mewn cyngerdd i godi arian tuag at achos y Bedyddwyr.[22] Roedd hefyd yn diddori cynulleidfa yn Ninorwig ddiwedd Mawrth, a gelwid ef yn 'Gôr Robert Phillips Gorphwysfa'.[23] Mab oedd Robert Phillips i Thomas Phillips (a fu farw flwyddyn ynghynt), arweinydd côr enwog Rehoboth, Nant Peris.

Efallai mai llwyddiant Undeb Llenyddol Dinorwig a Llanberis fu'n symbyliad i gynnal eisteddfod yn y pentref. Mewn gwirionedd, pwyllgor lleol sydd yma yn trefnu Eisteddfod Eryri, sef ei hymweliad cyntaf â Llanberis yn 1873. (Eisteddfod symudol oedd hon yn ymweld â gwahanol drefi a phentrefi yn Arfon). Daw'r sylw cyntaf ym mis Mai 1872, a'r ffaith mai eisteddfod dri diwrnod oedd hon i fod. Enwir llywyddion y dydd: Mr. Homersham Cox, Syr Roger Charles Doughty Tichborne a Mr G. Hammond Whalley – enwau hollol ddieithr.[24] Cafwyd llythyr gan rhywun yn galw ei hun yn Ap Ioan yn annog y pwyllgor i gynnwys cystadleuaeth ysgrifenedig ar 'athroniaeth naturiol' ar eu rhestr destunau.[25] Rhagbaratoi oedd hyn ar gyfer yr eisteddfod oedd i'w chynnal y flwyddyn ddilynol.

Digon gwahanol i'r gobeithion cychwynnol oedd yr eisteddfod un diwrnod a gynhaliwyd ar ddydd Llun y Pasg yn Ebrill 1873. Doedd dim sôn am y tri dieithryn fel llywyddion, ac nid oedd y tri a wahoddwyd yn eu lle – Syr Llewelyn Turner, yr Anrhydeddus T. J. Wynn ac Assheton Smith – wedi presenoli eu hunain chwaith. Owen Parry, Bron Elidir, Dinorwig, T. Ll. Jones, Talysarn a Capten Cragg, Llanberis gymerodd yr awenau. Nid mewn adeilad y cynhaliwyd yr eisteddfod, ond mewn pabell yr honnir ei bod yn ddigon mawr i ddal pedair mil o bobl. A ddaeth y fath gynulleidfa i lenwi'r babell, tybed? Roedd y testunau yn nodweddiadol o'r cyfnod: traethodau ar 'Ddaeareg Arfon' a 'Thlodi yng Nghymru'; cywydd 'I'r Chwarelwr'; a 'Cystudd ac Adferiad Tywysog Cymru' yn destun y Gadair. Roedd dwy gystadleuaeth gorawl a daeth chwech o gorau i gystadlu, gyda Chôr y Waunfawr yn ennill ddwywaith. Cyngerdd a gafwyd yng nghyfarfod yr hwyr, gyda Chôr y Waunfawr a Seindorf Llanrug yn perfformio gydag amryw unawdwyr eraill. Canmolwyd yr ysgrifenyddion am eu gwaith, sef Elidirfab a Tecwyn.[26]

Ond fel ym mhob eisteddfod (ac yn dilyn pob eisteddfod) roedd beirniadu. Credai'r Hen Gloddiwr fod y pris mynediad yn rhy ddrud ar gyfer y gweithiwr cyffredin.[27] Roedd Mailliw, ddiwedd Ebrill yn cystwyo holl eisteddfodau'r gogledd – yn enwedig y cynnyrch llenyddol. *'Ym mha le y mae holl gyfansoddiadau buddugol ein heisteddfodau dros yr ugain mlynedd diwethaf?'*, holai, a honnai na fyddai yr un cyhoeddwr llyfrau yn cynnig *'darn tair ceiniog am holl gynnyrch eisteddfod Llanberis'*.[28]

Prin yw'r sôn am weithgareddau diwylliannol yn ystod 1874 – blwyddyn y 'Cloi Allan' o Chwarel Dinorwig, ond erbyn Ebrill y flwyddyn ddilynol roedd yr Eglwyswyr yn cynnal eu Cylchwyl Lenyddol, a John Davies, prif oruchwyliwr y chwarel yn llywyddu.[29] Doedd yr Eglwyswyr ddim wedi dioddef cymaint gan effaith y Cloi, a John Davies wedi ei benodi yn Brif Oruchwyliwr ar draul Robert Parry yn colli ei swydd oherwydd yr anghydfod. Ddiwedd y flwyddyn roedd Alarch Gwyrfai yn amau fod rhai o fechgyn ieuanc Llanberis yn prynu englynion ac yn eu cyflwyno yng nghystadleuaeth yr Undeb Lenyddol.[30]

Yn 1876 y daw'r sôn cyntaf am 'newyddiadur' Cymraeg, a hwnnw'n cael ei argraffu yn Llanberis gan Richard Owen. Ei enw oedd *Y Chwarelwr*, ac ar y cyntaf byddai'n cael ei gyhoeddi yn fisol. Wedi tri mis, ac yn ddibynnol ar ei lwyddiant, y bwriad oedd ei gyhoeddi fel wythnosolyn. Ceir sôn hefyd am wythnosolyn arall tua'r un cyfnod o'r enw *Wyddfa*, ond nid oes sicrwydd mai yn Llanberis y câi hwn ei argraffu.[31] Credir mai'r Parch. Tecwyn Parry, Llanberis oedd golygydd *Y Chwarelwr*.[32] Does dim sicrwydd chwaith am faint y parhaodd y ddau gyhoeddiad, ond roedd *Y Chwarelwr* wedi ei ffurfio yn gwmni erbyn Ebrill 1877 gyda 500 o gyfranddaliadau o £1 yr un, a'r addewid y cai ei helaethu yn fuan.[33] Yr oedd yn cael ei gyhoeddi fesul pythefnos am bris o geiniog erbyn Mai 1877.[34]

Mae'n amlwg hefyd fod peth pryder yn y pentref ynglŷn â'r iaith Gymraeg, a diffyg cymdeithasau diwylliannol. Meddai gohebydd yn *Y Gwyliedydd*: *'nid oes un ardal yng*

Nghymru â gwell adnoddau ynddi am Gymdeithas Lenyddol... ond ers wyth mlynedd bellach, nid oes dim o'r fath wedi cael ei ffurfio.'[35] Sefydlwyd un dan nawdd y Temlwyr Da ar ddechrau tymor y gaeaf – gyda chynnydd yn yr aelodaeth o ddeg ar hugain. Testun dadl yn y Gymdeithas oedd 'Y priodoldeb o gynnal i fyny yr iaith Gymraeg'.[36]

Roedd Eisteddfod Eryri i ddychwelyd i'r pentref yn 1879, a chynhaliwyd seremoni cyhoeddi'r eisteddfod, gyda phedair mil yn gorymdeithio y tu ôl i dri o fandiau pres a chynnal cyngerdd mawreddog gyda'r nos.[37] Gellir tybio mai bandiau pres Llanrug a Llanberis fyddai dau o'r rhain. Roedd Band Llanberis erbyn hyn yn cael ei alw yn Eryri Brass Band.

Dechreuodd 1879 gyda thywydd eithafol o oer; y llyn wedi rhewi am y tro cyntaf ers pum mlynedd ar hugain, wythnos waith o dri diwrnod yn Chwarel Dinorwig, dros 200 o chwarelwyr wedi eu troi o'u gwaith ac amryw deuluoedd yn sôn am fudo i'r America.[38] Ond roedd y Gymdeithas Lenyddol yn ffynnu. Yn Ionawr cafwyd dadl ar y testun 'Y dref neu'r wlad sydd fwyaf meithriniol i dalent ac athrylith?' Parhaodd am bedair noson yn olynol.[39]

Granvillefab oedd ysgrifennydd gweithgar pwyllgor yr eisteddfod oedd i'w chynnal yn Llanberis ddechrau Awst 1879. Am y tro cyntaf yn hanes Eisteddfod Eryri roedd gwobr yn cael ei chynnig am ysgrifennu drama. Rhoddwr y wobr oedd Thomas Edward Jones (Ap Padarn), Compton House. Yn enedigol o Lanrug, symudodd y teulu i Lanberis i gadw siop. Roedd Ap Padarn yn un o nifer o ddynion ieuanc y pentref a gyfarfyddai yng nghartref Cyngar (R. E. Jones), bardd a llenor, i drafod llenyddiaeth, gan gynnwys dramâu Cymraeg a Saesneg. Moeswersi oedd y dramâu cynnar hyn, a hynny'n bennaf dan nawdd y Temlwyr Da, gyda rhyw dri neu bedwar cymeriad yn unig. Ond roedd trafod hefyd ar ddramâu Shakespeare, a byddai nifer o'r dynion ieuanc (chwarelwyr yn bennaf) yn dysgu darnau helaeth o ddramâu Shakespeare ac yn eu perfformio ar lan y llyn ar nosweithiau braf yn yr haf.[40] Dyma fu'r ysgogiad i gynnig gwobr am ddrama Gymraeg *'yn null Shakespeare'* yn yr eisteddfod oedd i'w chynnal yn Llanberis.

Ond os drwg oedd effeithiau'r tywydd ddechrau'r flwyddyn, roedd gwaeth i ddod. Codwyd pabell a phafiliwn ar lan y llyn, ond ar fore Mercher – diwrnod cyntaf yr eisteddfod – syrthiodd o ganlyniad i stormydd o wyntoedd cryfion. Bu'n rhaid chwilio am rywle arall i gynnal yr eisteddfod, ac ar fyr rybudd cafodd ei symud i Bafiliwn Caernarfon. Siom felly i'r pwyllgor gweithgar a thrigolion Llanberis. Ond ffodus hefyd i ryw raddau: yn dilyn y stormydd gwyntog daeth glawogydd trwm, ac yr oedd rhannau isaf Coed y Ddôl dan ddŵr, lefel y llyn wedi codi, a throedfedd o ddŵr yn y Concert Hall. Ar ddechrau Medi cynhaliwyd ocsiwn ar lan y llyn i werthu'r hyn oedd yn weddill o bafiliwn a nwyddau'r eisteddfod.[41]

Yng Nghaernarfon roedd teilyngdod yng nghystadleuaeth cyfansoddi drama Gymraeg. Dyfarnwyd y wobr o bum gini am y ddrama *Owain Glyndŵr* i Mr Evans, Bwrdd Ysgol, Llangadoc; enw dieithr, ond enw a ddeuai yn adnabyddus fel Beriah Gwynfe Evans. Cyn diwedd Medi roedd darogan fod y ddrama fuddugol i'w chyhoeddi – *'Owain Glyndŵr will shortly be published'*.[42] Yn Llanberis, yn argraffdy Richard Owen y digwyddodd hynny, gyda rhagymadrodd gan roddwr y wobr, Thomas Edward Jones. Meddai:

> *Ni a hyderwn wrth gyflwyno y ddrama hon drwy y wasg y bydd llawer yn cael pleser ac adeiladaeth wrth ei darllen… Ni a obeithiwn hefyd y byddwn cyn bo hir yn cael y fraint drwy y ddrama hon o ganfod amgylchiadau cynhyrfus oes*

Glyndŵr yn fyw ar lwyfannau cyfarfodydd poblogaidd ein gwlad.[43]

Gwerthwyd am swllt.

Ffurfiwyd cwmni drama, y mwyafrif ohonynt yn aelodau o bwyllgor yr eisteddfod, ac ar ddechrau Rhagfyr cafwyd darlleniad o olygfa o'r ddrama 'gan T. E. Jones a'i barti' mewn cyfarfod ar ddirwest yn Llanberis.[44] Yr un wythnos cafwyd cystadleuaeth yn y Gymdeithas Lenyddol ar adrodd rhan o'r ddrama.[45]

Parhawyd gyda'r ymarferion ar ddechrau'r flwyddyn ganlynol, ac y mae'n ymddangos fod ymarferion wythnosol gan aelodau'r 'Dramatic Company'.

Y mae yn llawenydd mawr gennym ddeall fod y cwmni hwn yn gweithio yn ardderchog... Nid oeddym yn credu y gellid dwyn y fath gyfarfod oddiamgylch mor drefnus... bwriedir ymhen ychydig wythnosau am gael 'rehearsal' i fyned drwy yr holl ddrama ardderchog hon ar brynhawn Sadwrn.[46]

Anodd penderfynu pa bryd y perfformiwyd y ddrama yn gyhoeddus am y tro cyntaf. Mae hysbyseb a ymddangosodd yn *Y Genedl Gymreig* (24ain o Dachwedd 1881) yn cyhoeddi fod perfformiad o'r ddrama gan yr Eryri Dramatic Company i'w chynnal yng Nghaergybi, Amlwch, Llangefni a Llanrug ar bedair noson olynol rhwng Tachwedd 23ain a Thachwedd 26ain. Ond ar waelod yr hysbyseb ceir y canlynol: *'Bu y cwmni rhagorol hwn yn perfformio am y waith gyntaf yn Llanberis, Tachwedd 17eg i 900 o gynulleidfa, a gorfu i gannoedd fyned adre o ddiffyg lle.'*[47] Mae'n ymddangos felly fod y 'rehearsals' a ddechreuodd ym mis Mawrth 1880 wedi parhau am dros flwyddyn!

Ond dyma'r garreg filltir bwysicaf yn hanes datblygiad y ddrama yng Nghymru, a'r Eryri Dramatic Company oedd y cwmni drama cyntaf yng Nghymru i berfformio drama safonol â chryn waith dysgu arni. Pwy felly oedd aelodau cyntaf y cwmni arloesol hwn? Yn ôl O. Llew Owain (a oedd â chopi o'r argraffiad cyntaf, yn cynnwys enwau'r actorion) dyma'r aelodau: R. E. Jones (Cyngar), T. Edward Jones (Ap Padarn), William Hughes, John Owen (Ap Glaslyn), William Gadlys Williams, Tom Evans, Morris T. Jones, E. T. Williams, William Abel Davies, E. W. Evans, R. C. Jones, O. Moses Roberts, R. J Griffith, J. M. Jones, R. O. Williams, Gayney Griffith, Granvillefab a Miss Pritchard. Dyna ddeunaw o aelodau, a bu'r cwmni mewn bodolaeth hyd ddiwedd y ganrif gyda rhai ysbeidiau heb berfformio.

Byddai'r ugain mlynedd nesaf yn gyfnod o gynnal pob math o ddigwyddiadau adloniadol, diwylliannol, cerddorol a chrefyddol o fewn y pentref. Roedd Band Llanberis bellach yn cael arddel teitl hen fand Llanrug, yn galw eu hunain yn Vaynol Royal Llanberis, ac yn teithio mor bell â Llanidloes i gystadlu.[48] Flwyddyn yn ddiweddarach roedd y Vaynol Royal Brass Band Llanberis wedi cael cyrn newydd gwerth £350 (gan Yswain y Faenol mae'n debyg), ac yn arddel yr arwyddair 'Chwythwn yn bur a chwaethus'.[49]

Sefydlwyd y Parch. D. Edwin Jones yn giwrad yn Eglwys y Plwyf ar ddechrau 1881 ac o fewn blwyddyn roedd wedi sefydlu Cymdeithas Gristnogol y Gwŷr Ieuanc. Saesneg mae'n debyg oedd iaith y gymdeithas: fe'i gelwir yn Young Men's Christian Association pan fu'r ciwrat yn trafod y testun 'Is Nonconformity consistent with the doctrine of the Holy Scripture?' Does wybod beth oedd ymateb yr Anghydffurfwyr i'r fath destun.[50] Nid yw'n ymddangos fod gan y ciwrat fawr o gariad at y Gymraeg. Mewn cyfarfod yn y Club Room honnai fod y Gymraeg yn marw, ac yr oedd yn annog y bobl ieuanc i ddarllen llyfrau Saesneg *'am mai dyna'r iaith a arferir fynychaf y dyddiau hyn'*.[51] Canwyd 'God Save the Queen' i ddiweddu'r cyfarfod.

Dyma'r cyfnod pan oedd y gwaith yn mynd rhagddo i adeiladu'r eglwys o'r newydd, a'r hen ddadl yn ailgodi ei phen fod angen cynnal gwasanaethau Saesneg er mwyn yr ymwelwyr. Ond nid o du'r Eglwys Wladol yn unig y deuai'r galw am hynny. Yr oedd Cymdeithas Methodistiaid Wesleaidd Gogledd Cymru wedi derbyn awgrym cryf gan eu cyfoedion yn Lerpwl yn argymell pregethu yn Saesneg a chynnal gwasanaethau yn Saesneg. Mae Llanberis yn benodol yn cael sylw, gydag argymhelliad y dylid cynnal gwasanaethau Saesneg yno yn ystod misoedd yr haf.[52] Does wybod a weithredodd Wesleaid Llanberis ar yr argymhelliad, ond flwyddyn yn ddiweddarach cyfeiriwyd at y ffaith nad oedd yr Annibynwyr wedi cynnal cyfarfod Saesneg er budd yr ymwelwyr.[53] Er hynny, byddai mwy o ddigwyddiadau trwy gyfrwng y Saesneg yn cael eu cynnal o fewn y pentref cyn diwedd y ganrif.

Os oedd llwyddiant i'r cwmni drama yn ystod y cyfnod hwn, doedd y cerddorion ddim yn brin o sylw chwaith. Daeth Côr yr Arfoniaid dan ei harweinydd Robert Phillips, yn fuddugol yn Eisteddfod Bae Colwyn,[54] a chipio'r wobr gyntaf hefyd yn Eisteddfod Genedlaethol Dinbych.[55] Ddwy flynedd yn ddiweddarach a daeth yr un llwyddiant i'w rhan yn Eisteddfod Lerpwl.[56] Mae'n debyg nad oedd holl aelodau'r côr yn byw yn Llanberis, ond yno roedd eu canolfan, ac yno y cynhaliwyd budd-gyngerdd i godi arian er mwyn i'r 'Arvonic Male Voice Choir' fynd i gystadlu i Lundain ym mis Medi 1885. Daeth y cyngerdd â £30 o elw iddynt.[57] Cynhaliwyd y cystadlaethau corawl dros bedwar diwrnod yn Arddangosfa y Dyfeisiadau yn Llundain. Roedd yr Arfonic yn cystadlu yn yr adran i gorau gyda dros 60 o leisiau, a daethant yn fuddugol gan ennill Côr Llundain a Chôr y Rhondda, a dychwelyd gyda gwobr ariannol o £60.[58]

Mae'n debyg y bu'r gwahanol ddigwyddiadau a

gynhelid yn y 'Concert Hall' yn ysgogiad i'r trigolion i geisio efelychu'r 'enwogion' a ddeuai yno i berfformio. Yn Ebrill 1881 roedd y Dr Joseph Parry ac eraill yno'n cynnal cyngerdd, yn cael eu cefnogi gan Seindorf Nant Peris (a gâi ei galw'n achlysurol yn Seindorf Ddirwestol Nant Peris). Ar wahân i'r darnau cerddorol a chwaraeai'r seindorf, roedd yr holl waith cerddorol arall wedi ei gyfansoddi gan Dr Joseph Parry.[59] Yn yr un flwyddyn cafwyd cyngerdd arall gan gwmni Cymreig o Lundain oedd yn cynnwys enwogion y cyfnod megis Lucas Williams, Sauvage, Ben Davies ac R. S. Hughes.[60]

Nid lleisiol yn unig oedd diddordeb cerddorol y trigolion. Yn ychwanegol i'r band pres, roedd y Llanberis String Band wedi ei ffurfio erbyn dechrau 1882, a hynny dan arweiniad Professor Tidswell. Roeddent wedi datblygu'n ddigon effeithiol i gynnal cyngerdd yn Y Faenol ym mis Chwefror y flwyddyn honno, er nad oeddent ond *'in existence a few weeks'*.[61]

Yn 1884 ymddangosodd llythyr yn y wasg yn awgrymu'n gryf y dylid sefydlu Eisteddfod y Chwarelwyr yn yr ardal, a hynny ar batrwm llwyddiannus oedd yn bodoli eisoes yn chwareli Ffestiniog.[62] Mae'n amlwg fod gweithredu wedi bod ynglŷn â'r awgrym, ac i'r eisteddfod gyntaf gael ei chynnal yn 1886 – yr un flwyddyn ag y cynhaliwyd yr Eisteddfod Genedlaethol yng Nghaernarfon. A fyddai gwrthdaro? Doedd gohebydd lleol Llanberis ddim yn credu hynny. *'Nid ydym yn credu y gwna Eisteddfod y Chwarelwyr unrhyw niwed; yn hytrach, credwn y bydd yn symbyliad i, ac yn hyrwyddiant i'r hen sefydliad.'*[63] Cyhoeddwyd y gyntaf o Eisteddfod Chwarelwyr Dinorwig ym mis Mai 1885, a hynny yng Nghastell Dolbadarn. Yr Archdderwydd Clwydfardd oedd yn arwain gorymdaith, yn cael ei blaenori gan y Vaynol Brass Band o'r Concert Hall i'r castell. Derbyniwyd rhodd o £50 gan Assheton Smith a £10 gan W. W. Vivian.[64] Erbyn diwedd y flwyddyn ni fyddai'r teimladau, ar y naill ochr na'r llall, mor gyfeillgar.

Daeth hynny i'r amlwg yn Eisteddfod Genedlaethol Caernarfon yn 1886. Yno roedd cystadleuaeth hollti llechi, a 300 o chwarelwyr wedi anfon eu henwau gyda'r bwriad o gystadlu.

> *Gyda'r eithriad o Assheton Smith yn Llanberis, rhoddodd perchnogion y prif chwarelau – Bethesda, Nantlle a Ffestiniog – eu cefnogaeth lwyraf... trwy ganiatáu darnau craig priodol i'w gweithio yn rhad ac am ddim i bob un o'i chwarelwyr. Ond yr oedd Mr Smith yn ddigon di-gefn i'r Eisteddfod a llaw-gauad at ei weithwyr i orfodi pob un i dalu am ei 'floc' o'i chwarel fawr oludog...*[65]

Diddorol nodi mai 163 a fu'n cystadlu – a doedd neb o Chwarel Dinorwig ymhlith y buddugwyr mewn tri dosbarth.

Roedd y 1880au yn fwrlwm o wahanol weithgareddau eraill hefyd. Roedd Sioe Flodau, neu 'Horticultural Show' a rhoi enw crandiach iddi, wedi ei sefydlu yn 1880, a châi ei chynnal yn flynyddol ar y ddôl. Ym mis Awst y byddai'r Sioe, a hynny'n rhoi cyfle i ddenu ymwelwyr yno a chynyddu'r elw. Roedd arddangosfeydd yn cael eu cynnal yn achlysurol fel rhan o'r Sioe. Cafwyd arddangosfa o *'Snowdon ferns'* er enghraifft. Trueni na wyddom pwy oedd yr arbenigwyr fu'n casglu'r rhain i'w harddangos.[66] Tua'r un cyfnod dechreuwyd cynnal ymrysonfeydd cŵn defaid ar dir Dolbadarn.[67] Ond roedd yr hen ddadl enwadol a gwleidyddol yn parhau i godi'i phen. Cafwyd honiad gan rhywun yn galw ei hun yn Madog mai Torïaid yn unig oedd yn cynnal y Sioe Flodau a'r Ymryson Cŵn Defaid, a'u bod yn ddigon haerllug wedi gofyn i'r Aelod Seneddol Rhyddfrydol am gyfraniad ariannol tuag at eu cynnal er eu

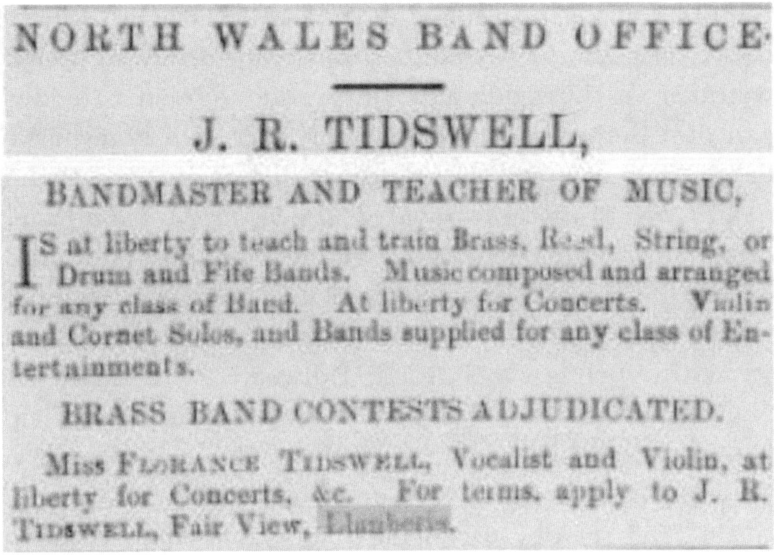

NORTH WALES BAND OFFICE.

J. R. TIDSWELL,

BANDMASTER AND TEACHER OF MUSIC,

IS at liberty to teach and train Brass, Reed, String, or Drum and Fife Bands. Music composed and arranged for any class of Band. At liberty for Concerts. Violin and Cornet Solos, and Bands supplied for any class of Entertainments.

BRASS BAND CONTESTS ADJUDICATED.

Miss FLORANCE TIDSWELL, Vocalist and Violin, at liberty for Concerts, &c. For terms, apply to J. R. TIDSWELL, Fair View, [illegible].

Hysbyseb Tidswell

bod yn ei 'hwtio' amser lecsiwn.[68]

Cymaint y gwahanol ddigwyddiadau adloniadol a diwylliannol fel y byddai gwrthdaro yn aml. Roedd sioeau teithiol yn ymweld yn ystod misoedd yr haf, ond nid oeddent at ddant pawb. Mae'n ymddangos mai prin fu'r gefnogaeth i gyfarfod dirwest gan fod hwnnw'n cystadlu yn erbyn Sioe Fwystfilod.[69]

Yr oedd pêl-droed hefyd yn dechrau ennill tir ac yn amlwg yn boblogaidd gan un garfan o'r gymdeithas, ond nid gan bawb. Chwaraeodd tîm Llanberis yn erbyn Caernarfon Swifts ym mis Mawrth 1884, ac yn ôl adroddiad yn y wasg '*the play, considering that both clubs have only recently been started, was creditable*'. Llanberis a orfu o bedair gôl i dair.[70] Ond doedd dim canmoliaeth fis yn ddiweddarach pan ddaeth tîm o Fethesda i herio'r tîm lleol. Bethesda fu'n fuddugol, ac aros yn Llanberis i feddwi tra'n dathlu'r fuddugoliaeth. Nid y golled yn unig oedd yn boen, ond y ffaith fod y gêm wedi ei chynnal ar y Groglith. Mae'n cael ei disgrifio fel 'Cymanfa y Bêl'.[71] Cyhoeddwyd llythyr wythnos yn ddiweddarach yn gwadu'r honiad o feddwi gan dîm Bethesda. Yr helynt ynglŷn â'r gêm hon, mae'n debyg, a arweiniodd fis yn ddiweddarach at symudiad *'i roddi terfyn ar chwaraeon ynfyd fel y bêl-droed, billiards a'r cardiau...'*[72] Ni fu'r 'symudiad' yn llwyddiannus, oherwydd parhau i gicio pêl y bu tîm Llanberis am ganrif a hanner wedi hynny. Efallai mai'r Anghydffurfwyr oedd yn bennaf yn wrthwynebus i bêl-droed. Ddiwedd y flwyddyn, a'r tywydd yn ddigon oer i'r llyn rewi, adroddwyd fod cicio pêl-droed ar y ddôl a sglefrio ar y llyn, a hynny tra bo Gŵyl Bregethu'r Annibynwyr yn cael ei chynnal.[73]

Yn 1885 sefydlwyd cangen o Urdd Sant Ioan yn dilyn cyfarfod cyhoeddus dan gadeiryddiaeth John Davies. Roedd Dr Hughes, y meddyg chwarel eisoes wedi ei benodi yn Arholwr Gogledd Cymru ar ran y mudiad, a phenodwyd yr heddwas lleol, Sarjant Rowlands i fod yn hyfforddwr.[74] Ym mis Medi roedd 36 yn cael eu cyflwyno â thystysgrifau am iddynt fod yn llwyddiannus yn yr arholiad, a nodir fod croeso i ferched ymuno â'r Urdd hefyd, a bod adran ar wahân ar eu cyfer.[75]

Byddai'r 'Cloi Allan' o Chwarel Dinorwig rhwng diwedd 1885 a dechrau 1886 yn cael cryn effaith ar ddigwyddiadau diwylliannol ac adloniadol yn Llanberis. Honnir ym mis Mawrth 1886 fod hyd at 300 o chwarelwyr heb eu derbyn yn ôl i'r gwaith, a bod mis arall i ddisgwyl am gyflog i'r rhai oedd wedi eu derbyn.[76] Aeth sawl siopwr yn fethdalwr o ddiffyg cwsmeriaid, a honnid hefyd mai haf 1886 oedd y tymor gwyliau salaf erioed. Yr oedd T. E. Jones (Ap Padarn), un o sylfaenwyr y cwmni drama, wedi gwerthu ei fusnes yn Compton House ac wedi gadael y gymdogaeth.[77]

Ym mis Awst 1887 roedd y Frenhines Fictoria yn dathlu

ei Jiwbilî, a thalodd Assheton Smith i chwarelwyr Dinorwig ymweld â Llundain ar y trên. Derbyniodd 'anerchiad gwerthfawr' sef *'prawf fod y teimladau gorau yn bodoli rhwng Assheton Smith a chwarelwyr Dinorwig.'*[78] Ond doedd pawb ddim mor gefnogol. Cynhaliwyd cyngerdd ym mis Gorffennaf i godi arian tuag at wraig a fu'n wael am flynyddoedd, ac ar ddiwedd y cyfarfod galwodd y gynulleidfa am ganu 'Hen Wlad fy Nhadau' yn hytrach na 'Duw Gadwo'r Frenhines'.[79] Bu sawl llythyr yn y wasg o blaid ac yn erbyn.

Bron na ellir dweud fod cyngherddau elusennol yn fwy cyffredin nac unrhyw weithgaredd arall yn ystod 1887. Prin oedd y rhai a ddilynai gyfarfodydd y Gymdeithas Ddarbodus Ddirwestol, ond roedd Cymdeithas yr Excelsior wedi penderfynu cynnal ei chyfarfod cyhoeddus cyntaf, er ei bod mewn bodolaeth ers nifer o flynyddoedd.[80] O fewn y mis cafwyd hanes sefydlu'r gymdeithas yn 1880 gan J. T. Jones, ei Llywydd.[81]

Os mai cwta chwe mlynedd aeth heibio ers perfformiad y ddrama Gymraeg gyntaf yma, ni fu'n rhaid disgwyl yn hir i gael drama Saesneg. Roedd yr Amateur Dramatic Company yn perfformio'r ddrama *Withered Leaves* yn y Club Room, a hynny'n awgrymu mai Eglwyswyr oedd mwyafrif y cast. Enwir nifer ohonynt: Miss Armsden, Miss Hogg, Richie Hughes, Robert Armsden, Mr Brymer a T. M. Jones.[82] O fewn dwy flynedd cafwyd drama Saesneg arall yn y Club Room – *Little Toddlekins* – i godi arian tuag at organ newydd yn yr eglwys. Ymhlith yr actorion roedd enwau Seisnig fel Picton-Jones, Meickleston Allen, Miss Hands a Mr Taylor Morgan. Does dim sicrwydd wrth gwrs mai trigolion Llanberis oedd y cast.[83] Deuai cwmnïau teithiol yn eu tro hefyd, a pherfformiwyd *'a new African drama – The Flight for Life'* ar ddwy noson ganol wythnos yn y Concert Hall.[84] Cyn diwedd y ganrif byddai'r Concert Hall wedi derbyn *'trwydded chwareuyddol'* fel y cafodd y 'theatrical licence' ei galw, a hynny wedi gwneud *'newidiadau angenrheidiol'*.[85]

Agorwyd darllenfa yn y Concert Hall ym mis Ebrill 1883. Y bwriad oedd cael newyddiaduron, cylchgronau a llyfrau ynddi fel bo'r trigolion yn cael cyfle i ddilyn newyddion y dydd.[86] Mae posibilrwydd iddi fod ar gau am gyfnod, oherwydd bum mlynedd yn ddiweddarach daw adroddiad fod Mr a Mrs Assheton Smith yn bresennol i agor y 'library and reading room'.[87] Ond buan y cafwyd cwynion nad oedd yn bosib benthyg llyfrau am nad oedd neb yn datgloi'r ystafell.[88] Yn ystod y mis dilynol penderfynodd y pwyllgor rheoli adael y llyfrau heb eu cloi[89] a gostwng y tanysgrifiad blynyddol o dri swllt a chwecheiniog i ddeuswllt.[90] Derbyniwyd rhoddion ariannol gan Thomas Newton a John Menzies tuag at brynu llyfrau.[91] Roedd caniatâd i smocio yn y Ddarllenfa, oherwydd mae rhywun yn ddigon coeglyd i obeithio *'na wnaiff y Smoke Room fwy o ddrwg nag a wna y Reading Room o dda'*.[92]

O fewn llai na blwyddyn roedd y pwyllgor yn cysidro tendrau i gyflenwi newyddiaduron a misolion am y flwyddyn i ddod. Dau oedd yn ymgeisio: Richard Owen, yr argraffydd a Vaughan Williams y llyfrwerthwr. Vaughan Williams a enillodd y tendr. Yn yr un cyfarfod mynegwyd siom ynglŷn â chyngerdd a gynhaliwyd yn y Ddarllenfa a gynhwysai 19 o ddarnau cerddorol, a dim ond tri ohonynt yn Gymraeg. Honnid fod tri chwarter y gynulleidfa heb ddeall y geiriau.[93]

Ymddiswyddodd Lewis Wilson Roberts o fod yn ysgrifennydd y ddarllenfa yn 1893, a hynny oherwydd ei fod yn gadael yr ardal ac yn symud i'r Bermo.[94] Yn yr un flwyddyn roedd Cwmni Drama'r Ddraig Goch yn llogi'r ddarllenfa ar gyfer eu hymarferion, ac o fewn blwyddyn yn perfformio *Owain Glyndŵr* yn y Guild Hall, Caernarfon, gyda'r holl elw tuag at 'lyfrgell Llanberis'.[95] Ddiwedd 1895 pleidleisiodd Cyngor Plwyf Llanberis i fabwysiadu y Ddeddf Llyfrgelloedd Cyhoeddus, a derbyn cyfrifoldeb am y ddarllenfa. Nid oedd hawl gan y Cyngor i godi dim mwy na cheiniog y bunt tuag at y llyfrgell, ond adroddwyd y deuai hynny â £60 yn flynyddol tuag at ei chynnal.[96] Mae'n sicr fod trigolion Llanberis wedi elwa ar y fath adnodd cynnar â hwn yn ystod ugain mlynedd olaf y ganrif.

Erbyn degawd olaf y ganrif roedd atyniadau newydd yn denu'r trigolion oddi wrth yr hen gyfarfodydd crefyddol eu naws a gynhelid ar nosweithiau'r wythnos yn y gwahanol gapeli. Ym mis Tachwedd 1890 er enghraifft, roedd dewis o dri chyfarfod i'r trigolion ar nos Wener a nos Sadwrn. Yng Nghapel Coch roedd darlith ar 'Y Beibl'. Yng Nghapel Gorffwysfa roedd darlith ar 'Blatoniaeth a Christnogaeth'. Yn y Concert Hall roedd 'Teithiau Stanley' sef arddangosfa o tua hanner cant o luniau ar ganfas gyda Oxo-hydrogen Lime Light yn cael eu hegluro yn Gymraeg. Roedd elw'r noson yn mynd tuag at gynnal y ddarllenfa.[97] Yr oedd cyfres o ddarlithoedd amrywiol eraill i ddilyn yn y Concert Hall er mwyn cynnal y ddarllenfa; yn eu plith 'Papurau Newyddion', 'Bywyd a gwaith Goronwy Owen', 'Bywydeg' ac 'Ymgom am Fyd Natur', sef rhai heb naws grefyddol iddynt.

Yn 1889 sefydlwyd y 'National Home Reading Union' gan John Brown Paton, gweinidog amlwg gyda'r Annibynwyr. Bwriad y mudiad oedd hyrwyddo darllen poblogaidd drwy sefydlu cylchoedd darllen a fyddai'n cynorthwyo aelodau yn eu dewis o lyfrau a chynorthwyo eu haelodau yn ôl eu diddordebau. Sefydlwyd cangen o'r Undeb hwn yn Llanberis mor gynnar â 1892 a hynny gan Lewis Wilson

Roberts ac R. E. Jones (Cyngar). Yr oedd Wilson Roberts yn llywydd y cwmni drama lleol a Cyngar yn llenor a bardd. Ymadawodd Wilson Roberts â'r ardal ddiwedd 1893, ac nid oes sicrwydd am ba hyd y parhaodd yr Undeb Darllen.

Erbyn 1894, fodd bynnag, roedd gohebydd yn cwyno fod *'cyfarfodydd llenyddol a cherddorol Dyffryn Padarn wedi myned i blith y pethau a fu'*. Cyfeiriai'n benodol at y Capel Coch, ac nad oedd cymdeithas lenyddol yno bellach.[98] Nid yw'n ymddangos fod y feirniadaeth hon yn hollol gywir, oherwydd flwyddyn yn ddiweddarach roedd Cymdeithas Lenyddol Capel Coch yn cynnal dadl ar y 'Daioni neu niwed ddyga rheilffordd yr Wyddfa.' Roedd y mwyafrif helaeth yn gefnogol i'r rheilffordd.[99] Yn wir, erbyn y flwyddyn ddilynol honnid fod pump o gymdeithasau llenyddol yn y pentref, pob un yn gysylltiedig â chapel – Capel Coch, Nant Padarn, Bethel, Preswylfa a Gorffwysfa.[100]

Ond roedd cerddoriaeth a chanu yn dal mewn bri. Cafwyd cyfres o gyngherddau yng Nghapel Gorffwysfa – gyda thâl mynediad o ddim ond ceiniog – i godi arian at brynu harmoniwm.[101] Yng nghymanfa flynyddol capeli Nant Padarn a Jerusalem honnir mai dyma'r tro cyntaf yn yr ardal i offerynnau llinynnol gael eu defnyddio mewn gwasanaeth crefyddol.[102] Roedd yr *'orchestral band'* yng ngofal Gwilym Rowlands, brodor o'r pentref a ddaeth ar frig rhestr Lerpwl a Gogledd Cymru gyda marciau llawn yn arholiadau'r 'London College of Music' yn gynharach yn y flwyddyn. Roedd yr 'Arvonic Choral Society' dan arweiniad Thomas Phillips wedi cynnal cyngerdd mawreddog ym Mhafiliwn Caernarfon, ac yn bwriadu cystadlu yn Eisteddfod Genedlaethol Caernarfon yn 1896.[103]

Roedd cwmnïau teithiol hefyd yn ymweld â'r Concert Hall, yn enwedig yn ystod y tymor gwyliau, a does ryfedd mai Saesneg oedd iaith eu cynyrchiadau. Am ddwy noson ganol yr wythnos – Mercher a Iau – ddechrau Medi 1896 cafwyd perfformiad o *'new African drama'*, sef *The Flight for Life*, gyda'r pris mynediad yn amrywio o chwecheiniog i ddeuswllt.[104] Tybed faint o drigolion Llanberis a ymunodd gyda'r twristiaid i wylio'r ddrama? Ond roedd Cwmni'r Ddraig Goch yn parhau i berfformio *Glyndŵr* a hefyd *Enoc Huws*, a hynny yn y Guild Hall yng Nghaernarfon.[105]

Mae'n amlwg fel y tynnai'r ganrif tua'i diwedd mai ynghlwm â'r capeli yr oedd y gwahanol ddigwyddiadau diwylliannol, boed yn llenyddol neu'n gerddorol. Roedd Cymdeithas Cymru Sobr yn cyfarfod yng nghapel Gorffwysfa.[106] Dyma rai o destunau Cymdeithas Lenyddol Capel y Bedyddwyr dan gadeiryddiaeth R. E. Jones (Cyngar): 'Pennod yn hanes Cymru', 'Rhai o arferion yr hen Gymry', 'Cynfaen', 'Datblygiad', 'Crefydd Gymariaethol', 'Yr hyn y bu Diogenes yn chwilio amdano yn Athen', 'Hunan-adnabyddiaeth', 'Cyfalaf a Llafur', 'Cymwysterau Athro Ysgol Sul', ac 'Oriau Hamddenol'. Cafwyd dadleuon hefyd ar 'Ffugchwedlau – y buddioldeb o'u darllen' ac 'A ddylid derbyn tafarnwyr yn aelodau eglwysig?'. Prin y byddai rhai o'r rhain yn apelio at gynulleidfa heddiw. Ond honnir fod rhwng 30 a 40 o'r aelodau yn mynychu'r cyfarfodydd hyn.[107]

Yn festri Capel Gorffwysfa bu Eluned Morgan yn traddodi darlith ar Y Wladfa Gymreig, *'a'r ystafell yn orlawn'.* Canwyd yr anthem genedlaethol i ddiweddu.[108] A diddorol nodi fod dros dri chant wedi ymgeisio yn yr arholiadau ysgrifenedig yng Nghymanfa Methodistiaid Dosbarth Dinorwig a Llanberis yn ddiweddarach yn y flwyddyn.[109]

Daeth y ganrif i'w therfyn gyda'r 'Eryri Male Voice Choir' yn canu yn Windsor mewn dathliad o 'Royalty and Welsh Music'.[110]

Bywgraffiad o brif gymeriadau'r pentref

DAVIES, John (1828–1891)

Brodor o Lantysilio, Maldwyn. Eglwyswr a Cheidwadwr. Erbyn 1851 roedd yn lletya gyda theulu Rowland Williams, siopwr, yn Dinorwig House, Dinorwig, ac yn glerc yn Chwarel Dinorwig. Priododd yn 1854 gyda Catherine, merch Griffith Ellis, Goruchwyliwr Chwarel Dinorwig, ac erbyn tua 1860 roedd yn byw yn Nôl Peris, Llanberis, ac yn hysbysebu'r eiddo fel *'apartments and boarding house'*. Ymddiriedolwr Budd Gymdeithas Adeiladu Llanberis. Erbyn 1871 roedd yn galw ei hun yn *'accountant'*, ond erbyn 1881 roedd yn byw yn Blue Peris, Dinorwig ac yn *'slate quarry manager'* ac yn *'resident quarry manager'* erbyn 1891. Yn ystod Y Cloi Allan o Chwarel Dinorwig yn 1885 bu'n rhaid iddo adael swyddfa'r chwarel dan fygythiad. Mae'n ymddangos nad oedd yn boblogaidd iawn fel goruchwyliwr, a nodir y canlynol yn y wasg ynglŷn â'r anghydfod: *'the sole point at issue is the retention of John Davies as working manager.'* (*North Wales Express*, 29 Ionawr 1885). Fe'i claddwyd ym mynwent y plwyf, Llanberis.

DAVIES, William Abel (c1852–1940)

Ganed yn Ninorwig, ond wedi ei briodas symudodd i Snowdon Street, Llanberis. Roedd ganddo un ar ddeg o enethod. Aelod ffyddlon o Gapel Seion (Bedyddwyr). Aelod o'r cwmni drama cyntaf yn y pentref. Fe'i etholwyd yn aelod o Gyngor Plwyf Llanberis ar ei sefydlu; yn aelod blaenllaw o Undeb y Chwarelwyr a'r Blaid Lafur, ac yn annerch yn aml mewn cyfarfodydd etholiadol. Bu hefyd yn gwnstabl arbennig yn Llanberis, yn un o Lywodraethwyr cynnar Ysgol Brynrefail ac yn aelod dros Lanberis ar y Cyngor Sir am dros 21 mlynedd. Roedd cysylltiadau teuluol â'r America ers tair cenhedlaeth, a mudodd nifer o'i ferched yno hefyd. (Gweler hefyd *Eco'r Wyddfa* Gorffennaf/Awst a Hydref 2019, rhifau 478 a 480.)

EDWARDS, William (1846–19)
Rheithor plwyf Llanberis o 1878 hyd 1885 cyn symud i Fangor. Brodor o Landysiliogogo, Ceredigion a briododd Saesnes gefnog – Marianne Cattley yn 1880. Yn ystod ei gyfnod ef y byddai'r eglwys gyntaf yn cael ei chwalu, a'r eglwys bresennol a'r rheithordy yn cael eu hadeiladu yn Llanberis. Honnid mai ef oedd y cyntaf i godi tâl am osod beddfeini ym mynwent y plwyf. Bu hefyd yn gwrthwynebu'r arfer o offrymu, gan hawlio tâl iddo'i hun hyd yn oed pan oedd gweinidog anghydffurfiol yn cynnal y gwasanaeth claddu.

FIELD, Thomas
Masnachwr llechi o Leith ger Caeredin yn yr Alban, Gyda'i bartner, John Lane daeth i feddiant les tiroedd Elusen Tlodion Rhuthun oddi ar Hugh Beaver Roberts yn 1863. Roedd y ddau bartner hefyd wedi derbyn les gan Stad Glynllifon ar Chwareli Llechi Glynrhonwy. Cedwir ei enw yn y stryd Field Terrace.

GREEN, Edward
Symudodd o Ddinbych i gymryd gofal gwesty newydd y Royal Victoria yn 1833. Bu yno hyd 1841.

GRIFFITH, Rees P.
Gweinidog Capel Jerusalem o tua 1833 hyd 1838. Hyrwyddwr y Mudiad Dirwestol a fu ar daith genhadol yn ne Cymru a barhaodd am ddeufis.

HASLAM, J. W.
Cynllunydd y ffordd newydd i fyny Bwlch Llanberis. Ganed ym Modrual, Llanrug ble roedd ei dad yn cadw melin bapur ac yn gofalu am Filisia Sir Gaernarfon. Bu ef a'i frawd yn gweithio fel tir-fesurwyr i'r Ordnance Survey.

HUGHES, Richard (Richie) (1834–1923)
Brodor o Langefni a briododd Jane, merch Griffith Ellis (goruchwyliwr Chwarel Dinorwig), yn Llanberis yn 1861. Fferyllydd ("drygist") wrth ei alwedigaeth ym Mangor cyn symud i fyw i Ddôl Peris, Llanberis yn y 1870au. Roedd hefyd yn weinidog gyda'r Bedyddwyr, ond ni fu a gofal am eglwys. Ceisiodd iawndal gan yr awdurdodau am beidio â chynnal y bont dros yr Afon Goch a achosodd ddifrod i'w gartref pan orlifodd yr afon. Ef roes ei enw i Bont Huws Drygist. Bu'n amlwg ym mywyd cymdeithasol y pentref. Wedi ymddeol bu'n byw ym Mherisfa, Vaynol Cottages.

HUGHES, Robert (Alarch Gwyrfai) (1847–1909)
Brodor o'r Waenfawr. Daeth i fyw i Lainwen Isaf yn Llanberis, ac yno y bu am weddill ei oes. Labrwr yn y chwarel cyn cael swydd fel '*Bill Poster and Town Crier*', wedi ei benodi yn ôl ei hysbysebion '*by appointment of the District and Parish Councils*'. Roedd yn ysgrifennu 'Llith Alarch

Gwyrfai' yn achlysurol i bapur *Llais y Wlad*. Cyhoeddodd ddwy gyfrol o farddoniaeth: *Gwinllan yr Awen* a *Ceinion Gwyrfai*. Aelod blaenllaw o Fyddin yr Iachawdwriaeth yn y pentref, ond bu'n aelod hefyd gyda'r Methodistiaid yng Nghapel Gorffwysfa a'r Annibynwyr yn Nant Padarn.

HUMPHREYS, Edward (1822–1895)
Brodor o Borthaethwy a ddaeth i Lanberis ddiwedd y 1840au. Yr oedd yn byw yn y Dolbadarn pan briododd Ellen, merch William Evans, y tafarnwr yn 1846. Bu Ellen farw ar enedigaeth plentyn y flwyddyn ganlynol, ac yn 1850 priododd yr eilwaith ag Elizabeth (merch Griffith Ellis, goruchwyliwr Chwarel Dinorwig). Yr oedd erbyn hyn yn gofalu am y Dolbadarn, ac mewn partneriaeth â Charles Bicknell (oedd yn cadw'r Penrhyn Arms ym Mangor) roedd yn gyfrifol am wasanaeth coets o Fangor i Gaernarfon, ac o Gaernarfon i Lanberis. Yn 1857 daeth i ofalu am westy newydd y Padarn Villa. Symudodd i gadw'r Uxbridge Hotel (Royal Hotel) yng Nghaernarfon yn 1861. Parhaodd yno gyda'r busnes coetsys. Yr oedd yn berchen ar ffermydd Parciau, Caernarfon a Kent, Pontrug, ac yn aelod amlwg o Gymdeithas Gwartheg Duon Cymru. Bu Elizabeth, ei ail wraig farw yn 1870 a phriododd am y drydedd waith â Miss Anne Williams, un o ddwy chwaer oedd yn cadw'r Victoria. Gwerthodd y Victoria yn 1895 i Gwmni Rheilffordd yr Wyddfa. Yn yr un flwyddyn gwerthodd y Royal Hotel a symud i fyw i Stryd y Farchnad, Caernarfon, ble bu farw. Fe'i claddwyd ym Mhorthaethwy.

HUMPHREYS, Richard
Nai Edward Humphreys. Priododd yn 1861 gyda Jane Lloyd Prichard, merch Robert Prichard oedd yn cadw'r Dolbadarn erbyn hynny. Trosglwyddwyd trwydded y Padarn Villa iddo

yn 1862. Erbyn 1871 roedd wedi symud i gadw'r Royal Goat Hotel ym Meddgelert.

JOHNSTONE, John
Daeth i ofalu am y Royal Victoria Hotel o fis Mai 1841 hyd 1847. Bu'n gyfrifol am gynllunio'r gerddi o amgylch y gwesty.

JONES, Alice Gray (Ceridwen Peris)
Athrawes gyda gofal am y genethod yn Ysgol Dolbadarn o 1874 hyd 1881. Yn 1881 priododd â'r Parch. William Jones a symud i fyw i Fourcrosses ger Pwllheli.

JONES, John Owen (1839–1900)
Brodor o Lanllechid. Gweinidog y Capel Coch o 1870 hyd 1895. Yn wreiddiol bu'n lletya ym Mhlas Coch cyn adeiladu Bronygraig (tŷ'r gweinidog) yn 1875, ble symudodd i fyw. Yn ystod ei gyfnod ef yr adeiladwyd y capel presennol yn 1893-4. Bu'n ysgrifennydd Bwrdd yr Ysgol leol am flynyddoedd, ac ef hefyd fu'n arolygu cangen o Fanc y Metropolitan yn y pentref. Priod â Jane, merch y Parch. Robert Ellis, Ysgoldy ers 1872. Ysgrifennodd gofiant i'w dad-yng-nghyfraith.

JONES, Robert Evan (Cyngar) (1852–1936)
Ganed yn Llangefni i deulu o deilwriaid. Dilynodd yr alwedigaeth honno a symud i Lanberis. Roedd ei siop yn ganolfan ddiwylliannol ble roedd trafod ar farddoniaeth a llenyddiaeth. Yma y daeth y syniad o gael cystadleuaeth ysgrifennu drama yn Eisteddfod Eryri. Englynwr. Aelod o Gyngor Sir Gaernarfon a Chadeirydd y Cyngor.

JONES, Thomas Edward (Ap Padarn) (1856–1901)
Ganed yn Llanrug, ond pan oedd tua 13 oed symudodd

y teulu i Compton House, Llanberis. Dilledydd wrth ei alwedigaeth. Cynigiodd wobr am ddrama Gymraeg yn Eisteddfod Gadeiriol Eryri, a bu'n sefydlydd y cwmni drama a berfformiodd y ddrama fuddugol. Roedd hefyd yn barddoni, ac enillodd ar bryddest goffa yn Nghylchwyl Flynyddol Dinorwig a Llanberis. Bu farw'n ifanc a chladdwyd ef yn Llanrug.

LANE, John (?–1878)
Brodor o Gernyw. Gyda'i bartner Thomas Field daeth i feddiant les tiroedd Elusen Tlodion Rhuthun oddi ar Hugh Beaver Roberts yn 1863. Roedd y ddau bartner hefyd wedi derbyn les gan Stad Glynllifon ar Chwareli Llechi Glynrhonwy. Cedwir ei enw yn y stryd Lane Terrace, ac enw ei wraig yn Stryd Charlotte. Roedd yn byw ym Modafon (Y Grosvenor yn ddiweddarach, a'r Heights heddiw) erbyn 1871.

MATHEWS, William
Gofalu am y Royal Victoria Hotel o 1847 hyd tua 1856 cyn symud i Lanrwst. Sefydlodd fath o swyddfa bost gyntaf yn yr ardal mewn ystafell yn y gwesty tua 1851.

OLIVER, David
Ganed yn Llanfynydd, Sir Gaerfyrddin. Yn 1864 daeth yn weinidog yr Annibynwyr yn Llanberis a bu yno am ddeng mlynedd. Rhyddfrydwr. Erbyn 1871 roedd yn byw ym Mron Eryri, ond byr fu ei arhosiad yma, a symudodd i Frynffordd, ger Treffynnon.

OWEN, John Evans (1849–1921)
Ganed ym Mhentraeth, a dilynodd y Parch. David Oliver fel gweinidog yr Annibynwyr ddiwedd 1874. Yn 1881 roedd yn

byw yn Snowdon View, ond symudodd i Graianfryn, Stryd Newton. Arhosodd yn y swydd hyd ei farwolaeth yn 1921.

PARRY, Griffith Tecwyn (1838–1911)
Ganed yn Nhalsarnau, Llandecwyn. Daeth yn weinidog Capel Gorffwysfa yn 1870 a bu yno hyd ei ymddeoliad yn 1908. Ar wahân i weinidogaethu, roedd hefyd yn gynllunydd. Ef gynlluniodd ysgol newydd Dolbadarn a chapel Preswylfa. Cefnogol i addysg uwchradd, er iddo gael ei siomi nad yn Llanberis y sefydlwyd ysgol uwchradd gyntaf y fro. Bardd a llenor. Cyfrannodd erthyglau ar hanes Llanberis yn y *Cymru Coch* a chyhoeddwyd hwy'n 1908 yn llyfryn *Llanberis: Ei Hanes, Ei Phobl a'i Phethau*. Bu farw ym Mhenrhyndeudraeth a chladdwyd ef ym mynwent Llanrug. Mae'r cwpled ar ei garreg fedd yn crynhoi ei fywyd: '*Gweinidog awen ydoedd / Gwas y Nef yn gyson oedd.*'

ROBERTS, David Wilson (?1816–1904)
Brodor o Nefyn a brawd Robert Roberts. Adeiladwr ac Ymgymerwr. Ymddiriedolwr Budd Gymdeithas Adeiladu Llanberis. Daeth i feddiant y les ar diroedd Elusen Tlodion Rhuthun tua diwedd 1865. Cyfrifol am adeiladu neu oruchwylio adeiladu llawer o strydoedd yng Nghoed y Ddôl. Cyfrifol am gynllunio ac adeiladu Capel Gorffwysfa.

ROBERTS, Ellis (Lias Bach)
Brodor o Amlwch a ddaeth i weithio i waith copr yn yr ardal ac a fu'n dywysydd ar yr Wyddfa. Roedd yn cadw merlod i gario ymwelwyr i'r copa. Dywedir mai ef oedd y cyntaf i fynd â cheffyl a throl i'r copa.

ROBERTS, Ellis Griffith (1855–1896)
Ganed yn Llanddeiniolen yn fab i Robert Roberts (llongwr

a chapten llong a ddaeth i ofalu am y Dolbadarn) a Mary (merch Griffith Ellis, goruchwyliwr Chwarel Dinorwig). Erbyn 1881 roedd yn gofalu am y Padarn Villa. Priododd yn 1892 gydag Annie Margaret Elisabeth Lane, merch John a Charlotte Lane, Bodafon. Bu farw yn 1896 o ganlyniad i'r ddamwain ar yr Wyddfa pan ddaeth y trên oddi ar y rheiliau.

ROBERTS, Hugh Beaver (1820–1903)
Ganed yng Nghilcain, Sir y Fflint, a chladdwyd yn Llandegfan, Môn. Ni fu erioed yn byw yn Llanberis, ond yn 1851 derbyniodd y twrnai a'r cyfreithiwr o Fangor les 75 mlynedd ar dir Elusen Tlodion Rhuthun, ble cychwynnodd adeiladu tai a gawsant eu disgrifio fel '*magnificent mansions*'. Trosglwyddodd y les i bartneriaeth Field a Lane.

ROBERTS, John (Ieuan Gwyllt) (1822–1877)
Gweinidog Capel Coch o 1865–1869. Yn ogystal â'i waith fel gweinidog, bu'n athro cerddorol, gan ddysgu llawer o ieuenctid ac oedolion i ganu'r sol-ffa. Bu hefyd yn weithiwr brwd dros ddirwest yn yr ardal, gan drefnu gorymdeithiau drwy'r pentref. Credir iddo gyfansoddi nifer o donau tra yn Llanberis. Bu hefyd yn olygydd *Yr Amserau*, *Y Goleuad* a'r *Cerddor*.

ROBERTS, Robert (tua 1820–1896)
Brodor o Nefyn a fu'n gapten llong. Brawd D. Wilson Roberts. Yn 1847 priododd Mary Ellis (merch Griffith Ellis, goruchwyliwr Chwarel Dinorwig). Daeth i ofalu am y Dolbadarn yn 1862. Cyfrifol am wasanaeth tywysyddion gyda merlod i gopa'r Wyddfa ac am logi cychod ar Lyn Padarn. Cadeirydd Treialon Cŵn Defaid Llanberis a gynhelid ar dir y Dolbadarn. Ymddiriedolwr Budd Gymdeithas Adeiladu Llanberis. Perchennog Gwaith Dŵr Llanberis o 1879, cyn

ei werthu yn 1893 i Harry Harwood, (perchennog Gwaith Nwy Llanberis) oherwydd colled ariannol yn ystod cyfnod o gyfreithio ynglŷn â Chymdeithas Adeiladu Llanberis. Effeithiodd damwain angheuol ei fab yn fawr arno ef a'i wraig, a symudodd y ddau i fyw at eu merch yn y Bermo yn 1896, ac yno y bu farw cyn diwedd y flwyddyn yn 77 oed. Fe'i claddwyd ym mynwent y plwyf, Llanberis.

THOMAS, David William
Ganed yn Y Faenor, Sir Frycheiniog. Daeth yn brifathro Ysgol Dolbadarn cyn diwedd y bedwaredd ganrif ar bymtheg. Erbyn ei gyfnod ef roedd y Gymraeg yn cael lle yn yr ysgol. Bu hefyd yn cynnal dosbarthiadau yng Nghaernarfon i hyfforddi athrawon elfennol. Er mai yn y 'School House' roedd yn byw, yn ôl Cyfrifiad 1901, ceir cadarnhad o'i gefnogaeth i'r Gymraeg pan symudodd i Ysgol Lloyd Street, Llandudno, ac enwi y 'School House' yno yn 'Bod Addysg'. Yn ystod ei gyfnod ef fel prifathro y cyflwynwyd 'gwaith laundry' i'r genethod hŷn, a gwaith llaw i'r bechgyn.

THOMAS Thomas (1830–1895)
Ganed yn Llanbeblig, a'i dad yn gigydd yn nhref Caernarfon. Priododd yn Rhagfyr 1859 yn eglwys y plwyf, Caeriw, Sir Benfro gyda Priscilla Lloyd, gan nodi ei alwedigaeth fel adeiladwr. Erbyn 1861 roedd yn byw yn y Snowdon Valley ac yn disgrifio'i hun fel '*house builder*'. Ond am weddill y ganrif roedd yn '*Hotel keeper*' y Snowdon Valley. Warden Eglwys am flynyddoedd ac aelod gwreiddiol o Fwrdd Ysgol Llanberis. Bu merch iddo, Ellen Thomas, yn athrawes yn yr ysgol leol yn ddiweddarach.

WEBB, Orlando
Un o berchnogion Cwmni'r Meistri Webb, yr unig gwmni â

hawl i fewnforio nitro-glyserin i mewn i Brydain. Perchennog pylordy trwyddedig yn Abermenai. Bu'n byw am gyfnod yng Nglyn Padarn cyn symud i Fangor. Roedd yn byw yno yn 1871. Cyfreithiwr wrth ei alwedigaeth. Ymunodd gydag Alfred Nobel i ffurfio'r British Dynamite Company Ltd.

WILLIAMS, Abel
Ganed yn Abergele. Daeth yn athro i Ysgol Dolbadarn, gyda gofal am y bechgyn. Yn 1871 roedd yn byw yn Victoria Villa, ond wedi adnewyddu'r ysgol, cartrefodd yn y 'Board School House' fel y gelwid tŷ'r ysgol. Nid oedd yn gefnogol i ddysgu'r Gymraeg yn yr ysgol, a dadleuai fod yr ysgolion Sul yn gwneud hynny yn llwyddiannus.

WILLIAMS, David Pierce (1843–1915)
Brodor o'r Waunfawr a fferyllydd wrth ei alwedigaeth yn y Medical Hall ar y brif stryd. Priododd yn 1867 gyda Mary, merch y Parch. Robert Ellis, Ysgoldy a bu iddynt un ferch, Jenny. Adeiladodd dŷ newydd iddo'i hun tua 1886–87, sef Dolafon; gyferbyn â gorsaf y rheilffordd. Yno y bu'n byw wedi ymddeol cyn symud i Fron Dinas, Llanwnda, y tŷ agosaf at ei frawd yng nghyfraith Robert Ellis. Bu'n amlwg ym mywyd cyhoeddus Llanberis a Sir Gaernarfon. Ef oedd yr Ymneilltuwr cyntaf i'w ethol yn Ynad Sirol. Cadeirydd cyntaf Cyngor Sir Gaernarfon, ac aelod fel Henadur, hyd

ei farwolaeth. Cadeirydd Pwyllgor Addysg y sir, aelod o Bwyllgor Heddlu'r sir, aelod o Lys Rheolwyr Coleg Prifysgol Gogledd Cymru, Bangor o'r cychwyn, Cadeirydd Mainc Ynadon y Sir ac aelod o'r Pwyllgor Trwyddedu. Lleygwr amlwg yng Nghyfundeb y Methodistiaid Calfinaidd. Rhyddfrydwr a enwyd ddwywaith fel ymgeisydd am y Senedd; fe'i disgrifiwyd fel yr Aelod Seneddol gorau na chafodd Arfon.

WILLIAMS, John Ellis (1856–19..)
Ganed yn Ninorwig, yn fab i Rowland Williams, siopwr yn cadw'r Dinorwig House ac Eleanor (Ellin), merch Griffith Ellis (Goruchwyliwr Chwarel Dinorwig). Bu'n cadw'r Padarn Villa am gyfnod byr tua 1871.

WILLIAMS, R. Maddock (1820–1869)
Ganed yng Nghaernarfon yn fab i gyfreithiwr. Daeth i ofalu am y Royal Victoria Hotel yn 1857, a gwnaeth welliannau pellach i'r gwesty. Gosododd ddwy babell ar gopa'r Wyddfa ar gyfer y gwesteion oedd yn aros yn y gwesty – un ohonynt ar gyfer merched yn unig. Mewn partneriaeth â John Rae roedd yn gofalu am wasanaeth coets o Gaernarfon i Lanberis ac ymlaen i Gonwy a Llangollen. Ei chwiorydd, Ann a Margaret a fu'n gofalu am y gwesty wedi ei farwolaeth.

WILLIAMS, William Lloyd (1809–1873)
Brodor o Fiwmares. Rheithor plwyf Llanberis oedd yn byw yn y Caegwyn Rectory, Nant Peris. Dechreuodd wasanaethu'r plwyf yn 1843 a phriododd ag Ellen Ellis, Bryn Glas flwyddyn yn ddiweddarach. Cadeirydd y pwyllgor codi arian cyntaf er ceisio adeiladu eglwys ym mhentref Llanberis. Cafodd fyw i weld cysegru'r eglwys newydd cyn ei farwolaeth yn haf 1873.

WILLIAMS, William Lloyd Owen (1855–)
Brodor o'r Waunfawr, mab Pierce Williams a Catherine Lloyd, Bryn Meredydd. Graddiodd mewn meddygaeth yn 1874 o Brifysgol Glasgow a daeth yn feddyg Undeb Caernarfon i Lanberis, gan weithredu hefyd fel meddyg rhai o'r mân chwareli llechi yn yr ardal. Roedd ei frawd, H. Lloyd Williams, hefyd yn feddyg yn Llundain. Llywydd y Gymdeithas Ryddfrydol. Priododd Anne Jones, Bodaden, Llanwnda. Symudodd y teulu'n ddiweddarach i Lwyn y Brain, Llanrug. Collwyd mab iddynt, Kelyth, yn y Rhyfel Byd Cyntaf. Bu Anne yn weithgar yn hybu'r mudiad i gael Sefydliad Coffa yn Llanrug i gofio'r rhai a gollwyd yn y rhyfel. Roedd yn un o ymddiriedolwyr cyntaf y Sefydliad hwnnw.

Cysylltiadau teuluol – a merched dylanwadol?

DIDDOROL NODI Y prif gysylltiadau teuluol rhwng rhai o gymeriadau amlycaf Llanberis yn ystod y cyfnod hyd 1900 – boed hynny o fewn Eglwys Lloegr neu ymhlith yr Anghydffurfwyr. Tybed a fu'r cysylltiadau hyn yn fodd i'w dyrchafu i safleoedd amlwg o fewn y gymdeithas? Ac a oedd gwragedd rhai ohonynt, oherwydd eu cysylltiadau teuluol, wedi cael dylanwad?

Teulu Griffith Ellis, Goruchwyliwr Chwarel Dinorwig

Bu Griffith Ellis yn oruchwyliwr Chwarel Dinorwig am flynyddoedd lawer. Hanai o deulu hen ffermdy Glan y Bala, a'i dir yn ymestyn ar hyd glannau Llyn Peris ac i fyny llethrau'r Elidir; hynny ymhell cyn datblygu'r chwarel ei hun. Cyn ei farw ym mis Mawrth 1860 roedd Hafoty a Blue Peris wedi eu hadeiladu ar dir Glan y Bala, ac yno y bu rhai o'i dylwyth yn byw. Ac er mai yn Llanddeiniolen yr oedd eu lleoliad, roeddent fel teulu yn mynychu Eglwys Sant Peris. Griffith Ellis, y mab, a ddaeth i oruchwyliaeth y chwarel yn dilyn marwolaeth y tad; yn byw yn Blue Peris erbyn 1851, ac yn ddigon cefnog yn 1861 i gyflogi *'governess'* (oedd yn byw gyda'r teulu) i hyfforddi ei ferched.

<u>*Merched Griffith Ellis*</u>

Mary Ellis: Priododd yn 1847 gyda Robert Roberts, capten llong o Nefyn a ddaeth maes o law i gadw'r Dolbadarn. Bu Robert Roberts hefyd yn berchen y gwaith dŵr oedd yn cyflenwi 'pentref' newydd Coed y Ddôl.

1. Daeth eu mab, Ellis Griffith Roberts i gadw'r Padarn Villa, a phriododd yn 1892 gydag Annie Margaret Elizabeth Lane, merch John Lane, y datblygwr a ddaeth yn berchen les tir Tlodion Rhuthun gyda'r bwriad o ddatblygu pentref gwyliau. Bu farw yn 1896 yn dilyn y ddamwain ar reilffordd yr Wyddfa.
2. Roedd Margaret Ellen Roberts, eu merch yn cynorthwyo ei brawd i gadw'r Padarn Villa, ac yn 1881 priododd Lewis Wilson Roberts o Nefyn. Mae'n bosib ei fod yn berthynas pell iddi o ochr ei thad. Bu Lewis Wilson Roberts, er mai teithiwr masnachol oedd wrth ei alwedigaeth, yn bur amlwg ym mywyd y pentref, yn enwedig gyda'r llyfrgell. Wedi marw Ellis, symudodd y teulu i fyw i'r Bermo.

Elizabeth Ellis: Priododd yn 1850 gydag Edward Humphreys, yn wreiddiol o Borthaethwy. Roedd Edward Humphreys wedi priodi'n gyntaf yn 1846 gydag Ellen Evans, merch William Evans, a oedd yn cadw'r Dolbadarn. Ganwyd mab iddynt yn 1847, ond bu farw'n wythnos oed, a bu Ellen ei hun farw o fewn wythnos wedyn. Roedd Edward Humphreys eisoes yn cadw'r Dolbadarn erbyn priodi Elizabeth. Erbyn 1861 roedd Edward wedi bod yn gyfrifol am adeiladu'r Padarn Villa, ac wedi symud yno. Ei deulu yng nghyfraith – Mary Ellis a'i gŵr, Robert Roberts a ddaeth i gadw'r Dolbadarn yn 1862. Symudodd Edward ac Elizabeth yn ddiweddarach i gadw'r Royal Hotel yng Nghaernarfon.

Catherine Ellis: Priododd yn 1854 gyda John Davies. Yn 1851 roedd John Davies yn lletya yn Dinorwic House ger cartref Catherine. Wedi priodi buont yn byw yn Nôl Peris, Llanberis, cyn symud i Blue Peris, Dinorwig yn dilyn dyrchafiad John Davies i un o brif swyddi'r chwarel gyda'i frawd yng nghyfraith, Griffith Ellis.

Jane Ellis: Priododd yn 1861 gyda Richard Hughes, brodor o Langefni, a bu'n byw yn y Rhyl a Bangor cyn symud i Lanberis tua 1875 a chartrefu yn Nôl Peris (roedd ei chwaer, Catherine wedi symud oddi yno i Blue Peris, Dinorwig). Cafodd Richard Hughes ei ordeinio gyda'r Bedyddwyr, ac mae'n bosib mai Jane oedd yr unig un o dylwyth yr hen Griffith Ellis i golli cysylltiad â'r Eglwys Wladol. Fferyllydd oedd Richard Hughes, ac ef roes ei enw i Bont Huws Drygist. Er hynny, roedd ei fab, hefyd yn Richard, yn dal swydd goruchwyliwr yn Chwarel Dinorwig erbyn 1901.

Elinor Ellis: Priododd yn 1833 gyda Rowland Williams a buont yn cadw siop Dinorwic House yn Ninorwig. Mae Rowland yn disgrifio'i hun fel '*grocer and draper*'. Gyda hwy y bu John Davies (ei ddarpar frawd yng nghyfraith) yn lletya cyn priodi Catherine, chwaer ieuengach Elinor. Wedi i Elizabeth ac Edward Humphreys symud o'r Padarn Villa i Gaernarfon, mab Elinor a Rowland – John Ellis Williams a fu'n cadw'r Padarn Villa am gyfnod.

Teulu'r Parch Robert Ellis, Ysgoldy, Llanddeiniolen

Mary Ellis: Priododd yn 1867 gyda David Pierce Williams, fferyllydd, a gŵr amlwg ym mywyd cyhoeddus y pentref am bron i hanner can mlynedd, gan wasanaethu fel cynghorydd ac ynad heddwch. Bu'n weithgar iawn yn hybu addysg o fewn y pentref ac yn Sir Gaernarfon.

Jane Ellis: Priododd gyda'r Parch John Owen Jones, a ddaeth yn weinidog Capel Coch yn 1870 ac aros bron hyd ddiwedd y ganrif. Gŵr amlwg gyda'r Bwrdd Ysgol lleol, fel ei frawd yng nghyfraith, ac arolygydd Banc y Metropolitan yn y pentref.

Teulu Wilson Roberts, Nefyn

Robert (Wilson) Roberts: Priododd Mary Ellis (uchod) yn 1847, ond ni symudodd y teulu i fyw i gadw'r Dolbadarn hyd 1862 – mae'n bosib ar ei ymddeoliad o'r môr. Câi ei adnabod fel Capten Roberts. Bu'n berchennog y gwaith dŵr oedd yn cyflenwi ardal Coed y Ddôl, ond fe'i gwerthodd yn ddiweddarach.

David Wilson Roberts: Symudodd i fyw yma tua dechrau'r 1860au yn dilyn achos cyfreithiol a enillodd yn erbyn Rheithor Nefyn. Saer coed, adeiladwr ac ymgymerwr. Daeth i feddiant y les ar diroedd Tlodion Rhuthun tua 1865 yn dilyn methiant cynllun gwreiddiol Field a Lane oherwydd dyfodiad y rheilffordd. Cyfrifol am adeiladu neu oruchwylio adeiladu y mwyafrif o dai Coed y Ddôl, gan gynnwys Capel Gorffwysfa, a gafodd ei orffen o fewn blwyddyn i'w gychwyn. Roedd hefyd yn casglu treth ddŵr yr ardal ar ran ei frawd, Robert Roberts.

Lewis Wilson Roberts: Priododd Margaret Ellen (uchod) a fu'n cadw'r Padarn Villa gyda'i brawd. Er mai masnachwr teithiol oedd wrth ei alwedigaeth, bu'n weithgar o fewn y pentref yn enwedig gyda'r llyfrgell. Symudodd cyn diwedd y ganrif i fyw i'r Bermo, ac yn dilyn marwolaeth ei frawd yng nghyfraith Ellis Griffith Roberts – o ganlyniad i'r ddamwain ar drên yr Wyddfa – symudodd ei rieni yng nghyfraith i'r Bermo.

Teulu'r Castell, Llanddeiniolen

Anne Lloyd Williams: Priod y Dr W. Lloyd Williams. Roedd ei thad, Thomas O. Jones yn gwasanaethu yn Llynges yr India, ac yno y cafodd ei geni. Roedd ei mam, Catherine Roberts yn ferch i Sam(p)son Roberts, Fferm Bodaden, Llanwnda, ac yntau'n frawd i Richard Roberts, Castell, Llanddeiniolen, Ebenezer Roberts, Crug, Llanfairisgaer a Daniel Roberts, Bryn Adda, Bangor; teulu amlwg gyda'r Methodistiaid a'r Rhyddfrydwyr yn Arfon. Roedd mab a mab yng nghyfraith i Richard Roberts yn feddygon yng Nghlwt y Bont, a mab Daniel oedd John Bryn Roberts, cyfreithiwr a fu'n Aelod Seneddol Rhyddfrydol dros Dde Arfon o 1885 hyd 1906. Ef fu'n cynrychioli dirwestwyr Llanberis yn eu hymdrech i atal Edward Armsden rhag cael trwydded i droi ei dŷ yn dafarn. Roedd ei gŵr â chysylltiadau teuluol â David Pierce Williams, a'i ferch yntau oedd y forwyn ym mhriodas Anne a'r Dr Lloyd Williams.

Llyfryddiaeth a Ffynonellau

Newyddiaduron

BAAC: *Baner ac Amserau Cymru*

CDH: *Caernarvon and Denbigh Herald*

CMG: *Cardiff and Merthyr Guardian*

GMBG: *Glamorgan, Monmouth and Brecon Gazette*

NWC: *North Wales Chronicle*

NWE: *North Wales Express*

NWG: *North Wales Gazette*

WaDA: *Wrexham and Denbighshire Advertiser*

YGG: *Y Genedl Gymreig*

YHC: *Yr Herald Cymraeg*

Llyfrau a Chyhoeddiadau

HTPLl: *Hynafiaethau a Thraddodiadau Plwyf Llanberis* – William Williams, 1892

TCHSG: *Trafodion Cymdeithas Hanes Sir Gaernarfon*

Sefydliadau

GAG: *Gwasanaeth Archifau Gwynedd* – Archifdy Caernarfon

Darllen pellach...

Bargen Dinorwig, Emyr Jones, Gwasg Tŷ ar y Graig, Caernarfon, 1980.

Canmlwyddiant Eglwys MC Gorffwysfa, Llanberis 1866-1966, Parch. John Owen, Llyfrfa'r MC Caernarfon, 1966.

Canmlwyddiant Nant Padarn, Llanberis 1868-1968, Mat Pritchard, Llyfrfa'r MC Caernarfon.

Canrif y Chwarelwr, Emyr Jones, Gwasg Gee, 1963.

Daucanmlwyddiant Eglwys MC Capel Coch, Llanberis, Parch. John Owen, Gwasg Gwynedd, 1977.

Ffrwydriad y Powdwr Oil, T. Meirion Hughes, Argraffwyr Caernarfon, 1994.

Hanes Methodistiaeth Arfon – Cyfrol Dosbarth Dinorwig, William Hobley.

Hanes y Ddrama Gymreig, T. J. Williams, Pendref Printing Works, Bangor, 1915.

Hanes y Ddrama yng Nghymru 1850-1943, O. Llew Owain, Gwasg y Brython, 1948.

Heibio Hebron, Rol Williams, Cyhoeddiadau Mei, 1987.

Judge John Bryn Roberts, Jack Eaton, University of Wales Press, 1989.

Llanberis: Ei Hanes, Ei Phobl a'i Phethau, G. Tecwyn Parry.

Y Darans: Hanes Clwb Pêl-droed Llanberis, Arwel Jones, Gwasg Carreg Gwalch, 1991.

Y Mae y Lle yn Iach, Elin Tomos, Gwasg Carreg Gwalch, 2020.

Ôl-nodiadau

1 Agor y Ffordd

1 *Cambrian*, 1/9/1832.
2 Cofrestr Plwyf Llanrug, GAG XPE, 22/2.
3 GAG *Casgliad Glynllifon*, XD212709.
4 GAG *Casgliad Glynllifon*, XD2/16057.
5 GAG *Casgliad Glynllifon*, XD2/13158.
6 GAG *Casgliad Glynllifon*, XD2/16288.
7 GAG *Casgliad Glynllifon*, XD2/6619.
8 GAG *Casgliad Glynllifon*, XD2/13161.
9 GAG *Casgliad Glynllifon*, XD2/6620.
10 NWC, 4/9/1828.
11 NWG, Mehefin a Gorffennaf.
12 NWC, 11/11/1830.
13 NWC, 10/3/1831.
14 NWC, 3/3/1831.
15 NWC, 18/7/1831.
16 NWC, 16/8/1831.
17 NWC, 27/1/1831.
18 NWC, 17/1/1832.
19 NWC, 13/6/1832.
20 BAAC, 8/11/1882.
21 THSG, Cyfrol 17 *Caernarvonshire Turnpike Trusts*, R. T. Pritchard, 1956.

2 Denu Ymwelwyr

1 NWC, Mawrth 1832.
2 NWC, 28/8/1832.
3 *Cambrian*, 1/9/1832.
4 NWC, 14/2/1832.
5 *Cambrian*, 22/6/1833.
6 NWC, 5/5/1834.
7 NWC, 10/12/1833.
8 GMBG, 10/5/1834.
9 NWC, 24/5/1836.
10 NWC, 11/5/1841.
11 *The Welshman*, 2/9/1842.
12 CDH, 18/6/1842.
13 NWC, 30/1/1844.
14 NWC, 7/10/1845.
15 NWC, 28/10/ 1845.

16 NWC, 1/12/1846.
17 CDH, 10/10/1846.
18 NWC, 19/3/1833.
19 NWC, 13/10/1846.
20 GAG Cofrestr Plwyf Llanrug XPE, 22/2.
21 CDH, 10/10/1846.
22 CDH, 17/8/1850.
23 CDH, 22/1/1848.
24 NWC, 25/9 a 2/10/1849.
25 CDH, 24/8/1850.
26 CDH, 17/8/1850.
27 NWC, 10/8/1850.

3 Datblygu'r Diwydiant Ymwelwyr – a chystadleuaeth

1 CDH, 13/9/1851.
2 NWC, 7/6/1851.
3 GAG XD2A/505.
4 NWC, 25/9/1857.
5 Map Degwm Llanberis, 10/9/1839.
6 GAG XD2/14280.
7 GAG XD2/14287.
8 CDH, 26/6/1852.
9 NWC, 5/8/1853.
10 NWC, 25/11/1854.
11 BAAC, 2/9/1857.
12 NWC, 15/8/1857.
13 *An Autumn in Wales 1856: Country and People, Tales and Songs*, Julius Rodenberg, cyf./gol. W. Linnard, 1985.
14 NWC, 25/9/1857.
15 NWC, 25/9/1857.
16 NWC, 25/9/1857.
17 WaDA, 4/9/1858.
18 CDH, 13/7/1858.
19 NWC, 4/5/1861.
20 NWC, 10/9/1859.
21 GAG *Casgliad Glynllifon* XD2/6880.
22 NWC, 20/8/1859.
23 NWC, 29/10/1859.
24 NWC, 27/8/1859.
25 NWC, 9/9/1859.
26 NWC, 27/8/1859.
27 *Yr Amserau*, 7/9/1859.
28 *Y Gwladgarwr*, 19/11/1859.
29 NWC, 16/7/1859.
30 GAG *Casgliad Glynllifon* XD2A/505.
31 NWC, 4/8/1860.
32 NWC, 11/8/1860.
33 NWC, 29/9/1860.
34 NWC, 26/1/1861.
35 NWC, 24/8/1861.
36 NWC, 28/12/1861.

37 NWC, 31/5/1862.
38 NWC, 1/3/1862.
39 NWC, 14/6/1862.
40 NWC, 12/7/1862.
41 NWC, 6/9/1862.
42 NWC, 7/6/1862.
43 NWC, 20/9/1862.
44 GAG XCV/180 ac XCV/181.
45 GAG *Casgliad Glynllifon* XD2/12840.
46 Cyfrifiad 1911.
47 GAG XCV/180 ac XCV181.

4 Ymgyrchu am Reilffordd

1 NWC, 11/5/1861.
2 BAAC, 18/11/1863.
3 NWC, 17/1/1863.
4 GAG *Llyfr Log Ysgol Llanrug* XES1/81/1.
5 NWC, 23/9/1863.
6 *Seren Cymru*, 20/11/1863.
7 NWC, 28/11/1863.
8 NWC, 5/12/1863.
9 NWC, 28/12/1863.
10 NWC, 21/11/1863.
11 NWC, 12/12/1863.
12 NWC, 11/3/1864.
13 NWC, 18/3/1864.
14 NWC, 2/4/1864.
15 NWC, 10/9/1864.
16 NWC, 17/9/1864.
17 BAAC, 19/10/1864.
18 NWC, 19/11/1864.
19 *Seren Cymru*, 16/12/1864.

5 Degawd o newid: 1859–1869

1 NWC, 23/9/1865.
2 GAG XCV/ 180-181.
3 NWC, 31/1/1863.
4 BAAC, 30/3/1864.
5 BAAC, 15/9/1866.
6 BAAC, 16/9/1865.
7 NWC, 9/9/1865.
8 *Hanes Methodistiaeth Arfon: Dosbarth Dinorwig*, William Hobley, tud. 147.
9 *Seren Cymru*, 23/6/1865.
10 *Seren Cymru*, 15/7/1864.
11 *Seren Cymru*, 14/10/1865.
12 *Seren Cymru*, 27/1/1865.
13 *Y Tyst Cymreig*, 3/8/1867.
14 BAAC, 15/9/1865.
15 BAAC, 15/9/1866.
16 *Seren Cymru*, 11/11/1864.

17 CDH, 24/11/1866.
18 CMG, 29/9/1865.
19 NWC, 15/4/1865.
20 *Seren Cymru*, 12/5/1865.
21 *Y Tyst Cymreig*, 3/8/1867.
22 NWC, 27/7/1867.
23 CMG 16/8/1867.
24 NWC, 23/11/1867.
25 NWC, 5/10/1867.
26 NWC, 4/4/1868.
27 NWC, 12/9/1868.

6 Tri Digwyddiad

1 TCHSG Cyfrol 42 – *Y Bedyddwyr yng Ngwleidyddiaeth Sir Gaernarfon*, T. M. Bassett, 1981.
2 *Seren Cymru*, 27/11/1868.
3 *Baner ac Amserau Cymru*, 12/12/1868.
4 *Y Tyst Cymreig*, 13/11/1868.
5 BAAC, 9/9/1868.
6 *Y Tyst Cymreig*, 16/10/1868.
7 *Seren Cymru*, 20/11/1868.
8 BAAC, 24/10/1868.
9 BAAC, 31/10/1868.
10 BAAC, 26/12/1868.
11 BAAC, 11/11/1868.
12 TCHSG Cyfrol 42 – *Y Bedyddwyr yng Ngwleidyddiaeth Sir Gaernarfon*, T. M. Bassett, 1981.
13 Traethawd M.A. 'Perthynas G. W. Duff Assheton Smith gyda'i denantiaid amaethyddol ym mhlwyf Llanddeiniolen 1869-1890', Catrin Thomas, 1998.
14 *Y Tyst Cymreig*, 28/5/1869.
15 *Y Tyst Cymreig*, 27/8/1869.
16 NWC, 25/12/1869.
17 *Ffrwydriad y Powdwr Oil*, T. Meirion Hughes, 1994.
18 BAAC, 11/3/1868.
19 *Grace's Guide to British Industrial History*.
20 NWC, 10/7/1869.
21 GAG *Casgliad Glynllifon* XD2/6888.
22 NWC, 3/7/1869.

7 '*A Heathen People*' – a chyfnod yr eglwys newydd

1 NWC, 20/9/1862.
2 NWC, 21/9/1861.
3 NWC, 9/11/1861.
4 NWC, 29/11/1862.
5 NWC, 14/2/1863.
6 NWC, 18/4/1863.
7 *Seren Cymru*, 8/4/1864.
8 *Y Tyst Cymreig*, 4/8/1867.
9 *Aberystwyth Observer*, 8/6/1867.
10 BAAC, 27/6/1868.

11 NWC, 20/2/1869.
12 NWC, 13/3/1869.
13 NWC, 14/8/1869.
14 BAAC, 18/8/1869.
15 NWC, 6/11/1869.
16 BAAC, 11/12/1869.
17 BAAC, 18/12 a 22/12/1869.
18 BAAC, 30/4/1870.
19 *Y Goleuad*, 12/3/1870.
20 *Y Goleuad*, 12/3/1870.
21 *Aberystwyth Times*, 25/6/1870.
22 NWC, 26/10/1872.
23 NWC, 28/9/1878 a 15/11/1879.
24 *Ar Drywydd y Dringwyr*, Dewi Jones, Gwasg Dwyfor, 2010.

8 Helynt y Mesur Claddu, a'r ymdrech am Fynwent Rydd

1 YGG, 29/4/1880.
2 BAAC, 8/5/1880.
3 NWC, 21/8/1880.
4 NWC, 29/10/1880.
5 YGG, 18/11/1880.
6 Cof Cenedl IX, *Yr Hen Ffordd Gymreig o Farw a Chladdu*, 1994, Catrin Stevens.
7 YGG, 30/12/1880.
8 YGG, 30/12/1880.
9 GAG Cofrestr Plwyf Llanberis XPE/27/10.
10 *Y Goleuad*, 12/2/1881.
11 *Y Dydd*, 20/1/1882.
12 NWE, 17/3/1882.
13 YGG, 24/1/1883.
14 YGG, 24/1/1883.
15 YGG, 12/12/1883.
16 YGG, 27/2/1884.
17 YGG, 6/2/1884.
18 YGG, 26/3/1884.

9 Meddwdod, y Mudiad Dirwest a'r Trên Feddw

1 *Calendar of the Caernarvonshire Quarter Sessions Records*, W. Ogwen Williams, 1956.
2 *Gwell yw Dŵr i Gylla Dyn*, Islwyn Jones, Amgueddfa Werin Cymru, 1986.
3 *Yr Amserau*, 29 Mai 1850.
4 *Yr Amserau*, 11 a 18 Chwefror 1852.
5 NWC, 30 Mehefin 1855.
6 NWC, 4 Chwefror 1865.
7 CDH, 24 Mehefin 1865.
8 BAAC, 30 Ionawr 1861.
9 NWC, 2 Tachwedd 1861.
10 NWC, 2 Medi 1865.
11 NWC, 30 Medi 1865.
12 BAAC, 6 Hydref 1866.

13 BAAC, 5 Ionawr 1867.
14 BAAC, 6 Chwefror 1867.
15 NWC, 9 Hydref 1869.
16 *Y Goleuad*, 18 Rhagfyr 1869.
17 *Y Tyst Cymreig*, 10 Rhagfyr 1869.
18 BAAC, 8 Medi 1869.
19 BAAC, 11 Mai 1870.
20 YHC, 16 Medi 1870.
21 BAAC, 28 Mai 1870.
22 *Y Goleuad*, 13 Awst 1870.
23 BAAC, 24 Awst 1870.
24 *Y Tyst a'r Dydd*, 11 Hydref 1872.
25 BAAC, 17 Ionawr 1872.
26 NWC, 5 Hydref 1872.
27 NWC, 14 Medi 1872.
28 BAAC, 27 Tachwedd 1872.
29 *Y Goleuad*, 27 Medi 1873.
30 *Y Goleuad*, 25 Hydref 1873.
31 *Y Goleuad*, 27 Rhagfyr 1873.
32 *Cambrian* News, 8 Mai 1874.
33 *Cambrian* News, 29 Hydref 1875.
34 *Y Goleuad*, 6 Mehefin 1874.
35 *Y Goleuad*, 26 Medi 1874.
36 BAAC, 26 Rhagfyr 1874.
37 BAAC, 9 Ionawr 1875.
38 *Cambrian* News, 6 Ebrill 1877.
39 *Y Dydd*, 5 Tachwedd 1875.
40 BAAC, 29 Ionawr 1876.
41 *Llais y Wlad*, 19 Mai 1876.
42 *Y Dydd*, 8 Medi 1876.
43 *Llais y Wlad*, 20 Hydref 1876.
44 BAAC, 22 Tachwedd 1876.
45 YGG, 8 Chwefror 1877.
46 YGG, 2 Awst 1876.
47 YGG, 1 Tachwedd 1877.
48 *Y Drych*, 8 Rhagfyr 1877.
49 YGG, 19 Ebrill 1877.
50 *Llais y Wlad*, 27 Ebrill 1877.
51 *Y Gwyliedydd*, 16 Mawrth 1877.
52 *Y Goleuad*, 13 Ebrill 1878.
53 YGG, 11 Ebrill 1878.
54 YGG, 22 Awst 1878.
55 BAAC, 20 Tachwedd 1878.
56 YGG, 19 Rhagfyr 1878.
57 *Y Dydd*, 16 Mai 1879.
58 *Y Goleuad*, 26 Ebrill 1879.
59 CDH, 19 Ebrill 1879.
60 YGG, 17 Gorffennaf 1879.
61 YGG, 25 Medi 1879.
62 YGG, 29 Mai 1879.
63 YGG, 28 Awst 1879.
64 YGG, 10 Gorffennaf 1879.

65 YGG, 20 Tachwedd 1879.
66 YGG, 9, 16, 23 a 30 Medi 1880.
67 NWE, 15 Ebrill 1881.
68 YGG, 15 Medi 1881.
69 NWE, 16 Medi 1881.
70 NWE, 28 Ebrill 1882.
71 NWE, 8 Medi 1882.

10 Iechyd Cyhoeddus – *'to give cholera a cordial welcome'*?

1 NWC, 13/6/1837.
2 *Hanes Gwaen Gynfi*.
3 *Yr Amserau*, 15 Chwefror 1849.
4 CDH, 20 Tachwedd 1847.
5 *Aberystwyth Observer*, 25/1/1867.
6 NWC, 17/11/1866.
7 BAAC, 20 Tachwedd 1869.
8 GAG X/Vaynol 326.
9 NWE, 10 Hydref 1879.
10 *Y Goleuad*, 12 Mawrth 1870.
11 *Llais y Wlad*, 10 Tachwedd 1876.
12 BAAC, 8 Ebrill 1876.
13 *Llais y Wlad*, 14 Ebrill 1876.
14 BAAC, 17 Mehefin 1876.
15 TCHSG Cyfrol 72 *Public Health in Gwyrfai* 1875-1914, H. G. Williams, 2011.
16 YGG, 8 Mawrth 1877.
17 YGG, 3 Mawrth 1877.
18 *Llais y Wlad*, 12 Ionawr 1877.
19 *Y Dydd*, 27 Ebrill 1877.
20 YGG, 22 Tachwedd 1877.
21 YGG, 14 Chwefror 1878.
22 YGG, 7 Mawrth 1878.
23 *Seren Cymru*, 20 Rhagfyr 1878.
24 NWC, 27 Gorffennaf 1878.
25 *Y Genedl Gymreig*, 29 Awst 1878.
26 NWE, 27 Chwefror 1880.
27 NWE, 16 Medi 1881.
YGG, 14 Gorffennaf 1881.
YGG, 14 Gorffennaf 1881.
YGG, 14 Gorffennaf 1881.
28 YGG, 14 Gorffennaf 1881.
29 NWE, 4 Tachwedd 1881.
30 NWE, 11 Gorffennaf 1884.
31 YGG, 5 Mawrth 1884.
32 NWE, 22 Chwefror 1884.
33 YGG, 21 Mai 1884.
34 NWE, 3 Medi 1886.
35 YGG, 3 Gorffennaf 1889.
36 NWE, 28 Chwefror 1890.
37 BAAC, 16 Gorffennaf 1880 a NWC, 12 Gorffennaf 1890.
38 *Y Cymro*, 30 Hydref 1890.

39 *Y Cymro*, 7 Mai 1891.
40 BAAC, 9 Mai 1891.
41 YGG, 13 Mai 1891.
42 YGG, 27 Mai 1891.
43 NWE, 27 Mawrth 1891.
44 YGG, 29 Gorffennaf 1891.
45 NWC, 19 Rhagfyr 1891.
46 CDH, 23 Rhagfyr 1892.
47 YGG, 15 Mai 1894.
48 BAAC, 1 Mai 1895.
49 *Y Werin*, 18 Ebrill 1896.
50 BAAC, 29 Ebrill 1896.
51 CDH, 10 Rhagfyr 1897.
52 CDH, 1 Ionawr 1897.
53 YGG, 27 Medi 1898.
54 CDH, 18 Mawrth 1898.
55 YGG, 28 Mehefin 1898.
56 *Y Werin*, NWE, CDH, Awst 1899.
57 NWE, 8 Gorffennaf 1898.
58 YGG, 7 Mawrth 1899.
59 NWE, 16 Mehefin 1899.

11 Addysg: cyflwyno'r Gymraeg a Sloydeg

1 HTPLl, Pennod XIII.
2 *Yr Amserau*, 1 Hydref 1851.
3 CDH, 9 Ebrill 1853.
4 NWC, 10 Mehefin 1853.
5 HTPLl, Pennod XIII.
6 HTPLl, Pennod XIII.
7 *Y Gwladgarwr*, 24 Mehefin 1865.
8 CDH, 18 Mawrth 1865.
9 *Y Tyst Cymreig*, 10 Rhagfyr 1869.
10 BAAC, 31 Mehefin 1869.
11 *Y Tyst Cymreig*, 10 Rhagfyr 1869.
12 CDH, 17 Medi 1870.
13 *Y Tyst a'r Dydd*, 17 Chwefror 1871.
14 NWC, 3 Mehefin 1871.
15 *Y Goleuad*, 24 Mehefin 1871.
16 *Y Goleuad*, 14 Rhagfyr 1872.
17 *Baner ac Amserau Cymru*, 31 Rhagfyr 1873.
18 *Canmlwyddiant Eglwys M.C. Gorffwysfa, Llanberis*, Llyfrfa'r M.C. Caernarfon, 1966.
19 YGG, 4 Ionawr 1888.
20 BAAC, 26 Medi 1874.
21 BAAC, 28 Medi 1874.
22 YGG, 9 Medi a 11 Hydref 1877.
23 BAAC, 20 Ionawr 1877.
24 YGG, 14 Tachwedd 1878.
25 YGG, 26 Mehefin 1879.
26 CDH, 9 Awst 1879.
27 *Llais y Wlad*, 1 Awst 1879.

28 NWE, 21 Chwefror 1879.
29 YGG, 20 Mawrth 1879.
30 *Y Gwyliedydd*, 28 Medi 1879.
31 BAAC, 24 Medi 1879.
32 NWE, 30 Ebrill 1880.
33 NWE, 14 Mai 1880.
34 YGG, 28 Ebrill 1881.
35 *Llais y Wlad*, 20 Mai 1881.
36 NWE, 1 Ebrill 1881.
37 YGG, 18 Awst 1881.
38 NWE, 2 Mawrth 1883.
39 YGG, 13 Mehefin 1883.
40 NWE, 15 Mehefin 1883.
41 NWE, 1 Mehefin 1883.
42 *Western Mail*, 15 Ebrill 1885.
43 *Western Mail*, 15 Ebrill 1885.
44 *Y Llan*, 19 Rhagfyr 1884.
45 *Y Celt*, 23 Ebrill 1886.
46 BAAC, 13 Ebrill 1887.
47 YGG, 14 Mawrth 1888.
48 NWC, 30 Mawrth 1889.
49 YGG, 19 Mehefin 1889.
50 YGG, 3 Gorffennaf 1889.
51 *Cambrian* News, 11 Ebrill 1890.
52 CDH, 3 Mehefin 1892.
53 *Y Werin*, 13 Gorffennaf 1892.
54 YGG, 13 Ionawr 1892.
55 CDH, 22 Gorffennaf 1892.
56 NWE, 17 Mehefin 1892.
57 CDH, 17 Chwefror 1893.
58 YGG, 7 Chwefror 1893.
59 NWE, 29 Rhagfyr 1893.
60 YGG, 16 Mai 1893.
61 YGG, 29 Mai 1894.
62 YGG, 22 Hydref 1895.
63 CDH, 14 Mai 1897.
64 YGG, 9 Mehefin 1896.
65 *Y Werin*, 3 Medi 1898.
66 *North Wales Times*, 30 Ebrill 1898.

12 Diwylliant: cerdd, drama a chicio gwynt

1 NWG, 24 Mehefin 1824.
2 *Y Gwyliedydd*, 1828.
3 NWC, 10 Mehefin 1854.
4 NWC, 18 Mehefin 1859.
5 *Y Gwladgarwr*, 6 Awst 1859.
6 BAAC, 7 Rhagfyr 1859.
7 BAAC, 20 Tachwedd 1861.
8 BAAC, 3 Rhagfyr 1862.
9 NWC, 17 Rhagfyr 1864.
10 *Atgofion Ceridwen Peris*.

11 BAAC, 10 Chwefror 1866.
12 BAAC, 30 Tachwedd 1870.
13 BAAC, 10 Rhagfyr 1870.
14 BAAC, 24 Rhagfyr 1870.
15 BAAC, 23 Gorffennaf 1870.
16 BAAC, 23 Gorffennaf 1870.
17 BAAC, 23 Gorffennaf 1870.
18 BAAC, 16 Mawrth 1872.
19 *Y Goleuad*, 26 Medi 1874.
20 *Y Tyst a'r Dydd*, 27 Medi 1872.
21 *Y Tyst a'r Dydd*, 4 Hydref 1872.
22 BAAC, 28 Chwefror 1872.
23 BAAC, 3 Ebrill 1872.
24 BAAC, 15 Mai 1872.
25 *Y Goleuad*, 25 Mai 1872.
26 *Y Goleuad*, 19 Ebrill 1873.
27 *Y Goleuad*, 17 Mai 1873.
28 BAAC, 26 Ebrill 1873.
29 *Llais y Wlad*, 16 Ebrill 1875.
30 *Llais y Wlad*, 12 Tachwedd 1875.
31 *Y Dydd*, Awst 1876.
32 *Y Goleuad*, 12 Awst 1876.
33 *Y Drych*, 19 Ebrill 1877.
34 *Llais y Wlad*, 25 Mai 1877.
35 *Y Gwyliedydd*, 14 Tachwedd 1878.
36 *Y Gwyliedydd*, 14 Tachwedd 1878.
37 NWE, 18 Ebrill 1878.
38 YGG, 30 Ionawr 1879.
39 YGG, 23 Ionawr 1879.
40 *Hanes y Ddrama yng Nghymru 1850-1943*, O. Llew Owain, Gwasg y Brython, 1948.
41 NWE, 11 Medi 1879.
42 *The Welshman*, 26 Medi 1879.
43 *Hanes y Ddrama yng Nghymru 1850-1943*, O. Llew Owain, Gwasg y Brython, 1948.
44 YGG, 11 Rhagfyr 1879.
45 YGG, 11 Rhagfyr 1879.
46 *Llais y Wlad*, 5 Mawrth 1880.
47 YGG, 24 Tachwedd 1881.
48 *Weekly Mail*, 12 Awst 1882.
49 *Y Drych*, 2 Awst 1883.
50 NWE, 28 Ebrill 1882.
51 *Y Llan*, 19 Rhagfyr 1884.
52 *Cambrian* News, 8 Mehefin 1883.
53 *Y Llan*, 8 Awst 1884.
54 BAAC, 4 Mawrth 1882.
55 BAAC, 30 Awst 1882.
56 YGG, 1 Hydref 1884.
57 YGG, 29 Gorffennaf 1885.
58 BAAC, 12 Medi 1885.
59 *Llais y Wlad*, 8 Ebrill 1881.
60 YGG, 18 Awst 1881.

61 *Llangollen Advertiser*, 24 Chwefror 1882.
62 YGG, 5 Tachwedd 1884.
63 YGG, 26 Awst 1885.
64 YGG, 3 Mehefin 1885.
65 BAAC, 22 Medi 1886.
66 NWC, 27 Awst 1881.
67 YGG, 1 Medi 1881.
68 YGG, 23 Mehefin 1881.
69 *Y Celt*, 30 Mai 1884.
70 NWE, 21 Mawrth 1884.
71 YGG, 16 Ebrill 1884.
72 YGG, 14 Mai 1884.
73 YGG, 31 Rhagfyr 1884.
74 NWC, 3 Mehefin 1885.
75 YGG, 23 Medi 1885.
76 BAAC, 3 Ebrill 1886.
77 *Y Werin*, 2 Ionawr 1886.
78 YGG, 31 Awst 1887.
79 YGG, 27 Gorffennaf 1887.
80 YGG, 23 Chwefror 1887.
81 BAAC, 9 Mawrth 1887.
82 CDH, 23 Tachwedd 1887.
83 NWC, 4 Ionawr 1889.
84 CDH, 18 Medi 1896.
85 YHC, 15 Mehefin 1897.
86 YGG, 1 Mai 1883.
87 NWE, 11 Mai 1888.
88 YGG, 27 Mehefin 1888.
89 YGG, 11 Gorffennaf 1888.
90 YGG,18 Gorffennaf 1888.
91 YGG,18 Gorffennaf 1888.
92 YGG, 7 Mawrth 1888.
93 YGG, 3 Mehefin 1889.
94 NWE, 21 Mehefin 1893.
95 *Y Cymro*, 15 Chwefror 1894.
96 BAAC, 20 Tachwedd 1895.
97 BAAC, 26 Tachwedd 1890.
98 YGG, 13 Tachwedd 1894.
99 YGG, 17 Rhagfyr 1895.
100 YGG, 15 Rhagfyr 1896.
101 YGG, 27 Mawrth 1894.
102 YGG, 26 Mehefin 1894.
103 *Y Cymro*, 14 Mehefin 1894.
104 CDH, 18 Medi 1896.
105 YHC, 30 Mawrth 1897.
106 YGG, 18 Ionawr 1898.
107 *Seren Cymru*, 18 Chwefror 1898.
108 YGG, 8 Mawrth 1898.
109 YGG, 17 Mai 1898.
110 *Cardiff Times*, 9 Rhagfyr 1899.

Hefyd o'r Lolfa:

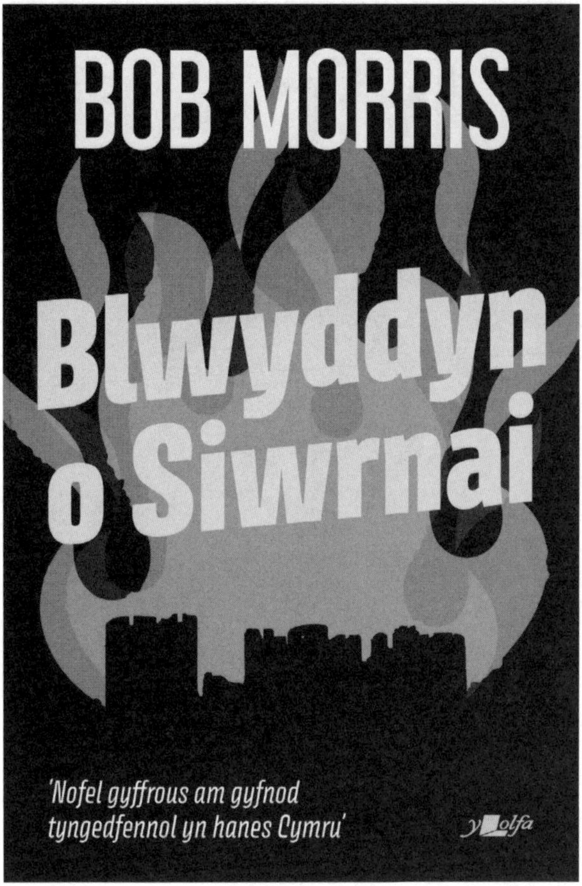

£11.99

Llyfr Agored
HUNANGOFIANT
"Cyfrol o onestrwydd dadlennol ac arbennig"
JON GOWER
Ant Evans
y Lolfa

£10.99

GLYN TOMOS
H.R.
Gŵr â Chymru yn ei Galon
TREFNYDD CYNTAF PLAID GENEDLAETHOL CYMRU
y lolfa

£9.99

DROS
GYMRU'N
GWLAD
HANES SEFYDLU PLAID
GENEDLAETHOL CYMRU
ARWEL VITTLE · GWEN ANGHARAD GRUFFUDD

£14.99

CEIRI
HYWEL WILLIAMS
'Os am gyfuniad o hanes, misdimanars gwleidyddol, cymeriadau credadwy a phortread cyfoethog o dirwedd a bro, oll wedi'i gyfleu mewn gwledd o iaith rywiog a lliwgar, dyma'r llyfr i chi.'
MEG ELIS
y lolfa

£10.99